为了人与书的相遇

Eine kurze Weltgeschichte für junge Leser

世界小史

[英] 恩斯特 · 贡布里希 著
吴秀杰 译

Ernst H. Gombrich

广西师范大学出版社
· 桂林 ·

著作权合同登记图字：20-2002-120

图书在版编目(CIP)数据

世界小史 / (英) 贡布里希著；吴秀杰译.
— 桂林:广西师范大学出版社, 2016.1（2024.6 重印）
ISBN 978-7-5495-6274-9
Ⅰ. ①世… Ⅱ. ①贡… ②吴… Ⅲ. ①世界史 Ⅳ. ①K10
中国版本图书馆CIP数据核字(2014)第309809号

广西师范大学出版社出版发行
广西桂林市五里店路 9 号　邮政编码：541004
网址：www.bbtpress.com

出 版 人：黄轩庄
责任编辑：李鹏程
装帧设计：彭振威
内文制作：杨　雷　陈基胜
全国新华书店经销
发行热线：010-64284815
山东新华印务有限公司

开本：880mm × 1230mm　1/32
印张：12.25　字数：200千字
2016年1月第1版　2024年6月第17次印刷
定价：58.00元

献给伊尔泽

因为是你一直在聆听
所以这本书也会一直属于你

维也纳 1935 年 10 月
伦敦 1985 年 9 月

2004年版前言

我的祖父恩斯特·贡布里希平时写的东西并不是给孩子们读的。他上大学时学的专业也不是世界历史，而是艺术史。然而，他的第一本书《世界小史》，好多年来却在世界各地找到那么多朋友，这就越发让他感到惊喜。

在写作这本书时，他还是一位年轻人，而且是在相当大的时间压力下写成的。后来他曾经说，正是这两种因素才让这本书变成了一本经久不衰的成功作品。不过，要是在1935年的维也纳没有那么多偶然机遇恰好都碰在一起的话，这本小书也不会被写出来。

这本书是这样诞生的……

我祖父在维也纳大学获得博士学位以后，没有找到工作。那是一个经济困难的时代，马上就找到一个合适职位，希望似乎也不太大。一位与他要好的年轻编辑找到他，问他有没有兴趣看一本用英语写给孩子们的历史书，如果他愿意，可以将这本书翻译成德语。推荐这本书的人是他们俩的朋友，曾经在伦敦学医。这本书会在一套新丛书“给孩子们的科学知识”中出版。

这本书给我祖父留下的印象不太深，他对出版人瓦尔特·瑙拉特（Walter Neurath）——这个人后来在伦敦成立了 Thames & Hudson 出版社——说，根本不值得去翻译这本书。“我觉得，我自己能写一本更好的。”他对瑙拉特说。瑙拉特让他拿出一章来看一看。

我祖父在写博士论文的最后一段时间，曾经与一位朋友的女儿通信，这位小姑娘想知道他一天到晚都在做什么。以一种让小姑娘能够理解的方式来解释自己博士论文的内容，这让他感到很大的乐趣。除此以外，后来他还提到，他对学术写作感到疲倦了，在大学期间太过专注于此。他坚信，人们能够做到用简单的语言将绝大多数事情给孩子们解释清楚，根本用不着去使用那些复杂的专业概念。于是，他写完了一章，活灵活现地描述了骑士时代的情形，把它寄给了瑙拉特。瑙拉特对此非常满意，并加上一句说：“为了能让这本书按计划出版，我需要在六个星期内拿到完整的手稿。”

我祖父根本没把握能不能完成，但是这个挑战给他带来很多激励，他回答说愿意尝试，并马上着手列出书的框架，决定要写世界史上的哪些事件。他直截了当地问自己，过去发生的哪些事情影响了大多数人的生活，人们最该记得哪些事情。然后，他就开始每天写一章。每天上午，他留在家里读父母家藏书中关于这一题目的所有材料，也包括百科全书和知识手册；下午他去图书馆，在那里尽可能地读关于那个历史阶段的研究报告，以便让他写出来的内容更可靠。晚上的时间是留给写作的，只有星期天有所不同——为了描述这个情形，我现在还得先介绍我的祖母。

伊尔泽 · 赫勒（Ilse Heller）——这是她当时的名字——十五年前从波希米亚来到维也纳，继续学习钢琴。不久以后，她就被列奥妮 · 贡布里希——我的名字就是随着她的名字起的——收为学生。就这样，伊尔泽 · 赫勒在认识她未来的丈夫之前，就已经认识了未来的婆婆。是的，列奥妮介绍他们互相认识，鼓励我祖父给她的新学生看维也纳的博物馆和各种名胜。1935 年，共度周末早已成了一种让爱情萌生的例行活动——第二年，他们两人结婚了。有一个星期天，当他们在维也纳的森林中散步中间停下来休息时，我祖父从他的上衣口袋里掏出一卷纸。“我们也许是坐在阳光下的草地上，或者是在一个倒下的树桩上。”我祖母回忆说。这时我祖父问她：“我可以给你读些东西吗？”

“一读出来，就好多了。你知道，”我祖母说，“他那时的手迹读起来已经好费劲了。”

这个所谓的“东西”就是“世界小史”。我祖母似乎很喜欢她听到的东西，这个朗读节目持续了几个星期，一直到他写完这本书。我祖父准时将手稿交给了瓦尔特·瑙拉特。要是把这本书大声读出来的话，就可以感觉到，朗读以多么美妙的方式奠定了这本书的基调。从这本书的献辞当中，也可以猜到我的祖父多么珍视这些朗读时刻。初版的插图是请当时的一个骑术老师给画的，每一幅五个先令。我祖父一直很愿意指出的一点是，插图里的许多马画得比人好多了。

这本书 1936 年出版之时，获得了非常好的反响。书评人认为，我祖父肯定是一位有经验的教师。没过多久，这本书就被翻译成五种语言。不过，这时我祖父母已经在英国，后来也一直留在那里。不久以后，纳粹禁了这本书，不是因为反犹太人，而是因为它的观点太“和平主义”了。

不过，这还不是“世界小史”的结局。在战争结束几年后，我祖父又得到了这本书的版权。但是，他在写作这本书时生活过的那个世界，现在看起来已经非常遥远。很多年，此书无人问津。直到三十多年以后，他收到了来自 DuMont 出版社的询问。于是，德语的第二版在 1985 年出版了，并加了一个尾章。我祖父对这本书能够再次成功并被翻译成多种语言感到很欣慰，他兴致勃勃地给不同国家的读者编排不同的版本，总是非常认真地听取翻译者的评论。不过，对一个翻译本的出版，他没有同意。除了这本“世界小史”以外，我祖父的所有著作都是用英语写成的。要是“世界小史”出一个英文本的话，他坚持要自己来完成翻译。尽管被多次请求将本书翻译成英文，但他都一直没有动手。这种抵制不光是因为他有很多别的事情要做，还有一个原因就是，他觉得英文的历史书一直都是围绕着英国王室来撰写的。英国的孩子们能够接受一本从欧洲的角度来讲述的世界历史吗？

直到20世纪90年代发生了一系列事情，欧洲联盟的意义也日渐增长后，他才相信，也许英国的孩子会对这本书感兴趣。

于是，在他这漫长又充实的一生的最后阶段，他开始将自己的第一本书翻译成英文。

在开始翻译后不久，他曾经略为吃惊地对我说："我又看了一遍我的这本书，里面的确藏着很多东西。你知道，我觉得，它挺好的！"当然他也做了些小修改，补进去一些关于史前人类的信息，请求他的儿子（我的父亲）——一位研究早期佛教的专家——来修改第十章，而有关中国历史那一章的修订，则得到了他的助手卡洛琳·穆斯蒂尔（Carolin Mustill）的大力帮助。

当他于2001年以91岁高龄辞世时，英文本的翻译还没有完成。最后的话本来是应该由他来说的。"我想强调的是，"在几年前的土耳其版前言中，他曾经这样写道，"无论是现在还是过去，这本书都从来不能代替教科书。我希望我的读者能够放松，能够追踪历史，不必去写笔记，不必去记住人名和年代。我也答应你们，我是肯定不会拿这些东西考你们的。"

2004年7月，列奥妮·贡布里希

目 录

第一章　从前……

所有的故事都是以“从前……”来开头的。我们的故事也会这样讲：从前如何如何。从前你还那么小，站在地上伸出手几乎都够不到妈妈的手。你还记得吗？如果你愿意的话，也可以讲一个这样开头的故事：“从前，有个小男孩”——或者小女孩——“就是我”。从前，你曾经是摇篮里的婴儿。这你记不起来了，但是你知道这准不会错。你的爸爸妈妈从前也是小孩。你的爷爷奶奶、外公外婆在更久以前也是小孩。尽管如此，你也知道这些事情。我们会说：“他们老了。”他们也有爷爷奶奶、外公外婆，他们也会说：“从前……”我们可以一直这样追溯回去。在每一个“从前……”之前，还会有另一个“从前……”。你试过站在两个镜子之间吗？真该试试！你会看到一个又一个的镜子，越来越小、越来越不清楚，但是一直有、一直有，没有最后一个。就算肉眼看不到了，

如果你站在两个镜子之间，想数一数看到多少个自己，那你就永远也数不完。

那里面也还有更多的镜子。你知道它们就在后面。

这个“从前……”也和那镜子里的镜子一样。我们无法看到它的尽头。爷爷的爷爷的爷爷的爷爷——这会让人晕了头。但是，如果你再慢慢说一遍，一点点地，你就可以设想这种情形了。然后呢，再来一个。就这样，我们就可以很快进入古代，再往后进入远古。一直下去，就像那些镜子似的。但是，我们永远也到不了开端。在每个开端的前面，都还有一个“从前……”。

这可是一个无底洞！往下看时，你会感到头晕吗？我也是！那么，我们来把一片燃烧着的纸扔到这个深深的井里吧。

它会慢慢地落下去，越来越深。在下落的时候，它会把井壁照亮。你还能看到它在下面吗？越来越深——此时它看起来就像黑暗中的一颗小星星——越来越小，现在我们就看不到它了。

回忆就是这么回事。我们用它来照亮过去。首先，是我们自己的过去；然后，我们去问老人；再往后，我们去找早已离世的人留下的信。我们就这样照着往后退，越来越远。有些房子，专门用来存放人们以前写的卡片和文献，这些地方叫档案馆。在那里你可以找到好几百年前人们写的信。我曾经在档案馆里看过一封信，上面只写着："亲爱的妈咪！昨天我们吃到了好吃的松露*，你的威廉。"这是四百年前一位意大利小王子写的。松露是一种珍稀的蘑菇。

但是对这些我们只能一扫而过。因为我们的火光落得越来越快。一千年，两千年，五千年，一万年。那时候就已经有了喜欢吃好东西的孩子。但是，他们那时候还不能写信。两万年，五万年——即使在那时候，人们也已经说过"从前……"。我们的回忆之光已经非常微弱了，然后就看不见了。但是我们知道，它还可以一直落下去，落到比远古更远古的时代，那时候还没有人类，那时的山也不是我们今天看到的样子。有些山，在那时还更高一些。在长长的时间里，雨水将它们冲刷成了山丘。有些山，那时还根本没有出现呢，它

---

* Trüffel，一种菌类，通常生长于地下，极为难得，是最为昂贵、在美食文化中也最被珍视的菌类。

巨蜥梁龙，早在人类和我们的山川出现之前，它们就已经生活在地球上了。它们强壮得吓人，不过是无害的植食动物。

们是慢慢地从海里升起来的，用了好几百万年。

但是，在这些山出现之前，就已经有动物了，不过和今天的完全不一样，特别庞大，差不多像巨龙一样。我们是怎么知道的呢？在深深的地底下，有时候能发现它们的骨头。比如，在维也纳的自然历史博物馆里，你可以看到梁龙*。梁龙，这个名字好奇怪；不过，这个动物比名字还要奇怪呢。整整一个房间都放不下它，两个房间也不行。它的身高像大树那样，它的尾巴像半个足球场那么长。要是这个巨大的蜥蜴——因为梁龙属于蜥蜴类动物——在远古的原始森林里爬行的话，肯定会弄出好大动静的。

* Diplodocus，生活在侏罗纪的一种巨大的食草恐龙。就目前所发现的化石推测，其完整的骨骼长度可达 27 米。

但是，这也还不是开端。从这里还可以回溯上去，回到数十亿年以前。这说起来容易，但是你好好考虑一会儿。你知道一秒钟有多长吗？你快速数完“一、二、三”这么长。那么，十亿个一秒钟有多长？三十二年！现在你就可以想一下，十亿年有多长！当时还没有大型动物，只有蜗牛和贝壳类动物。再往前，甚至都没有植物。整个地球还都是“荒凉而空荡荡的”。什么都没有，没有树木，没有灌木，没有草，没有花，没有绿色。只有荒凉的、光秃秃的石头和大海，空荡荡的大海，没有鱼，没有贝类，甚至连淤泥都没有。如果你去倾听它的波浪，你猜它们在说什么？“从前……”。从前，地球也许只是聚在一起的一团气，就像我们通过望远镜可以看到的其他更大的星球一样。有成百上千亿年的时间，这团气上没有岩石，没有水，没有生命，只是绕着太阳转圈圈。那么在此之前呢？在此之前，还没有太阳呢，我们可爱的太阳。只有我们所不知的巨大恒星和小一些的天体旋转在星云之间，旋转在无边无际的宇宙当中。

“从前……”——要是我这样俯身看下去，我也会感到头晕的。来，我们要快快回到太阳，回到地球，回到美丽的大海，回到植物、贝壳、巨型蜥蜴，回到我们的山川和人。是不是像回家一样？为了不让这个“从前……”把我们一直往下拉进那个无底洞，我们现在总要立即发问：“停！这曾经发生在什么时候啊？”

要是我们同时也问：“那到底是怎么发生的啊？”我们就

是在追问故事。不是在追问某一个故事，而是在追问一个特定的故事，那个我们称之为“世界历史”的故事。现在，我们就要开始讲这个故事了。

第二章 前所未有的最伟大的发明家

在海德堡*，有一次有人挖了一个地窖。在那里的地下深处，人们发现了一块骨头，人的骨头。一块下颚骨。但是，今天的人已经没有这样的下颚骨了。它又硬又壮，上面的牙齿也非常强健。长着这种下颚的人咬东西肯定很有劲，而且一定生活在很久以前，不然也不能在地下埋得那么深！

在德国的另外一个地方，在尼安德特（Neandertal）河谷，人们曾经发现过一个头盖骨，某个人的脑壳。你不用感到毛骨悚然，它可有意思呢，因为这样的脑壳现在也没有了。那个人还没有真正的前额，只是在眼眉上方有一块凸起而已。我们是用前额后面的地方来思考的，如果没有前额的话，他们也许会思考得少些。不管怎么说，思考给他们带来的折磨

* Heidelberg，德国南方的一座小城。

肯定比给我们的还要多。从前的人，比今天的人思考得少，但是咀嚼能力要比今天的人强。至少，在发现这些头骨时，人们是这样想的，他们坚定地保持着这样的看法，直到不久以前才有所改变。

“打住！”现在你会这样说，“这跟我们说好的不一样。这些人生活在什么时候？他们是谁，当时到底是怎么样的呢？”

我会脸红了，不得不这样回答你：这些我们还没法准确地知道，但是我们会搞清楚的。等你长大了，或许可以来帮我们的忙啊。我们之所以不知道，是因为这些人还不会写字记录，而且回忆也追溯不到那么久远的时间。现在我就不需要那么脸红了，尽管这里面说的不全是对的，但是我至少还是正确地预言了：关于最早的人生活在什么时候，我们今天确实知道得更多了。这是自然科学学者搞清楚的。他们发现，有些材料，比如木头和植物纤维，还有火山石，会发生非常缓慢而有规律的改变，由此就可以计算出来，它们是什么时候出现的，或者什么时候生长的。同时，人们也非常努力地去寻找和挖掘人体留下来的东西，尤其是在非洲和亚洲发现了更多骨头，这些骨头至少和海德堡发现的下颚骨一样久远。有些甚至更为久远，这些人是我们的祖先，有着隆起的前额和小小的大脑，也许在两百万年以前已经开始使用石头作为工具了。不久前人们在非洲发现的一个头骨，可能有七百万年。尼安德特人的出现大约是在十万年以前，在地球上生活了将近七万年。我必须得请求他们的原谅，因为他们虽然有隆起的前额，但是他们的大脑并不比我们今天大多数人的大脑小多少。与我们最近的亲属，可能在大约三万年以前才出现。

“可是，这个所谓的‘大约’，没有名字、没有准确的年代，这可不是历史！”你一定会这么说。你说得没错。这些发生在历史之前，因此也被称为史前史，人们只是大概知道什么时候发生了什么事。不过，关于这些我们称之为原始人的人，我们还是多少了解一些的。这样，当真正的历史开始时——在下一章会讲到——那时的人已经有了我们今天所有的一切：衣服、房子和工具，用来耕种的犁，用来做面包的谷物，用来挤奶的奶牛，用来剪毛的羊，用来打猎和做伴的狗。弓和箭用来发射，头盔和盾牌用来保护自己。可是所有的这些，总有第一次出现的时候，必须得有人发明出来吧！你想想，这是多么引人入胜的事情！肯定是某一次某个原始人有了这么个主意：要是把野兽的肉先放在火上烤一下，那么可能咬起来就容易些。也许还是个女人？某一次，有个人发现了如何取火。你想想，这意味着什么：生火！你会吗？可不是用火柴，不行，当时还没有火柴！用两个木块，让它们相互摩擦，越来越热，最后变成红炭。你试一下！然后你就会认识到，这有多困难！

工具肯定也是某些人发明的。动物不会使用工具，只有人才会。最古老的工具应该是简单的树棍或石头。但是，很快人就把石头打成合适的尖锤。这些打凿的石器，在世界各地发现很多，我们把这个时代称为石器时代。但是，那时候人还不会建房子。这可不太舒服，因为在那个时代经常很冷。有些时段甚至比今天要冷很多。冬天比我们所习惯的要长，而夏天要短。从山顶到深深的谷底，积雪长年不化，巨大的冰川一直延绵到平原上。因此我们可以说：早期的石器时代还是在冰河时期。原始人肯定挨了不少冻，要是能找到一个山洞，好歹挡挡风寒的话，他们肯定会很高兴。正因如此，这些人也被称为“穴居人”，尽管他们可能并没有一直在山洞里窝着。

你知道穴居人还发明了什么吗？能猜到吗？说话。我指的是真正的说话。动物如果身上疼的话，也会喊叫；如果感到有危险在迫近，会发出警告的喊声。但是它们不能用词语来命名任何东西，只有人才能够做到，而原始人就是最早做到这些的生物。

他们还发明了一些很美好的事物，比如画画和雕刻。今天我们还能在山洞的墙壁上看到很多画，就是他们凿刻或者画在上面的。直到今天，也没有哪个画家能比他们画得更美。在那里我们可以看到现在已经不存在的动物——已经这么长时间了。长着长毛和弯獠牙的大象：猛犸象。还有冰河时期的其他动物。你知道为什么原始人要在他们山洞的墙上画这些动物吗？只是为了装饰？可是洞里那么黑！人们并不确定是为什么，但是有人认为，原始人用这些画来施魔法。他们可能相信，如果把动物画在墙上，不久以后这些动物就会出现。差不多就像我们出于好玩所说的那样：说曹操，曹操就

猛犸象、水牛、野马和驯鹿/这些都是狩猎人梦想的好猎物。石器时代的人类将它们画在洞穴的墙壁上。

到。*动物是原始人的猎物，没有动物他们就得挨饿。所以他们的确有可能是想发明魔法。要是真能那样的话，就好了。可是到现在也没能成功。

冰河时期持续的时间之长，几乎不可想象。有好几万年。这也好，要不然人类可能也没有时间去发明所有这些东西。毕竟，思考还是一件很折磨人的事。但是地球慢慢地变暖了，在夏天，只有高山上才会有冰。当时的人已经和我们现在一样，在温暖中学会了种植草原上的植物，将植物的果实颗粒搓开，用它做成面糊，然后在火上烘烤。这就是面包。

---

* 原文为"Wenn man den Esel nennt, dann kommt er gerennt"。

水上村 / 一个木桩建筑村 / 新石器时代或者青铜器时代，即大约 8000 年前。

不久他们又学会了搭帐篷，驯养野生动物。他们跟着畜群游走，与今天的拉普兰人（Lappländer）* 有相似之处。可是，因为当时森林里还有很多野生动物，像狼和熊什么的，有些人——那些为了发明而生的人——就有了一个很了不起的主意：他们把房子建在水上和打进地里的木桩上。人们把它们叫作"木桩建筑"。他们的石器工具已经打制得很像样子，也被磨锋利了。他们用更硬的石头在石斧上凿个洞，安装手柄。这得是多大的工作量啊！肯定得花一整个冬天。再想想，到

* 拉普兰人生活在挪威、瑞典、芬兰和俄罗斯的科拉半岛在北极圈内的地区，从一万多年前开始，拉普兰人便生活在这里。在世界各地，拉普兰以圣诞老人的故乡而闻名。

了最后石斧肯定经常会裂成两瓣，那么一切还得从头再来。

再后来，他们就发明了将黏土放到炉子里烧成陶器，很快他们就做成了漂亮的容器，上面还带着花纹。在当时——新石器时代——他们早就不再画动物了。最后，在六千年前，也就是公元前 4000 年左右，人们找到了一种更新、更好、更方便的方式来制造工具：人们发现了金属。当然不是一下子发现了所有的金属。首先是绿色的石头，如果把它们在火里融化，就变成了铜。铜有美丽的光泽，人们可以用它打造成箭头或者斧子。不过铜很软，比坚硬的石头还容易变钝。

但人类知道如何解决这个问题。他们发现只需要把另外一种非常少见的金属混合到铜里，就可以让铜变硬。这种金属叫锡，铜和锡的混合物被称为青铜。人们用青铜来打造头盔和剑，打造斧子和煮饭器皿，也打造手镯和项链，这个时代自然被称为“青铜时代”。

现在你要好好看一下，人们是如何身披兽皮、划着独木舟到他们的木桩村里去的。他们运来粮食，或者从山中的矿里运来盐。他们用漂亮的陶罐喝水，他们的妇女和姑娘们用彩色的石头，甚至是黄金，来装饰自己。你觉得，从那时开始到现在变化大吗？他们已经是和我们一样的人了，经常彼此不能相容，残忍，诡计多端。可惜我们也是这样。那时候也已经出现过母亲为孩子牺牲自己、朋友之间能生死相托的事情了吧。这些事情的发生，不会比今天更频繁，但也不会比今天更罕见。为什么会和今天差不多呢？因为那距今也不过是一万到三千年左右嘛，我们还没有那么多时间来改变自己。

所以，当我们说话或者吃面包，使用工具或者在火边取暖时，应该经常心怀感激地想想那些原始人，那些前所未有的最伟大的发明家。

第三章　尼罗河畔的国家

历史——我答应过你——要从这里开始了。用“那时候”来讲，就是公元前3100年（五千一百年前），我们认为，当时有一个叫美尼斯（Menes）的国王在统治埃及。如果你想更精确地知道去埃及的路怎样走，按说你去问一只燕子就可以了。每年秋天天气转凉时，它们会飞到南方去。越过高山，到达意大利，然后再飞一段，经过大海，就到了离欧洲最近的那部分非洲。埃及就在那儿附近。

非洲气候很炎热，会连着好几个月不下雨。因此，那里很多地方，都没什么植物。这些地方是沙漠，埃及的左边和右边就是这样。埃及也不经常下雨。但是，那儿的人也不需要那么多雨水，因为那里有尼罗河从中间流过。每年有两次，尼罗河的源头那儿一下大雨，埃及境内的尼罗河就会泛滥，淹没整片土地。那时人们就只好乘船在房子和棕榈树之间来来往往。等到河水退去，土地就喝饱了，到处都是肥沃的淤泥。在炙热的阳光下，粮食长得几乎比任何地方都好。因此，埃及人也是从一开始就向尼罗河祈祷，好像它就是亲爱的上帝一样。你想听一首四千年前人们唱给尼罗河的歌吗？

> 赞美你，啊，尼罗河！你从大地涌出，来到这里，给埃及送来营养。你的水灌溉田野，你的物产养活牲畜。远处的沙漠，也吸饱了水分。大麦长，小麦壮。粮库满，谷仓开仓济穷人。我们为你弹竖琴，我们为你歌唱。

古代的埃及人就是这样来唱歌的。他们也有理由这么做。因为有了尼罗河，这个国家才变得那么富裕，甚至非常强盛。一个国王统治所有的埃及人。第一个做到这些的国王是美尼斯国王。你还记得是什么时候吗？公元前 3100 年。那你还记得《圣经》里怎么称呼埃及国王吗？法老。法老权势无边，住在用石头修筑的庞大宫殿里，有粗大的柱子和很多个庭院，他说怎样就得怎样。要是他想让全国的人都给他干活，他们就得照办。有时候他还真这么做了。

在美尼斯国王之后不久，有一位叫基奥普斯（Cheops，即胡夫）的法老，在公元前 2500 年下令，所有臣民都要来参与建造他的陵墓，要建得像大山一样。他真的得偿所愿了。这就是著名的胡夫金字塔。一直到今天，它还耸立在那儿呢。也许你已经无数次看过它的图片，但是你根本想不到它有多

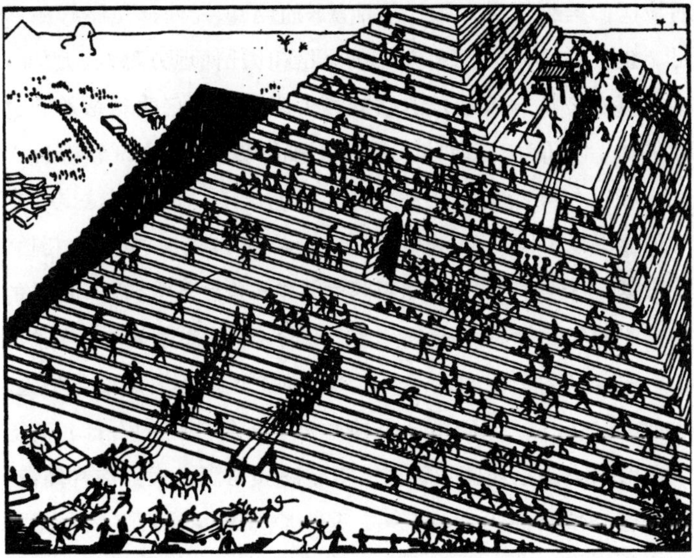

上万人工作多年建造国王墓。牛被用来拉大石块，但是将石头搬上去必须得用人力。

大。任何一个大教堂，都能被装进去。攀爬这些巨大的石块，就好像登山一样。可是，人们居然能把这么大的石块一个个摞起来，垒成了尖塔。那时候还没有机器，顶多就有轮轴和杠杆。什么都得用手来拉、来推。你想想，在非洲的酷热里！就这样，大约有十万人花了三十年的时间，在农闲时要来为法老辛苦卖命。如果他们累了的话，法老的监工就会用河马皮做的鞭子驱赶他们继续干活。他们就这样将那么沉重的东西拉运、抬起，一切都是为了法老的坟墓。

也许你会问，法老为什么会想让人给他修建那么大的一个坟墓呢？这与古埃及的宗教相关。埃及人信奉很多神，这样的人，被信基督教的人称为“多神教信仰者”（Heiden）。人们相信，某些神曾经是统治人世的国王，也就是法老，比如俄赛里斯（Osiris）和他的配偶伊希斯（Isis）。他们也相信，太阳是一个独特的神：他叫阿蒙（Amon）。地府也有自己的神，叫阿努比斯（Anubis），这个神长着胡狼的脑袋。埃及人认为法老是太阳神的儿子，不然的话，也用不着那么害怕他、听他的命令了。他们给这个神凿出了宏伟庄严的石像，有五层楼房那么高；还建了神庙，有整座城市那么大。在神庙前，矗立着一块高高尖尖的石头，是一整块的花岗石，人们把它称为方尖碑（Obelisken）。这是希腊语，差不多是“一只小矛”的意思。在某些城市，你今天还能看到这样的方尖碑，就是从埃及带过来的。

在埃及的宗教中，有些动物非常神圣，比如猫。有些神是以动物来现身的，也被画成动物的样子。那位有着狮子的身体、人的头、被我们称之为“斯芬克斯”的怪物，是古代埃及人敬重的一个威力巨大的神。它在金字塔附近的巨大雕像，大到能容纳下整座神庙。虽然有时候会被沙子埋起来，但是这个神像已经守护法老的墓穴五千多年了。天知道它还会继续守多久。

不过，在奇特的埃及宗教中，最重要的信仰却是一个人

一名死去的埃及人被送到他最后的居所里。墙上画的内容是关于战斗、神的信使降临、手工艺者以及灵魂在死亡船上航行。

在死后，灵魂虽然会离开肉体，但是不定在什么时候还会再需要肉体。埃及人认为，对灵魂来说，在死后把先前的身体埋到地下，不可能是正确的做法。

因此，他们将死者的遗体以一种意味深长的方式来保存。他们用膏油和植物汁液来擦拭遗体，并用长长的布条缠绕起来。这样保存过且不会腐烂的遗体，我们叫它“木乃伊”。直到今天，几千年以后，这些“木乃伊”还没有腐烂。人们首先将“木乃伊”放到木棺里，然后将木棺放到石棺里，石棺还不要放在地下，而是要放在岩石上的墓穴里。要是人们像“太阳之子”法老胡夫那样支付得起，就搭建一座石头垒成的山。放在里面特别深的地方，“木乃伊”才会是安全的！人们希望如此。但是，法老胡夫的费尽心机和权势都徒然无益、于事无补：他的金字塔里面现在是空的！

不过，我们还是在别的未受侵扰的金字塔里发现了其他国王和许多古代埃及人的“木乃伊”。这些墓穴里的设施，是供灵魂来拜访自己身体时居住的，因此，里面有些可以吃的东西，有家具和衣服，有许多死者生前生活情景的画像。死者本人的画像也在，这样灵魂来访时，马上就能找到正确的墓穴了。

正是这些石制的大雕像和那些色彩缤纷的漂亮绘画，使我们今天还可以了解当时的埃及人在做什么以及怎么做的，尽管他们画得不太好或者说不自然：本该在后面的人和物，通常都被画到了其他的人和物上边。这些形象往往看起来很僵硬：我们所看到的人的身体是从正面展示的，而手和脚却是从侧面展示的，看起来就像是被熨斗熨平了一样。但是，这些古埃及人达到了他们想要的目的。我们可以从中看到每个精确的细节：他们如何在尼罗河里用大网捕鸭，如何用长矛叉鱼，如何将水抽入水渠里来浇田，如何在草场上放牧奶牛和山羊，如何给谷物脱壳，如何烤面包，如何做衣服和鞋子，如何吹制玻璃器皿——当时他们已经会做这个了！——

如何做砖坯和盖房子。我们也能从里面看到，女孩子们如何玩球或者吹笛子，男人们如何去参加战争，将陌生族群战俘（比如黑人）以及各种战利品掠夺回家。

在那些豪华的墓穴里我们可以看到，外国使节如何前来给他们献上珍宝，国王如何向对他忠心耿耿的大臣授以勋章。我们可以看到死者在众神像面前举起双手来祈祷，也可以看到他们在家里宴饮的情形，歌者弹琴唱歌，小丑来回蹦跳。

除了这些彩色画以外，大多数情况下人们还可以看到一些小画，有猫头鹰和男人、旗帜、花卉、帐篷、昆虫、罐子，但是也有锯齿形的线条和螺旋形的线条并行或者交叉在一起。这是什么呢？这些不是画，而是他们的文字。我们称之为“象形文字”（Hieroglyphcn），意思就是神圣的符号。埃及人为自己的这个新艺术——书写——感到无比骄傲，在所有的职业当中，他们最敬重的是书写者，书写差不多被认为是很神圣的事情。

你想知道怎么样用这些“圣符”或者说象形文字来书写吗？学起来确实不容易，因为这差不多就像画谜一样。比如你想写俄赛里斯神的名字，它在古埃及语里被称为 Wosiri，于是你得先写一个王座（𓊨），在埃及语里叫“wos”，然后是一只眼睛（𓁹），这叫“iri”。这就是“Wos-iri”了。为了不让人觉得这叫“王座的眼睛”，人们通常还在旁边写上一个小旗子（𓊹），用来表明这个人是神。这就像我们会在一个人的名字旁画上个十字架符号，来表明这个人已经死了。

现在你可以用象形文字来写“Osiris”了！你可以想一下，把这些都破译出来，得费多大的力气啊！人们从大约二百年前开始做这件事，到现在还一直在研究。破解象形文字之所以成为可能，是因为人们发现了一块石头上有同样内容的希腊语、象形文字和另外一种埃及文字。这可是个猜谜活动，大学者们终其一生都在努力研究！这块石头被人们称为“罗塞塔石碑”（Rosetta-Stein），你可以在伦敦的大英博物馆里见到它。

今天人们几乎什么都可以读懂了。不光是那些写在墙上的，也包括那些写在书里的。不过，书里面的符号远没有那么清晰。古代的埃及人确实已经有书了。不过不是写在纸上的，而是写在一种特殊的尼罗河芦苇上，在希腊语中被称为莎草纸（Papyros）。我们今天的“纸”（Papier）这个词就是从这儿来的。

人们把文字写在长条上，然后把长条卷起来。好多书卷就这样被保存下来了，人们现在读到这些时，越来越发现那些古埃及人是多么的智慧和聪明！你想听一句五千年前写下来的格言吗？不过，你可得好好注意，用脑子思考一下：“智慧的言语比绿色宝石还要稀有，但是你却能从推磨的贫穷女仆那里听到。”

因为埃及人又智慧又强大，他们的帝国存在了很长时间。比迄今为止的任何帝国都长，几乎有三千年。就像他们小心保存遗体不让它们腐烂一样，他们也在几千年当中严格地保留了古老的风俗和习惯。他们的祭司会严格地确保儿子不做任何父亲不会做的事情。对他们来说，所有古老的东西都是神圣的。

在时间的长河里，人们只对这种严格的一成不变反抗过两次。一次是在胡夫法老之后不久，大约是公元前 2100 年，奴仆们自己想要去改变一切。他们起义反对法老，杀死了监工，将“木乃伊”从墓穴中拖了出来。“从前连鞋都穿不上的人，现在坐拥珍宝；从前拥有华丽披风的人，现在都衣衫褴褛。”一个莎草书卷上这样记载到，“整个国家像是陶工的转盘一样，一切都转过来了。”但是，这没有持续很长时间，不久之后，一切又回到了老样子。或许，甚至比以前还更残酷呢。

第二次是有一位法老自己要让一切都有所改变。这位埃赫那顿（Echnaton）法老是一位很特别的人，他大约生活在公元前 1370 年左右。在他看来，埃及的信仰中有那么多的神，还有那么多的秘密习俗，太令人难以置信了。“只有一个神”，他这样教给他的民众，“就是太阳，它的光芒创造了一切，维持了一切。你们只许对它祈祷。”

旧的神庙被关闭了。埃赫那顿法老和他的妻子搬到一座新的宫殿里去。他从根本上反对一切旧事物，赞同新的、美的想法，让人将宫殿里的画用一种全新的方式来重新画，不再像过去那么严格、那么僵硬死板、那么庄严，而是非常自然，不受约束。人们可不觉得这么做有什么好，他们不想看到任何与几千年来所看到的东西有所不同。所以，在埃赫那顿法老离世后不久，他们就又回到了旧风俗、旧艺术，一切都照着老规矩办，至少埃及帝国存在时都一直如此。像美尼斯国王时那样，在之后差不多三千五百年长的时间里，人依然会制成“木乃伊”来埋葬死者，用象形文字书写，向同样的诸神祈祷。猫也一直被看成神圣的动物。如果你要来问我，我会认为在尊崇猫这一点上，古代埃及人是对的。

第四章　太阳日，月亮日……

一个星期有七天，它们是……这个你都知道！但是你可能不知道，从什么时候开始，这些日子不再像原始人所感知的那样，没有名字、没有顺序、一个接一个到来，又是谁将它们归在一个星期之内，还给每天取了名字。这些没发生在埃及，而是发生在另外一个地方。那里也很热，不像埃及只有一条尼罗河，那里有两条河：幼发拉底河与底格里斯河。人们将这个地方称为两河流域。因为这个重要的地方位于两条河流之间，人们也叫它"河间之地"，或者用一个希腊语的词汇：美索不达米亚。这个美索不达米亚不在非洲，而是在亚洲，但是离我们的（欧洲）地区并不是特别远，在西亚。幼发拉底河与底格里斯河，这两条河汇入波斯湾。

在脑海里想象一下，这两条河流形成了一个宽广的平原，那里天气热，遍布沼泽，有时候大水还会淹没整个地区。在这块平原上，今天的人们能在这里或者那里看到一些矮山包，但那不是真正的山丘。如果要从那里开始挖下去，我们首先会看到一堆砖头和瓦砾，慢慢还会发现又高大又坚固的墙。因为这些小山包原本是衰落了的大城市，有着长长且笔直的街道，有高高的房子、宫殿和神庙。因为它们不是用石头建造的——如在埃及那样——而是用砖建的，所以在太阳底下时间一长就松散裂开，最后坍塌在一起了。

在沙漠地带里，有一个这样的大土堆，叫巴比伦，它曾是当时世界上最大的城市，四面八方的人们将自己的物品带到这里来交换。在河流上游山区的边缘地带，还有这样的一个大土堆，是这里的第二大城市：尼尼微。巴比伦是巴比伦人的首都，这比较容易记住。尼尼微是亚述人的首都。

大多时间里，这块土地并没有像埃及那样由一个唯一的国王来统治。这里也没有一个持续很长、有固定边界的国家。多个族群、多个国王都在这里轮流统治过，其中最重要的是：苏美尔人、巴比伦人和亚述人。直到不久以前，人们还相信埃及人是最古老的民族，他们已经有了一切可以被称为“文明”的东西：城市里面有手工业者、贵族和国王、神庙和祭司、官员和艺术家，还有文字和技术。

最近这些年我们才知道，原来苏美尔人在某些方面比埃及人还要超前。在波斯湾附近平原上，对一些城市遗址的考古发掘表明，那里的居民在公元前 3100 年就已经想到将黏土做成砖，然后来修建房子和庙宇。在最大的一个土堆下面，人们发现了吾珥城*的废墟。《圣经》里说，亚伯拉罕的祖先在那里居住过。人们还发现了大量的墓穴，差不多与埃及的胡夫金字塔属于同一时期。不过，胡夫金字塔里是空的，而这里的发掘却让人们见到了许多了不起的、令人称奇的东西。有妇女戴的漂亮金饰品，有用来献祭的金器皿，有金头盔和带有黄金和宝石的匕首，有非常华丽的竖琴，带有牛头装饰；还有——你想不到的！——一块游戏板，上面有精致镶嵌的方格图案，像棋盘一样。

在这些土堆里，人们还找到了圆形的图章石和刻了字的陶土板。但是，这些字不是象形文字，而是另外一种更难破解的文字。其难解之处在于，它们不再是图画，而是单个的尖笔画，看起来像三角形或者楔形。人们把它称为"楔形文字"。写在莎草纸上的书，在美索不达米亚这里可没有。这里的人们把文字写在软软的陶土上，然后放在炉子里烧，这样就变成了硬硬的砖板了。人们发现了大量的这种砖板，上面有很多又美又长的传说和童话故事，讲述英雄吉尔伽美什†与怪物和巨龙搏斗的故事。也有很多文字，是国王们来报告他们的作为并赞美自己的，记着他们建立了哪些永恒的神庙、

* 吾珥城位于伊拉克南部，最初由苏美尔人在公元前4000年左右建立，1922年被考古学家发掘。吾珥城发现的遗迹和文物表明，当时这里拥有很高的文化和艺术水平。

† 目前世界上已知的最古老的叙事诗、古巴比伦文学的代表作，讲的是苏美尔传说中的三大英雄之一吉尔迦美什的故事。虽然其真实性存疑，但大多数史学家认为，吉尔伽美什确有其人。

让多少个族群屈服于他们的统治之下。

人们也发现了一些年代相当久远的泥板，上面有商人的报告、契约、收据、货品清单，等等。从这里我们知道，古代苏美尔人以及后来的巴比伦人和亚述人是很了不起的商业民族，他们很懂得计算，知道要明确地在公正与不公正之间划出界线。

从一个刻在石头上的大块文字板上，我们知道了一位巴比伦国王，他是最早统治整个地区的国王中的一位。这块石板上面写的是世界上最古老的法律书——国王汉谟拉比的法典。国王的名字听起来像是童话里的人物一样，但是这些法律条文非常清醒、严格和公正。所以你不妨记一下汉谟拉比大约生活在什么时代：公元前 1700 年左右，也就是三千七百年前。

巴比伦人严肃而努力，后来亚述人也是如此。但是他们没有像埃及人那样五彩缤纷的图画。从他们的雕像和图画上，大多只能看到国王在狩猎，被绑缚的战俘跪在国王的面前，正在驱赶外来族群的战车，以及在攻打城堡的武士。国王目光阴沉，胡子和卷发又黑又长。有时候也可以看到他们在向诸神献祭，太阳神巴尔（Baal），月亮女神伊什塔尔（Ischtar）或者阿斯塔蒂（Astarte）。

因为巴比伦人和亚述人把太阳、月亮和星星当成他们的神来祈祷，所以在晴朗而炎热的夜里，他们会一年又一年连续上百年地观察记录星星的运动轨迹。他们头脑很聪明，注

一名亚述国王去猎狮。在拱形的城门墙上有一个人头、带翅膀的公牛图像，这是亚述人的神圣动物。

意到星星会有规律地转动。那些在天穹上似乎固定不动、每天在同一位置出现的星星，他们很快就学会辨认了。他们给星空中的形象起了名字，就像我们今天说“大熊星座”一样。他们还更多地研究了那些在天穹中运动的星星，比如某个星星有时候在“大熊星座”附近，有时候在“天秤星座”附近。当时人们相信，地球是一个平板，而星空是一种空心的球体，像碗一样罩在地球上面，每天都在转动。那时候人们肯定会特别惊异：不是所有的星星都在天上固定不动，有些是随便地坐在那里，有些却是能乱跑的。

今天我们知道这些星星是和地球一样，是绕着太阳运动的，人们叫它们行星。可是古代巴比伦人和亚述人还不可能知道这些，他们相信这里面潜藏着某种神秘的魔法。他们给这些星星起了名字，一直仔细地观察它们。他们认为，星星是某种威力巨大的东西，它们在天空上的位置昭示着人的命运。因此，他们要从星星的位置来预测未来。这种信仰叫“占星术”，或者用一个希腊语词汇来讲，就是“星相学”（Astrologie）。

人们相信，有些行星能带来幸运，有些则会带来不幸。火星意味着战争，而金星意味着爱情。每一个行星的神都被分派了一天。因为加上太阳和月亮在一起正好是七天，于是就出现了我们今天的“星期”。太阳日（星期天）和月亮日（星期一）我们今天还在用。当时人们所知道的五个行星是火星、水星、木星、金星、土星。德语里一个星期其他五天的说法，都没有这五个行星的痕迹了。但是在很多其他语言里，一直到现在还这样用着。你看一下法语里面一个星期内各天的说法，它们是：mar-di（来源于 Mars，火星），merc-redi（来源于 Merkur，水星），jeu-di（来源于 Jupiter，木星），ven-dredi（来源于 Venus，金星）。在英语里，你可以看一下星期六的说法，是土星日（Saturday）。在德语中之所以这些名字有些纷乱，是因为人们尽可能地将希腊—罗马的神名以相应的古代德意志神名取代了。于是，Dienstag（星期二，mars-di）也许来源于 Zius-Tag，因为 Ziu 是古代德意志的战神；同样，Donnerstag（星期四，jeu-di）来源于 Donar，古代德意志的神，受到像木星那样的崇拜。你能相信我们对一

在巴比伦，人们从高高的台阶塔上观察斗转星移。

个星期里每天的说法有这么可敬可叹、非同寻常、长达几千年的历史吗？

为了离星星更近些，也为了在湿气弥漫的地方更好地观察星星，巴比伦人以及更早的苏美尔人修建了奇特的建筑：高高宽宽的塔，这些塔由若干个大平台层叠起来，有巨大的支撑墙和高高的攀升梯路。塔顶上是祭祀月亮和众行星的神庙。

人们远道而来，让祭司们根据星星的位置来预言他们的命运，并带来昂贵的献祭品。直到今天，在伊拉克的平原上，这些坍塌了的台阶塔仍然高出其他的废墟土堆，在这里也可以找到刻写的文字，国王在这些文字里讲述他们如何建造、修理这些建筑。你还必须要考虑到的是，这一地区最早的国王生活在公元前 3000 年，而最后的国王生活在公元前 550 年左右。

最后一个权势辉煌的巴比伦国王是尼布甲尼撒，他生活在公元前 600 年左右。他的征战让他声名鹊起。他在埃及作

耶路撒冷在燃烧，在尼布甲尼撒的士兵看守下犹太人作为俘虏迁往巴比伦。

战，将很多人作为奴隶掳掠到巴比伦。但是他最大的壮举实际上并不是征战，而是为了灌溉土地而命人修建的大型运河和水库。只是自从运河坍塌、水库淤泥堆积之后，这个地区才成了沙化或沼泽性质的平原，时不时还能看到瓦砾堆点缀其间。

当我们为一个星期又将过去、太阳日（星期日）即将来临而欢呼雀跃时，不妨抽点时间想想那些炎热沼泽地上的土堆，还有那些有着长长黑胡子、神情严肃的国王们，因为我们现在知道了，这一切都是相互关联的。

第五章　唯一的神

在埃及与美索不达米亚之间有一片土地，上面有低低的河谷和大片的放牧场。几千年来，牧民们在那里放牧牲畜，种植葡萄和粮食，晚上唱歌，就像乡下的人们那样。正因为这片土地位于埃及和巴比伦之间，所以它有时被埃及征服和统治，有时又会被巴比伦征服和统治。生活在那里的居民，就会被掳掠到这里或者那里。他们自己也建造了城市和城堡，但他们不够强大，不足以抵御邻居强大的军队。

你可能会说："这真让人难过啊，但这算不上什么历史。肯定有许许多多小族群碰到过这种事。"你说得没错，但是这个民族有些特殊。因为特殊，它不光成为了历史，而且造就了历史，尽管其自身那么小、那么弱。也就是说，它影响了全部未来历史的发生和命运。这个特殊之处是它的宗教。

所有其他族群都膜拜多个神。你还记得伊希斯和俄赛里

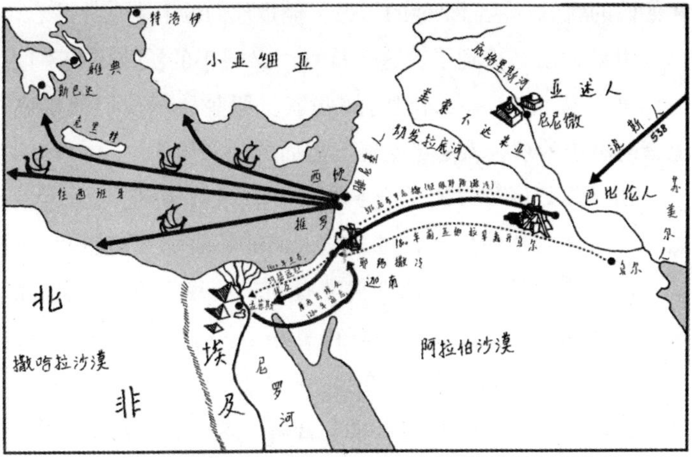

世界史以血腥的征战和腓尼基商船的勇敢航行开始于这块位于美索不达米亚与埃及之间的地带。读到后面的章节时，你还可以再次来看这个地图。

斯，记得巴尔和阿斯塔蒂吧。可是，这些牧人只向一个神祈祷，向他们的神祈祷，认为它能给他们特殊的保护和引领。当他们晚上围坐在篝火旁，歌颂他们的事迹和战斗时，也是在歌唱这个神的事迹和战斗。他们的神——他们是这样唱的——比其他所有多神信仰中的神都更强、更好、更高贵。对，在歌里流传下来的就是这样的。他，这唯一的神，创造了天和地、太阳和月亮、水和土地、植物和动物以及人。他会以雷霆的方式震怒，但是他自始至终——无论是埃及人驱赶他们时，还是巴比伦人掳掠他们时——都没有抛弃他的子民。这是他们的信仰和他们的骄傲，他们是他的子民，他是他们的上帝。

也许你已经猜到了，这个特别而又弱小的游牧民族是谁。他们就是犹太人。他们唱的那些歌，那些关于他们的事迹、上帝的事迹的歌，就是《圣经》里面的《旧约》。

如果你好好读过《圣经》的话——可以等到你再长大一点儿——你会从中发现，过去的人们能够讲那么多生动的故事，几乎可以说在其他地方很难看到。一些《圣经》里的故事，也许你现在能比以前理解得更好了。你知道亚伯拉罕的故事。你还记得他的老家是在哪里吗？这写在《摩西第一经》*第十一章里：是迦勒底的吾珥。吾珥，这是波斯湾的一个废墟，最近几年里，人们在那里发掘出来很多古老的东西，如竖琴和游戏板、饰物和武器。不过，亚伯拉罕的生活时代不是特别早，大约是在那位伟大的法律制定者汉谟拉比的时代，也就是——你还记得吗——公元前 1700 年。汉谟拉比某些严格而又公正的法律在《圣经》也能读到的。

但是，《圣经》中关于巴比伦的故事还不止这些。你肯定还能想起巴别塔的故事：一座大城市里的人要建一座塔，一直通到天上，为的是可以与上帝在同一高度。在故事里，上帝惩罚了这些人，让他们各自说不同的语言，于是他们就无法听懂对方在说什么了。巴别就是巴比伦。你现在可以更好地想象这个故事了。你知道，巴比伦人的确建了好多巨塔，

---

* 即《旧约圣经·创世记》。

“塔尖直达天上”，为的就是能与太阳、月亮和星星更近一些。

诺亚和大洪水的故事也曾经在美索不达米亚上演过。人们在那里发掘出很多写着楔形文字的陶土板。这些文字里讲述的故事，与《圣经》里的故事非常类似。

吾珥的亚伯拉罕的一个后代（这是我们在《圣经》里读到的）是约瑟，是雅各的儿子，也就是那个被兄弟们卖到埃及、在那里担任法老顾问和大臣的约瑟。你应该知道这个故事是怎么继续下去的：一场大饥荒遍及整个地区，约瑟的兄弟们来到富庶的埃及买粮食。当时，金字塔已经矗立在那里一千年了，约瑟和他的兄弟们对此也感到惊讶不已，就和今天的我们一般无二。

雅各的儿子们和他们的孩子们搬到了埃及来住。不久他们就不得不为法老辛苦劳作，就像在金字塔时代的埃及那样。《摩西第二经》第一章（《出埃及记》）里这样写道：“埃及人严严地使以色列人作工，使他们因作苦工觉得命苦，无论是和泥，是作砖……”最终，摩西带着他们离开埃及，进入沙漠中。这可能是在公元前 1250 年左右。从那里他们试图再次夺回那块乐土*，自亚伯拉罕以来他们的先祖一直居住的地方。最终，经过长期血腥而残忍的战斗之后，他们成功了。于是他们有了一个小小的国家和一个都城：耶路撒冷。这个国家的第一个国王是扫罗，他与比邻的部族非利士人（Philister）

---

* 指迦南。

作战，结果阵亡了。

在他后面的国王们当中，关于大卫和所罗门，《圣经》里有好多很美的故事，你应该去读一下。睿智公正的国王所罗门在位时，大约是公元前 1000 年左右，也就是汉谟拉比国王之后的七百年或（埃及）美尼斯国王之后的两千一百年。他建立了第一座神庙，像埃及和巴比伦的神庙那样豪华宏伟。虽然建筑师不是犹太人，而是邻国的建筑工匠，但是有一个区别：在多神教的神庙里，里面有神的画像，如阿努比斯神有着胡狼的头，或者是巴尔的像——甚至还得向他们献活人祭。在犹太人神庙的里面，最神圣的地方根本没有画像。对于上帝，这位伟大且唯一的上帝，人们是不可以画像的。犹太人是历史上第一个这样做的民族。那里只有一块法版，上面是《摩西十诫》。这些戒律就代表了上帝。

在所罗门的统治之后，犹太人的日子就不那么好过了。他们的国家分裂成了以色列国和犹大国。双方曾经有过很多战争，最终这个国家的一半——以色列国——在公元前 722 年被亚述人给侵占并灭绝了。

令人惊奇的是，诸多的不幸让这个余息尚存的小小犹太民族变得更加敬畏上帝了。民众当中有人站了出来，不是祭司，而是普通人，他们感觉到必须得对民众讲话，因为上帝在他们内心说话了。他们的布道总是同样的："所有的不幸都是你们自己的过错。上帝因为你们的罪而惩罚你们。"在这些先知的言词里，犹太的民众总是一再听到，所有的痛苦都是惩罚和考验，有一天大解脱将要到来，拯救者弥赛亚会让这个民族重新强大起来，并且给他们以无尽的幸福。

但是，痛苦和不幸还远没有到尽头。你还记得巴比伦最强大的战争英雄和统治者尼布甲尼撒吧。他曾经在征战埃及的路上经过迦南，在公元前 586 年摧毁了耶路撒冷，将国王西底家（Zedekia）的眼睛挖出来，并将犹太人作为战俘掳掠到了巴比伦。

他们在那里待了近五十年，直到巴比伦王国在公元前 538 年被邻国波斯毁灭。当再返回家乡时，他们变了，变得与周围的族群不再一样。他们将自己与其他族群隔绝开来，因为在他们眼里，其他族群都是魔鬼的仆人，没有认出真正的上帝。到这个时候，《圣经》才被写下来，使得两千五百年以后的我们还能读到。在其他族群眼里，犹太人也慢慢变得奇怪而可笑，因为他们一直在谈一个没人见过的唯一的神；因为他们小心地保持着最严格、最刻板的法律和风俗，遵从着那看不见的神的命令。如果说，也许是犹太人首先将他们自己与其他人隔绝开来的，那么，后来就是越来越多的其他族群将自己与犹太人隔绝开来了。这个残存的弱小民族，自命为“上帝的选民”，没日没夜地钻研那些神圣的文字和诗歌，苦苦冥想着为什么唯一的上帝让他的子民遭受如此这般的苦难。

第六章　你能拼读

怎样拼读？“每个一年级的孩子都知道！”你会这么说，“念字母！”这是干什么呢？“你看，这是一个 D，这是一个 U，合在一起是 DU（你）！——用二十六个字母，你差不多什么都能写下来。”全部的？对，全部的！在所有的语言中都是这样？差不多都是！

很了不起吧？用二十六个非常简单、仅仅由几个笔画组成的符号，就可以把什么都写下来，聪明的想法和愚蠢的想法，神圣的事和卑劣的事，表达出所有语言里的任何一种意义。古埃及的象形文字可没这么简单。楔形文字也一样，里面的符号非常多，且不是表示一个字母，而是至少代表一整个音节。但是，一个符号只代表一个音，二十六个音就可以构成所有能想到的词汇，这可是无与伦比的新事物，肯定是由那些写很多东西的人发明的。他们不光要写神圣的经文和诗歌，还得写许多信件、契约、回执什么的。

发明这些字母的是商人。他们乘着船漂洋过海，把来自不同地方的物品运到不同的地方去交换、做贸易。他们住的地方离犹太人不远。他们的城市，比耶路撒冷要大得多、强盛得多。在港口城市推罗（Tyrus）和西顿（Sidon），城市里熙熙攘攘，差不多和巴比伦一样热闹。他们的语言和宗教也与两河流域的族群非常相近。只是腓尼基人（住在推罗和西顿的人所属的族群）并不那么爱打仗。他们更愿意以另外一种方式来征服。他们驾帆船出海远航，到达陌生的海岸，在那里成立贸易货栈。从住在那里的野蛮部族手里，他们可以

腓尼基人以满载的商船开启和平的征服之旅。

用工具、器皿和彩色染料换来皮毛和宝石。他们是世界有名的手工业者，也曾经帮助建造了耶路撒冷的所罗门神庙。他们带到世界各地最著名、最受欢迎的东西，是染了色的布料，尤其是紫色的。有些腓尼基人在他乡海岸的商业网点留下来，在那里建造了城市。在非洲、西班牙、南意大利，各地的人们都欢迎腓尼基人，因为他们能带来好东西。

家乡对他们来说也不那么远了。他们可以给在推罗和西顿的朋友写信。用他们自己发明的那么简单的文字来写信，我们直到今天还在用。对，确实如此！你看这个字母B，它与出现在腓尼基人信中的样子只有非常小的区别，那是腓尼基人三千年前从陌生海岸写给家里——那些人声喧闹而工作勤奋的港口城市——的信。你知道了这些，肯定就不会再忘记腓尼基人了。

第七章　众英雄和他们的武器

你听这些词：它们有节奏地击打着，一个接着一个。如果你大声读出来，肯定能注意到，词语是隆隆作响的。

就像火车进了隧道以后的情形，这你就再也不会忘记。
好！六音部诗行，人们这样称呼它；六音部诗行，这种韵文！
这种节奏，早先的希腊歌手，
曾经用来歌唱古代英雄们的苦难和战斗。
在早已流逝的远古时代，有哪些业绩，
无论在海上还是陆地，他们的英雄壮举一般无异。
他们如何用自己的力量，加上狡猾的众神之助力，
去攻占城邦，去战胜巨人。你知道那些故事，
特洛伊战争出现在，当牧人帕里斯
把金苹果交给了女神维纳斯，

因为她是奥林匹斯山上最漂亮的女神。
他在维纳斯的帮助下抢走了美丽的海伦——
希腊国王墨涅拉俄斯的王后，从而引出争端。
一只庞大的希腊军队征帆指向特洛伊，
精挑细选的英雄队伍，要夺回被抢夺去的珍宝。
你知道这些名字吗？阿喀琉斯、阿伽门农、奥德修斯、阿亚克斯
他们站在希腊这边，与普里阿摩斯的儿子——
赫克托尔和帕里斯作战，围困特洛伊长达十年
直到最后被攻下、被焚烧、被摧毁？
你还知道吗——奥德修斯，这位多谋而出色的演说者
在海上流荡多年，历尽千难万险——
从魔力缤纷的女妖到丑陋恶心的巨人，
最终孤身一人，上了被施过魔法的陌生船只，
回到家里爱人的身边，她忠心于他十年不变。
所有这些故事，在七弦琴的伴奏下由希腊歌者唱出来。
在富人们的宴席和庆典上，作为奖赏
也会给他们一块肥嫩的、香喷喷的烤肉。
后来人们写下这些歌。他们相信并教给后人
这些歌都出自一位诗人之手：他的名字叫荷马。
今天你还能读到，你也会感到乐趣无穷：
如此生动，如此缤纷；如此有力，如此智慧——
它们现在依然如此，永世不移。

早期希腊花瓶上的图画之一。画面上是荷马史诗中的英雄们在战斗。

可是——也许你会这样说——这些都是故事，不是历史，我想知道，这些事情是什么时候发生、怎样发生的。一百多年以前，一个德国商人和你想的一模一样。他反复地读荷马，别的都不想，只想去看看这些被荷马描述过的美丽地方，再把那些英雄打仗时用的武器在手里拿一拿。他做到了。人们发现，这些的确都曾经发生过。当然，诗歌里提到的每个英雄，就像童话里的巨人和女妖一样，并非确有其人。但是，荷马提到的情形——饮酒的器皿和武器，建筑物和船只，担任牧羊人的王子们，当过海盗的英雄们——所有这些都不是虚构的。当施里曼——那个德国商人叫这个名字——这么说时，大家都笑话他。可他没有被吓倒。他一辈子省吃俭用，为的是最终能去希腊一趟。他攒够钱以后，雇用了一些挖土工，在荷马提到过的各城市里开始发掘。在迈锡尼，他发现了国王的宫殿和墓穴、甲胄和盾牌，就像荷马的诗歌里描写的那样。特洛伊也被他找到并发掘了。人们发现，特洛伊的确是被大火烧毁的。但是，在宫殿和墓穴里没有碑文，所以好长时间人们都不知道，这到底是什么年代的物品。后来，人们偶然发现了一个指环，一个不是来自迈锡尼的指环。指环上有象形文字，还有一个埃及国王的名字，他生活在大约公元前 1400 年，是伟大的革新者埃赫那顿的前任。

在这一时期，在希腊和许多相邻的岛屿上，以及靠近海岸的地带，居住着一个善战而且有很多财富的民族。他们没有统一的国家，但是有很多小的堡垒城市，宫殿里住着国王，统治这些城市。他们主要是航海者，像腓尼基人一样，只是他们做生意少，打仗多，经常互相打起来，但是有时候也会结盟，为的是共同抢劫其他的海岸。就这样，他们的黄金和珍宝越聚越多，胆子也越来越大。因为要做海盗的话，勇气和狡猾是必不可少的，所以海上抢掠的活儿就落到了住在城堡里的上等人身上。剩下的人口就是普通农民和牧民了。

这些上等人不像埃及人或者巴比伦人、亚述人那样，把因循守旧看得那么重。他们在多次出海抢劫并与外族作战时，可能也因此眼界大开，乐于有所变化。因此，从那时候开始，这个地方的世界历史前进得就比其他地方快，因为从那时起，要是有人说“现在这个样子，就最好”，这里的人是不会信服的。一切总处在不断改变中。如果一个人在希腊或者欧洲的某个地方发现了一个陶罐碎片，他就可以说：“这个应该是大约来自这个或者那个时代，因为一百年以后这个陶钵已经不时髦了，没有人会愿意要它的。”

今天的人们认为，所有这些漂亮的东西，都不是施里曼发掘到的那些希腊城邦的国王自己发明的。漂亮的容器、有狩猎图的匕首、金盾牌和金头盔、装饰物和大厅墙上的彩色图画，这些最早都不是来自希腊，也不是来自特洛伊，而是源于一个离它们并不远的岛屿。这个岛叫克里特。克里特岛在汉谟拉比国王的时代——那是什么时候来着？——就有了很大很豪华的国王宫殿，楼上楼下不知道有多少个房间，大厅有储藏室，有柱子，有庭院，有通道，还有地下室。整个就是一个迷宫。

也许你想起来那个凶恶的怪物弥诺陶洛斯的故事了吧？这个半人半牛的弥诺陶洛斯坐在他的迷宫里，要希腊人给他送活人祭品来。你知道这发生在哪里吗？就是克里特。在这个传说里，也许也存在着一个真实的内核。也许克里特的国王真的曾经统治过希腊的城邦，希腊人真的给他们送来贡品。克里特岛上的族群肯定是一个很不同寻常的族群，不过关于他们，我们知道得非常少。他们在大大的宫殿里画的画，与同一时期埃及和巴比伦的画完全不同。你还记得，埃及人的画也非常漂亮，但是更严肃和僵硬，像他们的祭司一样。在克里特则完全不同。那儿的人们最喜欢画快速运动的动物和人。好像画什么对他们来说都不难：在后面追赶野猪的猎狗，正在跳过野牛的人。希腊城邦里的国王从克里特人那里学到了很多，很可能他们的文字也是从那儿学来的。希腊的文字不像腓尼基人的文字那么简单，也不是用来写信的，而是用来列清单的。不过直到不久以前，学者们才破译出这些清单的内容。

但是，克里特的繁华最多持续到了公元前 1200 年。当时——也就是在所罗门国王的时代——从北边来了新的族群。他们跟原来住在希腊、建造了迈锡尼城的人有没有亲缘关系，我们还不能完全确认。不过倒是非常有可能。反正他们赶跑了国王，自己坐上了王位。克里特在此前已经被毁掉了。但是，哪怕他们在新的城市里住下来，并建立了自己的神殿，克里特的那些富丽堂皇还是留在了入侵者的记忆里。在以后几个世纪的沧桑中，他们把自己征服与战争的历史与迈锡尼国王们的历史逐渐融合到了一起。

这个新族群是希腊人。在他们上等人的庭院里吟唱的传说和诗歌，就是我们开头时提到的荷马诗歌。我们可以记一下，这些诗在公元前 800 年就已经完成了。

当希腊人移民到希腊时，他们还不是希腊人。是不是听起来有点儿不可思议？可这是真的。我要说的是：这些族群从北方迁移到他们后来的居住地时，还不是一个统一的民族。

上粗下细的木质柱子支撑着克里特岛上克诺索斯国王宫殿的房顶。墙画的确非常生动，男人们就像画面展示的那样去尾随猎物。

他们讲不同的方言，听从不同的首领，都是些单个的“部落”，与你们在讲印第安人的书里看到的“苏人”（Sioux）或者“莫希干人”（Mohikaner）没有很大的区别。他们的部落差不多也像印第安人那么骁勇善战，被称为“多利安人”、“爱奥尼亚人”、“伊奥利亚人”这一类名字。但是在某些地方，他们与印第安人有很大的区别。当迈锡尼和克里特的人们还像荷马诗歌中那样使用青铜武器时，这些后来的希腊人已经知道了铁。这些族群的男人们携妻带子，举家迁移到了这里。最先到的是多利安人，他们也是南下最远的，一直到了像枫叶形状的希腊最南端：伯罗奔尼撒。在那里，他们征服了从前的居民，让他们做奴仆耕种田地，而自己则住在城市里。那座城市叫斯巴达。

多利安人之后到的是爱奥尼亚人，但他们没能全都在希腊找到容身之处。有些就在枫叶的上边，也就是在叶柄的北边，定居了下来。那里是阿提卡（Attika）半岛。他们住在离海边不远的地方，种植葡萄、粮食和油橄榄树，建立了一座城市，是敬奉给女神雅典娜的。这位女神，就是在荷马诗歌里一直给航海者奥德修斯各种帮助的那位女神。而那座城市，就叫雅典。

雅典人是了不起的航海者，如同所有的伊安尼人一样，他们慢慢地占领了相邻小岛。这些岛从那时起被称为爱奥尼亚群岛。他们接着向前推进，在希腊对岸的小亚细亚那些多海湾、土地肥沃的海岸上建立起一些城市。腓尼基人知道后，马上就开着帆船过来做生意。希腊人应该是把橄榄油和粮食以及在那儿发现的银和其他金属卖给了腓尼基人。不过，他们很快就从腓尼基人那里学到了不少东西，没多久也能航行到更远的海岸上，建立起自己的城市，称之为“种植城”，也就是我们说的“殖民地”。他们还从腓尼基人那里学来了用字母书写这项了不起的新方法。你以后会看到，希腊人是如何应用这门艺术的。

第八章　一场力量悬殊的战斗

在公元前550年与公元500年之间，这世界上发生了些不可思议的事情。按说我也不明白是怎么发生的，但是，也正因为如此，它才引人入胜：好长时间以来，在美索不达米亚平原北面耸立的亚细亚高山上，生活着一支未开化的山地族群。他们的宗教很美好：他们崇拜光，也就是太阳。他们认为，光一直在与黑暗搏斗着，也就是在与来自邪恶的黑暗力量战斗。

这个山地族群就是波斯人。好几百年以来，他们先后被亚述人和巴比伦人统治。有一天，他们觉得受够了。一位名叫居鲁士（Kyros）的统治者——一个举足轻重、勇敢聪明的人——不喜欢看到他的族群依附于人。于是，他的骑兵队伍向巴比伦平原进发。从宏伟的城墙上看到这一小帮想要夺城的武士后，巴比伦人笑了。不过，波斯人在居鲁士的带领下，通过智谋和勇敢居然大功告成了。于是，居鲁士成了这个大王国的统治者。他所做的第一件事，就是释放被巴比伦人监禁的各个族群，其中就包括犹太人，这下他们又能回到耶路撒冷了——你记得吧，这发生在公元前538年。居鲁士还不满足于这个大王国的疆域，他继续出兵，挺进埃及。不过走到半路上，他却去世了。他的儿子冈比西斯（Kambyses）倒是确实占领了埃及，废掉了法老。这就是存在了约三千年的埃及帝国的终结。这个小小的波斯民族差不多是当时所知的全部世界的统治者。不过，只是差不多而已，因为它还没把希腊吞并。现在该去做这件事了。

那是在冈比西斯死后，在波斯国王大流士（Dareios）统治期间。大流士是一位伟大的统治者：他把整个庞大的波斯帝国——从埃及到印度的边界——管理得井井有条。他命令人们修建了驿路，以便他的政令可以很快传达到帝国的各个部分；连被称为“总督”（Satrapen）的最高级官员，他都会派自己的侦探去监视，人们将这些人称为“国王的耳目”。这位大流士还将波斯帝国扩展到小亚细亚，而那里的海岸上，就是爱奥尼亚人—希腊人的城市。

希腊人可不习惯归属于一个大帝国，听命于从中亚某个鬼地方发号施令的统治者。希腊殖民地的居民大多是富商，他们习惯独立自主地通过共同协商来安排处置城邦里的事务。他们不想被管束，也不想给波斯国王纳贡。因此，他们就造反将波斯官员赶了出去。

当初建立这些殖民地的宗主国希腊人，尤其是雅典人，支持他们的行动，给他们派来船只。众王之王的波斯大王——这是他的头衔——还没见过这等事情：一个小不点儿的族群居然敢反抗他这个世界统治者。他没花多长时间就把小亚细亚爱奥尼亚人的城市摆平了。但是对他来说，这事儿还没完，最让他生气的是掺和进来的那些雅典人。他装备了一支大船队，要摧毁雅典、征服希腊。但是这支船队遇到了大风暴，被刮到岩礁上沉没了。这自然更让他火冒三丈。人们说，他让一个奴隶在他每次吃饭时都要连喊三声："大王，记住雅典人。"可见他的怒火有多大。

然后，他又派自己的女婿带着一支强有力的新船队开往雅典。他们攻占了沿途的很多岛屿，摧毁了很多城市。终于，他们离雅典不远了，到了一个叫马拉松的地方。在那里，波斯的军队登陆，准备向雅典挺进。据说波斯军队有七万人之多，超过了雅典居民的总数。而雅典的军队数量只有波斯军队的七分之一，也就是一万人。雅典本来在劫难逃。不过，事情还有转机。雅典有一个统帅叫米太亚德（Miltiades），他是一位勇敢而聪明的人，曾长期生活在波斯人当中，非常了解他们的作战方式。所有的雅典人都知道，这场战斗对自己意味着什么：他们的自由和生命、女人和孩子们的自由和生命。雅典人在马拉松附近形成队列集结，发动对波斯人的攻击。这可是波斯人没想到的。雅典人得胜了。波斯军队伤亡惨重，剩下的人逃回船上，跑掉了。

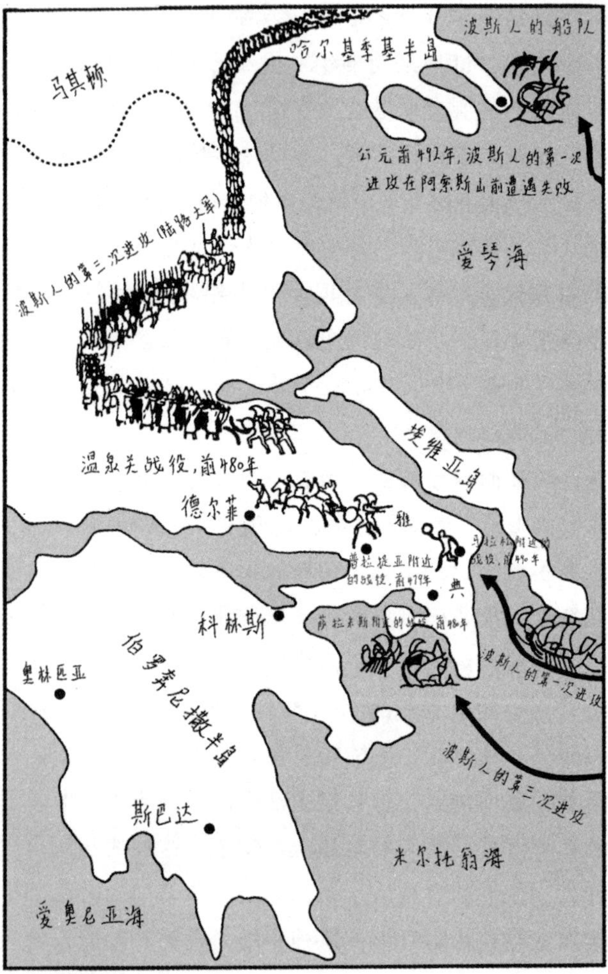
波斯人的船队
哈尔基季基半岛
马其顿
公元前492年，波斯人的第一次进攻在阿索斯山前遭遇失败
爱琴海
波斯人的第三次进攻（陆路大军）
埃维亚岛
温泉关战役，前480年
德尔菲
雅
典
普拉提亚附近的战役，前479年
马拉松附近的战役，前490年
科林斯
萨拉米斯附近的战役，前480年
波斯人的第一次进攻
奥林匹亚
伯罗奔尼撒半岛
波斯人的第三次进攻
斯巴达
米尔托翁海
爱奥尼亚海

波斯人在希腊的战斗。

换作是别人，战胜了这么强大的对手之后，很可能就高兴得忘乎所以了，可是米太亚德不光是有勇气，他也精明。他看到波斯人的船并没有真正离开，而是开向了雅典方向，但雅典城里现在根本没有士兵，会很轻易就被拿下。所幸的是，海路得绕过一个岬角，要比从马拉松到雅典的陆路远得多，而陆路可以横穿过去。米太亚德就是这么做的。他派了一个信使跑着去给雅典人报警，越快越好。这就是后来著名的马拉松长跑。这个信使刚传达完这个消息，就累得倒在地上死了。

米太亚德和他的整个大军也在急急地往回赶。他的判断完全正确：当他们站在雅典的码头上时，远处的海平面上出现了波斯人的船队。这可是波斯人没有料到的。他们可不想再次与这支勇敢的军队交手，于是就掉头回家了。这次得救的不光是雅典，还有整个希腊。这发生在公元前 490 年。

你完全可以想象出来，大国王大流士在获知马拉松战败的消息时，是怎样怒火中烧、气急败坏。不过他眼下也无法再对希腊有什么举动，因为在埃及爆发了一场反抗，他的军队必须去那里镇压。不久以后，他就死了，把向希腊彻底复仇这件事留给了他的继任者薛西斯（Xerxes）。

薛西斯是一个强硬且有统治欲的人，这事用不着对他再三交代。他集合了波斯下辖的各族群——来自埃及、巴比伦，来自波斯和小亚细亚——共同组成军队，各自穿着本族的服装，带着自己的武器，有箭和弓、盾牌和长剑，有长矛、战车或者投石器。这是一支规模庞大、鱼龙混杂的人群，据说有一百万人之多。简直无法想象，这么大的队伍一来，希腊人还能怎么办。这次薛西斯亲自出马。当部队来到海峡——也就是今天的伊斯坦布尔所在地——走上用船搭起的浮桥时，巨浪涌起，船都撑不住了。薛西斯在盛怒之下，让人用铁链抽打大海。不过，大海好像不怎么在乎。

这支大军的一部分又乘船去希腊，另外一部分在陆地上行进。在希腊的北部，斯巴达的军队和他们的盟友力图在一个叫温泉关的山口阻挡波斯人。波斯人要求斯巴达人交出武器。“你们自己来拿吧。”这是他们得到的回答。“我们的箭有那么多，”波斯人威胁说，“能把太阳都遮住。”斯巴达人回答说：“那更好了，我们可以在荫凉下战斗。”但是，有一个希腊方面的叛徒给波斯人指了一条翻山的小路，于是波斯人把斯巴达人给包抄围攻了。全部的三百名斯巴达人和七百名盟友在战役中殒命，但是没有人逃跑。这就是规矩。后来，有人给这些战士写了著名的墓碑文，翻译过来就是：

> 过路者，你要给斯巴达人带个信儿过去，我们全部躺在这里，因为我们忠实地履行了斯巴达的规矩。

在雅典，自从马拉松大捷以来，人们就没有闲着。尤其是有一个叫地米斯托克利（Themistokles）的新统帅，是一位特别聪明、有远见的人。他一再对同胞们说：“像马拉松这样的奇迹只能发生一次。如果想长期地抵抗波斯，雅典必须有一支船队。”于是，一只船队就建立起来了。

地米斯托克利让所有的居民搬离雅典——当时的居民大概不会非常多——到附近的萨拉米（Salamis）岛上。在这座岛周围，雅典船进入作战状态。当波斯的陆路军队开过来时，他们发现雅典是座弃城，于是就放火将城市给烧毁了。雅典人远远地在岛上看着自己的城市在火光中化为灰烬，可是波斯人却对他们无可奈何。不过，这时波斯人的船队上来了，眼看就要包围萨拉米岛。

雅典人的盟友们开始害怕了。他们想驾船离开，撇下雅典人听天由命。这时地米斯托克利超人的智慧和胆略又显现出来了。当所有的劝说都不奏效，盟友中有一半人第二天一早就要坐船离开时，他派人在夜里偷偷地送信给薛西斯：“快出手吧，”信使说，“不然雅典的盟友们就从你这里逃脱了。”薛西斯还真就上了当。第二天早上，他立即用巨型的多橹战船发起攻击。他败了。希腊人的船比他的船小，但是更灵活。在岛屿很多的水域，更有优势。他们又一次带着全部的信心，就是十年以前拼死取得马拉松之役的胜利带给他们的信心，为自由而战。在一座山丘上，薛西斯眼睁睁地看着自己笨重的战舰被希腊人那些快捷小巧的摇橹船撞击沉没到海底。他沮丧不堪地下达了返航的命令。就这样，雅典人第二次赢了战争，战败了比自己强大的波斯世界帝国的军队。这发生在公元前 480 年。

此后不久，波斯陆路军队在普拉提亚（Plataä）附近被希腊联军击溃。从那以后，他们再没敢到希腊来。这不是因为波斯人不如希腊人那么好，或者比希腊人笨。肯定不是这样的。但是，我已经说过了，希腊有他们的特殊之处。东方的庞大帝国总是固守着已经形成的风俗和学说，并往往因此僵化不堪，而此时的希腊，尤其是雅典，却正好相反。几乎每一年他们都会想到新花样。没有哪一种制度可以长久保持。领导者亦如此。波斯战争期间的大英雄米太亚德和地米斯托克利也不能幸免。开头人们还赞美他们、崇敬他们，给他们设立纪念碑，后来却指控他们、诽谤他们、放逐他们。这肯定算不上雅典人的好品质，但这是他们性格中的一部分。总是追求某些新东西、总去尝试，从来不满意、不餍足、不知足常乐！因此，在波斯战争之后的几百年里，小城市雅典在人的精神领域里的进展超越了东方大王国在几千年里所达到的水平。那些当时思考过、画过、歌咏过、尝试过的，那些当时年轻人在市场上、老年人在议事厅里争吵过、谈论过的东西，实际上一直到今天还在被我们咀嚼着。有这样的情况出现，的确是不可思议。但是，事实如此。假如波斯人于公元前 490 年在马拉松或者于公元前 480 年在萨拉米战胜的话，我们今天会拿什么精神养料来滋养自己呢？这我也说不好了。

第九章　一国中的两个小城邦

我已经说过，抵抗住波斯帝国的希腊是一个小半岛，上面有很多小城邦，这些城邦勤于商业，这里有光秃秃的大山，田地里边有很多石头，只能养活很少人。除此以外，你可能还记得，这里的居民属于不同的部落，尤其是多利安人在南方，爱奥尼亚人和伊奥利亚人在北部。在语言和外貌上，这些不同部落的人区别不大，他们只是说不同的方言，要是愿意的话，他们也能互相听懂。可是他们经常不愿意，就像常有的情况那样，恰好是关系最近的相邻部落彼此无法忍受。他们互相嘲笑对方，暗地里嫉妒对方。希腊也没有共同的国王，没有共同的管理机构，每座城市都各自为政。

只有一件事将希腊人团结在了一起：共同的信仰和共同的体育活动。要注意的是，不是两件事，因为体育和宗教是紧密相关的。比如，为了尊奉众神之父宙斯，人们每隔四年

优胜者的雕像环绕着奥林匹亚体育场。前面的人穿着希腊人的旅行服装：系到领口的长大氅，圆帽和手杖。

都会在他的圣地举行大型竞赛活动。这个圣地叫奥林匹亚，那里有一座大的神庙，还有一个体育广场。所有希腊人，多利安人和爱奥尼亚人、斯巴达人和雅典人，都会到这里证明他们在长跑、掷铁饼、标枪、摔跤、赛车等方面的能力。在那里获胜，算是一个人一生中能得到的最大荣誉。奖品是一个简单的橄榄枝，但是优胜者会获得极高的敬重：最伟大的诗人会在美妙的诗歌中歌颂他们的竞技活动；最了不起的雕塑家会完成他们的雕像，放在奥林匹斯神山上。从这些雕像中，人们可以看到他们驾车或者掷铁饼，以及如何在竞赛之前给身体擦拭橄榄油。这些优胜者雕像今天仍然能够看到，也许你们已经在家乡城市的博物馆里见过了。

因为奥林匹克运动会每四年举行一次，而且所有希腊人都要来参加，这对全国来说就成了很方便的共同计时的手段。就像现在说“公元”一样，人们慢慢习惯了说“在多少多少届奥林匹克运动会上”。第一届奥林匹克运动会是在公元前776年。第十届是在什么时间呢？别忘了，是四年才举行一届哦！

奥林匹克运动会还不是所有希腊人共同参与的唯一活动。另外一个是太阳神阿波罗在德尔斐（Delphi）的圣地。这个地方尤其特别。在德尔斐那里有一个地缝，里面有蒸汽冒出来，在火山地带很常见。如果一个人吸进了这种蒸汽，就会真的感觉像是在云里雾里一样。也就是说，人的神志会错乱，只会说一些前言不搭后语的话，像一个喝醉的人或者一个发高烧的病人。

恰恰是这些看起来毫无意义的话，让希腊人觉得尤其神秘。人们认为这是神在通过一个人的嘴说话。于是人们让一个女祭司——人们称她为皮提亚——坐在放在地缝上面的三足凳上，另外的祭司来解释她在神志不清时说的含混的话。未来就这样被预言了。这就是德尔斐神谕。各地的希腊人在遇到各种困难的人生处境时都会来这里朝圣，向阿波罗询问。当然，答案不太容易让人明白，也可以有不同的解释。因此，今天人们仍然将含糊和神秘莫测的答案称为“神谕般的”。

关于希腊的城邦，我们现在要看两个最重要的：斯巴达和雅典。关于斯巴达，我们已经听说过了。我们知道，他们是多利安人，在公元前 1100 年移民时征服了这里的原住民，让他们在田地里劳作。但是，这些奴仆的数量要比主人斯巴达人多很多。因此，斯巴达人一直得提防着被赶出去。他们别的什么都不想，只想着要强大，要有战斗力，要把他们的奴仆和周围尚有自由的族群给收拢住。

他们的确是除此以外什么都不去想。他们的立法者吕库古（Lykurg）早已经考虑到这一点。如果一个斯巴达婴儿生下来显得很虚弱，似乎不能参加战争的话，人们很快就会将他杀死；如果是强壮的，那他还要变得更强壮，从早到晚地训练，必须学会忍受疼痛、饥饿和寒冷，吃糟糕的食物，不能享受任何乐趣。有时候，这些男孩子也会毫无来由地被打一顿，只是为了让他们学会忍受疼痛。类似这种严格的教育我们今天还称之为“斯巴达式的”。要知道，这种教育真的卓有成效。在公元前 480 年的温泉关，所有斯巴达人的确都被波斯人践踏残杀了，正如他们的法律命令他们去做的那样。能这样去死，不是件容易的事；但能活下去，也许更艰难。雅典人努力地生活着，但不是致力于一种更好更舒适的生活，而是某种有意义的生活，某种在一个人死后还能留下些什么的生活。你会看到，他们是如何成功做到了这一点。

斯巴达人本来是出于对自己仆人的恐惧才变得骁勇善战的。但在雅典，需要害怕的理由少很多。那里的情况很不一样，没有这样的强制措施。和斯巴达一样，雅典也由贵族来

从 4 公里的远处，雅典卫城上的灯光一直照射到比雷埃夫斯港口。

统治。那里有严格的法律，是一个名叫德拉古（Drakon）的雅典人写出来的。这些法律又严厉又狠，直到今天人们还在说“德拉古式的严厉”呢。不过，雅典人乘着船去过很远的地方，什么都见识过，他们可没法长期容忍这种状况。

有一位贵族非常贤明，想自己尝试着在这个非常小的国家里建立新秩序。这位贵族叫梭伦（Solon），他在公元前 594 年，也就是尼布甲尼撒时期，制定的法典叫“梭伦法典”。按照这部法典，民众，也就是城市的公民，应该自己决定城市的事务。他们应该在雅典的市场上集会，在那里表决，根据多数人的意见来做出决定。他们还选出来一个由经验丰富的男人组成的理事会来实施这些决定。这一类别的法典叫“民众统治”（Volksherrschaft），在希腊语里是“民主”（Demokratie）。当然，不是每一个住在雅典的居民都是公民，都可以在集会上投票。因为公民权的获得，会依据个人的财产情况有所区别，许多雅典的居民没有参加统治。但是，每个人都有可能朝这个方向努力。因此，大家都对城市的事务很感兴趣。城市在希腊语里叫“城邦”（Polis），城邦的事务是“政治”（Politik）。

有那么一些时候，某一个被民众爱戴的贵族会将统治权据为己有。这样的单一统治者,被称为“专权者”（Tyrannen）。但是，不久他们就被民众赶走了。现在，民众就更加注意，要真正地让自己来统治。我已经给你讲过，雅典人有着怎样桀骜不驯的精神。由于害怕会第二次失去自由，他们将那些自己畏惧的政治人物从城邦里驱逐了出去，担心他们再有追随者，再度成为专权者。这就是自由的雅典人，战胜了波斯的雅典人；但同样是这些人，曾不带任何感激之情地对待过米太亚德和地米斯托克利（两位都是与波斯人作战的著名将领，在战胜波斯军队的战斗中担任过举足轻重的角色）。

但是，有一个人没有被他们这样对待。这个人是一个政治人物，名叫伯里克利（Perikles）。他很会在雅典的公民集会上讲话，让雅典人以为是他们自己在决定某些事务，但实际上，这些事早被伯里克利决定好了。这倒不是因为他有什么新职位或者特殊权力，而是因为他是最睿智的。就这样，他一直身居高位，自公元前 444 年——这个数字看起来很美好，和它代表的那个时代一样——开始就一个人在左右国家的走向。他认为雅典应该保有强大的海上力量。通过与其他爱奥尼亚人的城邦结盟，他成功做到了。为了获得雅典这个大城邦的保护，很多小城邦也向雅典进贡。雅典人变得富裕起来了，可以开始用自己的天赋来完成一些大事了。

现在你会变得不耐烦了，会说："好吧，雅典人能做什么了不起的事？"我必须说："按说凡是了不起的事情，雅典人都做了。但是，他们对两件事尤其感兴趣：真和美。"

雅典人在公众集会上学会了公开讨论所有的事情，对公共事务发表看法，提出赞成或者反对的理由。这对学习思考很有用。不久以后，他们不光能对身边不得已之事——比如提高赋税——找出赞同和反对的理由，也开始研究整个大自然。这些方面，殖民地的伊尔尼安人已经走在了前面。他们已经在思考世界究竟是由什么组成的，所有正在发生和已经发生的事情有怎样的原因。

这种思考叫哲学。在雅典，人们不光进行哲学思考，他们也想知道人应该如何行事，什么是善和恶，什么是对和错。他们还思考人来到世上到底为了什么、一切事物的本质究竟是什么。当然，不是每个人对这些复杂的问题都有同样的看法。人们有不同的观点和不同的思考方向，他们又在一起争论，提出各自的理由，如同在公民集会上的讨论一样。从那时开始，这种思考和被称为“哲学”的理性辩论就再也没有停止过。

雅典人不时光顾廊柱大厅和体育场，不光是为了在那里讨论“什么是世界的本质、如何能认识它们、它们在生活中的意义”等问题。他们不光在思想中，同时也用眼睛来重新看待世界。希腊的艺术家们用新颖、朴素和美好的方式仿制出世界上的物品，让人觉得似乎从来没有见过这些东西一样。我们以前提到奥林匹克运动会优胜者的雕像。人们能看到那些没有特意摆任何姿势的优美人体，仿佛雕像展示的模样就是人在世界上最自然的样子。或许恰恰是因为他们显得很自然，所以看起来才最美吧。

他们塑造的神像也带着同样的美和人性。最著名的神像雕塑家是菲狄亚斯（Phidias）。他没有创作像埃及那些巨大的神庙雕塑一样神秘或超自然的神像。虽然他的一些神庙雕像有时候也很大，华美昂贵，以象牙或者黄金为材料，但是这些神像都具有一种朴素的美，一种高贵而自然但永远也不会让人觉得单调或者小家子气的优雅，让人不由对这些神像产生信任感。雅典人的绘画和建筑也和他们的雕塑一样。但是，他们那些用来装饰大厅和集会场所的绘画，没能存留下来。我们只能看到陶器器皿、花瓶或者坛罐上的一些小型绘画。这些画是如此精美，让人不由得痛惜我们失去了什么样的好东西。

神庙存留下来了。在雅典，仍然有当时的神庙矗立着，尤其是雅典的城堡——雅典卫城——还屹立在原地，这座城堡是在伯里克利时代用大理石新建的圣殿，因为当雅典人撤离到萨拉米岛上时，旧的神殿被波斯人烧毁了。直到今天，这座雅典卫城还是人们见过的最美建筑。它并不是最宏大和最豪华的。但是，它有一种朴素的美，每个细节都有那么简单明了的形状，会让人觉得只能如此。所有希腊人使用的形状，都在以后的建筑艺术中被不断地应用着，比如希腊有很多不同种类的廊柱，如果留心观察，你就会在城市的每个房子里找到类似的柱子。当然，它们没有雅典卫城里的廊柱那么美：在那里，这些廊柱可不是为了装饰和点缀，而是形状漂亮的屋顶支撑物——它们原本是因为这个目的才被构想和发明出来的。

雅典人也将思想的智慧和形式之美统一在了第三种艺术，即诗歌艺术当中。在这个领域，他们也有一项发明：戏剧。他们的戏剧和体育一样，也与宗教相关，是献给酒神狄俄尼索斯（Dionysos）——也被称为巴克斯（Bacchus）——的庆典演出。在他的庆典日，这些戏剧就会上演，大多要持续一整天。演出在露天举行，演员们戴着巨大的面具，踩着高跷，人们从远处也能看清楚。当时演出的剧目，有一些还被保存了下来。当中有些严肃的剧目，有一种伟大庄严的严肃性，被称为悲剧。但是，也有一些好玩的剧目，是嘲笑某个雅典公民的剧作，非常尖刻、风趣、有深度，被称为喜剧。我还能滔滔不绝地给你们讲雅典史家、医生、歌者、思想家和艺术家的事。不过，还是等以后你亲自读一下他们的作品比较好。那时你就会发现，我并没有言过其实。

第十章　觉者和他的国家

现在，我们要去世界的另一端。先是印度，然后到中国。我们想看一下，大约在波斯战争期间，这两个庞大的国家情况如何。就像两河流域一样，印度文化也已经存在很长时间了。差不多就在吾珥城里的苏美尔人特别强大的时候，也就是在公元前 2500 年左右，在印度河（这是巴基斯坦境内的一条大河）河谷有一座非常大的城市，里面有水管和水渠，有庙宇、房屋和商店。这座城市叫莫亨佐—达罗（Mohendjo-Daro），在 20 世纪 20 年代被发现以前，没有人知道它的存在。但是在几年之前*，人们对那里进行了考古发掘，发现了很多非常了不起的东西，就像在掩盖了吾珥城的废墟里发现的东

* 对该古城的考古发掘发生在 19 世纪 30 年代，最后的一次考古发掘是在 1964—1965 年之间。

西差不多。到底是什么人曾经在那里住过，我们还不太清楚。人们只知道，今天住在印度和巴基斯坦的居民，是后来才迁入的。他们说的语言，与波斯人和希腊人的语言、罗马人和日耳曼人的语言有亲近的关系。“父亲”这个词在古代印度语是 Pitar，在希腊语是 Patr，在拉丁语是 Pater。

由于印度人和日耳曼人是两个都说这类语言、空间上却相距最远的两个族群，所以这种语言被称为印度—日耳曼语言。不过他们是只在语言上有相似之处，还是在血缘上也有关联，我们并没有确切的了解。不管怎样，讲印度—日耳曼语言的印度人入侵了这个地方，就如同多利安人入侵希腊一样。他们肯定也将原来的当地居民征服了。后来，入侵者的后代征服了这个大陆的大部分地区。他们与当地居民严格地分隔开来。这种分隔固定化为一种叫种姓制度的社会秩序，一直延续到今天。在这种制度里，每一个职业都被严格区分开来。在其中，是武士的那部分人，必须一直是武士，连他们的儿子也只能成为武士。这就是武士种姓。除此以外，还有其他的种姓，也和武士种姓一样是封闭的，比如手工业者和农民。谁要是属于这样一个种姓，就不可以从里面出来。一个农民永远不可以成为一个手艺人，反过来也不行。他们的儿子也一样。他们不可以同其他种姓的姑娘结婚，甚至不可以与其他种姓的人坐在一起吃饭和坐车。在印度某些地方，直到今天仍然是这样。

最高级的种姓是祭司，叫作婆罗门，地位在武士之上，

蜂巢？不对，是印度的庙宇，其外形特别大，是我们所不熟悉的样子。

他们主持献祭、对庙宇负责，也掌管知识（与埃及的情况非常相似）。他们必须背诵神圣的祈祷词和圣歌，要几千年保持不变，直到它们被记录下来。印度一共有四个不同的种姓，而每个种姓里面又有若干亚种姓，彼此也有所区别。

不过，还有很小一部分的人口，根本上不能属于任何种姓。他们是贱民。人们只允许他们干最脏、最不愉快的工作。谁也不能和他们在一起，哪怕那些属于低级种姓的成员也不行。他们会说，只要一碰贱民，就会被弄脏。贱民甚至得留心不能让自己的影子落到别人的身上，因为他们的影子同样能弄脏别人。人竟然能这么残酷。

在其他方面，印度人倒不残忍。正好相反。他们的祭司是非常严肃、非常深刻的人，经常隐退到孤寂的树林里，好好地冥想最困难的问题。他们会思考很多野性的神，还有最高级的主神梵天（Brahma）。他们感觉到，大自然中的生命，无论神还是人，动物还是植物，都是靠这位最高神的呼吸气息才得以活着；这位最高神无所不在：在太阳的光线中，在土地上长出的嫩芽中，在生长和死亡中。神在世界上无处不在，就如同将一颗盐粒放入水中，里面的每一滴水便都有了咸味一样。我们在大自然中看到的差异，一切的循环和变更，都是表面上的。同一个灵魂可能变成了一个人，在死后又可能会成为一只老虎或者一条眼镜蛇，这样的循环会一直进行，直到灵魂得到净化，与神的本性合而为一。这是因为梵天的气息是万物之本。印度的祭司们为了让弟子们更正确地理解教义，想出了一个很美的公式（你也可以在脑子里思考一下），这个公式是："这是你。"这意味着你所见到的一切——动物、植物以及和你一样的人——都是同一的，包括你自己，都是神的一缕气息。

为了能够感觉到这种大一体，印度的祭司们想出了一个不同寻常的办法。他们坐在茂密的原始森林的某个地方来思考问题：几个小时、几天、几个星期、几个月、几年，就这么僵直而安静地坐在地上，两腿交叉，目光低垂。他们尽量少呼吸，尽量少进食。对，有些人还以特殊的方式来折磨自己，忏悔修炼，好在自己的身上感受到神的气息。

三千年以前，印度已经有很多这样的圣人、忏悔者和遁世修行者，今天也还有。但是，有一个人与其他人非常不同。这就是王子乔达摩（Gautama），他生活的时间大约是在公元前 500 年。

人们讲述说，乔达摩——人们后来将其称为“觉者”、“佛”——是在东方最豪华、最富有的家庭里长大的。据说他有三个宫殿，一个夏天住，一个冬天住，一个供他在雨季的几个月住，那里总有动听的音乐，而他也从来不离开宫殿，因为他父亲不想让他走下那些富丽堂皇的高台，想让他远离一切悲伤之事。因此，受苦人不可以出现在他的身边。可是，有一次乔达摩从宫殿里出来时，看到一个驼背弯腰的老人。他问陪同他的驾车人是怎么回事。驾车人只好解释给他听。他若有所思地回到了自己的宫殿里。还有一次，他看到一个患病的人。疾病这事，从来没有人和他讲过。回到自己的妻子和小儿子身边后，他陷入了沉思。第三次，他看到了一个死人。这次，他不要再回到宫殿里了。最后，他看到一个遁世修行者时，决定自己也要走进荒野，去思考人世间在衰老、生病、死亡中呈现出来的苦。

在某一次说法时，他曾经这样说：“我正当青春年少，享受着幸福的青年时代，光彩照人，一头黑发，在少壮之年违背了父母的愿望，不顾他们的哀哭悲叹，剃掉了头发和胡子，穿上破旧的衣服，离开家里走进茫茫荒野之中。”

他当了六年的修道者和忏悔者，比任何人都思考得更深入，也比以前的任何人都更严酷地折磨自己。当他坐着的时候，他几乎不呼吸了，他忍受着可怕的痛苦。他吃得非常少，因为衰弱几乎晕倒。但是，在这些年里，他还是无法找到内心的安宁。因为他所思考的，不但包括“世界是什么”，是否在本质上一切都同一，他还要思考世上的一切不幸，那些无处不在的疼痛和悲苦，以及衰老、生病和死亡。在这方面，无论多少忏悔都帮不上忙。

慢慢地，他又开始进食，开始积攒力气，开始呼吸了，像所有的人一样。因此，那些迄今为止敬慕他的修道者们，现在蔑视他。但是他不为所动。有一天夜里，当他沐浴着宜人的森林光线，在菩提树下打坐时，忽然有了新的认识，顿时明白了这些年自己在找的是什么。就好像他突然之间看到了一束内在的光。因此，他现在是一位被照亮者，是觉者，是佛陀。他把自己的内心发现告诉了所有人。不久以后，他就找到了很多志同道合的人，这些人相信他发现了一切人类痛苦的解脱之途。这些敬仰佛陀的人，成立了一个群体，我们也许可以称之为僧尼教团。在许多亚洲国家，今天还有这样的教团。他们的追随者身着黄色的衣服，生活方式简朴。

现在你会想知道，乔达摩在无花果树下，也就是后来人们熟知的菩提树下，究竟悟到了哪些解脱一切困惑的方法。如果我要给你做些解释的话，你也必须去思考一下。毕竟，

在无花果树下打坐时，乔达摩得悟。在很多雕像中，这位曾经是王子的佛陀都是这一姿势。

乔达摩用了整整六年只思考这个问题呢。他得到的最大启发、人类痛苦的解决之道就是：如果我们想从痛苦中解脱，就必须从自己开始。所有的苦来源于欲望。大体上讲就是，如果你因为得不到想要的一本漂亮的书或者玩具而感到难过的话，你有两件事可做：一是想办法得到它，二是不再想得到它。如果你能做到其中的一个，你就不会难过了。佛陀教导说：如果我们不再期望拥有漂亮、舒服的东西，如果我们不再一直渴望幸福、舒适、他人的认可、柔情的呵护，那么在得不到时，我们就不会感到那么难过了。人们只需减少欲望，就能减少痛苦。

“但是，人没法控制自己的欲望啊。”你也许会这么说。但佛陀有另外的观点。他教导说，经过长年的自我修行，人们可以做到想有多少欲望就有多少欲望。也就是说，成为自己欲望的主人，就像赶大象的人和大象的关系那样。在人世间能做到的最高级就是：什么都不想要。这就是他讲的“内心的风平浪静”，一个人最大、最平静的福分，就是在人世上一无所求。他对众生一视同仁，不对任何人有所要求。谁能成为自己欲望的主人——佛陀接着教导说——谁就不会在死后重新转世。因为印度人相信，灵魂之所以转生，是因为它还牵挂在生命上。谁不再对生命有所牵挂，死后就不会挤进“生命轮回”当中，而会进入“空”，进入没有愿望、没有痛苦的“空”，佛教徒称之为“涅槃”。

这就是佛陀在菩提树下得到的启发——这种学说教导人们不要屈从于欲望，而是要将自己从欲望中解放出来，就像口渴时不去理会这种感觉，它就自然会消除。这条路并不简单，你可以想得到。佛陀称之为“中道”，因为它在无用的自我折磨和无思虑的美好生活之间通向了真正的解脱。这里的关键是：正确的信仰、正确的决定、正确的言行、正确的生活、正确的追求、正确的意识、正确的自我沉浸。

这是乔达摩说法布道中最重要的内容。这些内容给人们留下了深刻的印象，很多人追随、膜拜他，像对待神一样。

今天世界上的佛教徒，差不多和基督教徒一样多，在“后印度”*、锡兰（今天叫斯里兰卡）、日本、中国（特别是西藏地区）都有很多佛教徒，但是只有少数人能够遵从佛陀的教导去生活，达到内心的“风平浪静”。

* “后印度”是一个比较旧的概念，其地理上的区域包括东南亚的印度支那半岛和马来半岛，实际上与今天的印度无关。

第十一章　一个伟大民族的“至圣先师”

在我上小学时，中国对我们来说在“世界的尽头”。我们最多是在茶碗上或花瓶上看到过几幅关于中国的画，我们能想到的就是那些身体僵直、梳着长辫子的小人，还有很艺术的、带拱桥的花园和有很多铃铛的尖塔等。

这样的童话国当然从来没有存在过。不过在 1912 年之前，有三百年的时间中国人都要梳辫子，这倒是没错。在欧洲国家里，人们知道中国，首先是通过那里的艺术大师制作的精致瓷器和象牙制品。一千多年来，中国都是由京城宫殿里的皇帝来统治，就像埃及法老称自己为“太阳的儿子”一样，这些著名的“中国皇帝”*称自己是“天子”。我现在要讲的这个年代，大约在两千年前，中国那时还没有皇帝，不过

* 在欧洲，安徒生童话《夜莺》中的“中国皇帝”广为人知。

已经是一个非常古老的大国家，古老和庞大到都快分崩离析了。这个国家在那时候已经有好几百万农民种植水稻和粮食，还有很多大城市，里面住的人穿着花花绿绿的丝绸长袍，来来往往。

统治这些人的是一个国王，在国王下面还有诸侯，他们被分派去统治这个非常大的国家——比埃及大，比亚述和巴比伦加在一起还要大——里的某个地区。这些诸侯的势力很快就变得强大起来，不再接受国王的指令，尽管国王还是整个国家的王。他们不断互相争斗，大诸侯吞并小诸侯。到公元前 221 年时，只剩下一个秦始皇——中国的第一个皇帝。他把自己称为“天子”。

这个国家非常大，不同地方的中国人讲非常不同的语言，要是他们没有一样共同东西的话，中国肯定就四分五裂了。这个共同的东西，就是他们的文字。

你可能会说：“如果语言不同，写出来的东西放在那里谁也不懂，那么共同的文字又有什么用呢？”但是中国的文字不一样。哪怕一个人不会说这个语言，也能读这些文字。这是魔术吗？不，根本不是，根本没那么复杂。在那里人们写的不是词语，是事物。如果你想写“太阳”的话，就画一个图形：日。你现在可以把它读为“Sonne”，或者“soleil”或者像汉语普通话那样读成“ri”，但是每个认识这个符号的人都懂它的含义。现在你想写“树”，你又用几个简单的笔划画一棵树，这就是木，这在普通话里读成 mu。用不着非得知道怎么读，人们也可以明白这指的是“树”。

你会说：“对，要是一件物品的话，人们可以简单地把它画下来。但是，如果一个人要想写白色那可怎么办？”要用毛笔画上白颜色吗？或者，要是人家想写个东面的“东”呢！东，这可画不下来的。你看吧，这有很符合逻辑的解决办法。要写“白”呢，人们就画某种白色的东西。于是，画太阳光。从太阳（日）当中出来那么一笔，就是白，这就是指“白色的”，没有内容的。那么东呢？东就是太阳在树的后面升起的地方。这样我就可以画一张画：躲在树后面的太阳，就是东。

这很实用，不是吗？可以说，是。不过什么事都是两面的！你想想，这世界上有多少词语、多少东西！每一个东西，人们都得有一个对应的字要去学。现在已经有四万个字了，而且有些是相当困难和复杂的。这时我们就会赞扬腓尼基人和我们的二十六个字母了，对不？不过中国人写这样的字已经好几千年，在亚洲大部分地区，哪怕那里的人一句汉语也不会说，人们也都能读这些字。中国伟大人物的思想和原则就这样快速传播开来，对人们产生了深刻的影响。

在印度佛陀想帮助人从痛苦中解脱的同一时代（你记得吧，是公元前500年），中国也有一个伟大的人在试图通过他的学说让人们感到幸福。但是，他与佛陀实在天差地别。他不是国王的儿子，而是来自普通人家，也不是一位虔修者，而是一位官员和教师。他想要达到的，不是让人们不再有愿望、不再受苦；他最重要的目的，是让人们和平相处共同生活：父母与孩子和平相处，统治者与他统治的人相安无事。这就是他的目标：良好共存的学说。这个目标他也达到了。由于他的学说，人口众多的中国在几千年里比世界上其他民族的人都更和平、更安宁地生活在一起。你肯定对孔子（在汉语中他被称为孔夫子）的学说感兴趣了。他的学说不难理解，履行起来很容易，所以很有成效。

孔子建议的达到目标的做法很简单。也许你马上就会喜欢，但是这里面隐藏的智慧可要比人们冷不丁一眼看到的多。他教导人们说，生活中外在表现的重要性超过人们的想象：在老人面前鞠躬，替别人开门，与上级说话时要站起来，以及很多其他类似的事情。中国的规矩要比在我们这里多很多。所有这些东西——他这样认为——都不是偶然的。它们都意味着什么，或者曾经意味着什么。而这些意味通常都是美好的。因此，孔夫子说："我非生而知之者，好古，敏以求之者也。"这是说，他深信古代那些几千年的风俗和习惯有美好深刻的含义，他反复地告诫他的同胞们要去遵守。要是大家都能做到，一切都会变得容易，这是他的看法。这是所谓的自然而然，用不着太多的考虑。当然，人们肯定不会因为这些礼数就变得仁慈，但会因此而坚持仁慈。

孔夫子对人的看法很正面。他说，人之初，性本善，所有的人都是天生善良、体面的人。他说，他们原本在内心的深处都是如此善良、如此体面，每一人看到小孩子在河边玩水，都会担心他掉进水里。当身边的人感到不好时，我们对

孔夫子的一视同仁。

他人表示关爱和同情，是与生俱来的。我们除了要注意不让这天性丢失以外，就不需要再去做更多了。他认为，家庭的目的就是为了不让人丢失天性。一个能一直善待父母、听他们的话、照顾他们的人——这是我们的天性——对别人也会如此，会像习惯于服从父亲一样，服从国家的法律。因此，在他看来，家庭、同胞之爱、对父母的敬重和畏惧是生活中最重要的。他把这称为“仁之本”。

不过这并不意味着只有臣民下属才应该对统治者让步，反过来便不必如此。正好相反，孔夫子和他的弟子们经常竭力向那些傲慢的诸侯宣扬他们的观点。诸侯必须首先遵守一切礼义，要有父亲般的慈爱、关照和公平。如果他们做不到这些，对他们的臣民下属漠不关心，让他们受苦的话，臣民起来推翻他便是正当行为。孔夫子就是这样教导他的弟子的。因为诸侯的首要责任，便是成为他的国家里所有居民的榜样。

也许你会认为，孔夫子只是教人一些显而易见的事情，但这恰好就是他的目的。他想要的是，教给大家一些易于理解并且认为正确的事情。这样一来，在一起生活就变得容易多了。我已经说过，他成功地做到了这一点，正是因为他的学说，这个有很多省份的大帝国才没有瓦解掉。

不过你不可以认为，在中国就没有其他更像佛陀的人，没有那些目标不在于和平相处和屈服，而是去发现大千世界的秘密的人。差不多在与孔夫子生活的同一时代，有这样一位智者，叫老子。人们说，他是一个小官吏，但是他对人所做的一切事情都很不满。因此，他丢下官职，漫游到中国边境上的一座孤山上，当了一位修行者。

据说，驿路一位出关的看守在边界线上曾经请求他在离开之前，把他的思想写下来。老子照着做了。不过那位边境的出关看守是否看得懂，我就不知道了，因为老子写下来的话非常神秘、非常难理解。它的含义大体是这样的：在整个世界上，在风中和天气变化中，在植物和动物中，在白天黑夜的交替中，在星星的周天轮转中，存在着一个法则，他称之为“道”。但是人由于不安和忙碌，由于有很多的计划和想法，甚至是因为祭祀和祈祷，让“道”无法到自己这里来，不能让它发生作用，妨碍了它的运行。

所以，老子的看法是，人们唯一要做的事情就是什么也不做。内心完全平静下来。不要去左右观看，不要去左右旁听，什么也不想得到，什么也不主张。谁能做到这些，变得像一棵树或者一朵花，没有目的、没有愿望，那么，那个伟大的普遍性规则——道——就会开始发生效力，让天空旋转，让春天降临。你发现了吧，这个学说比较难懂，也更难做到。或许，老子在遥远的山中，在孤寂中，做到了他所说的通过“无为”而有所为。不过，总体来看，是孔夫子而不是老子，成了他们这个民族的“至圣先师”，这倒是件好事。你觉得呢？

第十二章　最伟大的冒险

希腊最美好的日子只持续了很短时间，之后就结束了。希腊人什么都能做，就是不能消停。尤其是雅典和斯巴达，长期无法容忍彼此。自公元前 420 年起，这两个城邦之间开始了一场艰苦卓绝的长期战争，即伯罗奔尼撒战争。斯巴达人直抵雅典，残暴地摧毁了这片土地。他们将所有的橄榄树砍倒。这个不幸真是太令人震惊了，因为新种植的橄榄树需要很长时间才能结果。雅典人再一次向斯巴达在意大利以南西西里岛上的“殖民地”和叙拉古（Syrakus）发起了进攻。在这场拉锯战期间，雅典又遭受了一场严重的瘟疫，伯里克利也因此命丧黄泉。最终，雅典输掉了这场战争，城墙都被拆毁。战争带来的后果最终让整个国家衰落了。对胜利者来说，情况也一样。更令人生气的是，德尔斐附近的一个小部族被当地的祭司怂恿，抢占了这个阿波罗的圣谕神坛，掠走了这里的财物。天下大乱。

在这种混乱中，一个外来的部族介入了进来。对希腊人来说，这个部族并不完全陌生。这些住在希腊以北的山区里的人，叫马其顿人（Makedonier）。马其顿人与希腊人有亲缘关系，但他们狂野、善战，还有一个非常睿智的国王：腓力（Philipp）。这位马其顿的腓力国王能说一口出色的希腊语，非常熟悉希腊的风俗和文化。他的野心是成为整个希腊的国王。在对希腊的圣地德尔斐的争夺中，他看到这是一个很好的出手机会，毕竟这关涉到信奉希腊宗教的所有族群。尽管在雅典的公民集会上，有一位政治家和著名演说家多次反对马其顿腓力国王的计划。这位演说家就是狄摩西尼（Demothenes），他针对腓力的演说被称为“腓力匹克”（Philippiken，“声讨腓力檄文”）。但是，当时的希腊太不团结，无法进行真正的抵抗。

在喀罗尼亚（Chäronea）附近，近一百年前曾抵抗住波斯帝国强大军队的希腊，被腓力国王和小小的马其顿打败了。希腊的自由一去不复返。在最后的日子里，希腊人没能好好地享用他们的自由。这自由的终结，发生在公元前 338 年。不过，腓力国王并不想奴役和掠夺希腊。他另有打算，想要建立一支由希腊人和马其顿人组成庞大的军队，挺进波斯，去征服那里。

要是在当年波斯战争的时代，这个计划根本不可行。但是现在的情况不一样了。波斯的国王们早已不像当年的大流士那么能干，也不像薛西斯那样权势无边。现在的波斯国王早已不再监管整个国家，只要地方总督能够尽量多从各行省送来金钱，他们就已经非常满意了。他们用这些钱修筑精美的宫殿，养着一个豪华的宫廷社会，用纯金餐具宴饮，使役衣着光鲜华丽的男女奴隶。他们喜欢精致的肴馔，饮酒方面更为讲究。他们的地方总督也在做类似的事情。腓力国王想，去征服这样的一个帝国，应该不是件很困难的事。但是，他还没完成战争的准备工作，就被刺杀了。

他的儿子从他那里继承了整个希腊以及马其顿，这个叫亚历山大的年轻人当时还不到二十岁。所有的希腊人都觉得，这下他们可以很容易获得解放了，因为这么一个年纪轻轻的小伙子，太好对付了。但是，亚历山大可不是个凡夫俗子。他巴不得能更早地登上王位。人们说，在他还小的时候，只要他父亲腓力国王又拿下希腊的一个城邦，他就会哭喊："父亲不会给我留下任何地方等我当了国王以后再来征服了。"现在父亲把一切都留给了他。一个想要获得解放的希腊城邦，被当成了杀一儆百的例子给其他城邦看：城邦被摧毁，居民被当成奴隶卖掉。之后，亚历山大在希腊的城市柯林斯（Korinth）召集希腊的全部首领，与他们商谈前往波斯征战的计划。

你得知道，这位年轻的亚历山大国王不光是一个有勇气、有野心的武士，他还是一位美男子，有着长长的卷发。此外，他还很博学，掌握了当时人们能了解到的全部知识。他的老师是举世尊崇的希腊哲学家亚里士多德。这究竟意味着什么，如果你听了我下面的话，就会大体上有个概念了：亚里士多德不光是亚历山大的老师，也是两千多年来全人类的老师。在此后的两千年里，当人们在某一个问题上无法达成一致意见的话，就会去查找亚里士多德的著作。他是一个裁判者。凡是他所写的，就一定是正确的。他也的确将他那个时代所知道的一切知识都搜集了到一起。他写过的内容包括自然历史、星辰、动物和植物；关于历史，关于在国家里人的共同生存（政治）；关于正确的思考——这叫希腊逻辑学；关于正确的行动——这叫希腊伦理学；关于诗歌艺术以及诗歌美。最后他还写下了自己关于神——那位漂浮在星空之上恒久不变、不可见的神——的想法。

亚历山大把所有这些都学会了，所以他肯定是个好学生。他最喜欢读荷马的英雄史诗。人们说，他每晚甚至会将它们放在枕头下。不过，他可不是个书虫，而是一位体育健将，尤其是在骑马方面，没有人能超过他。有一次，他的父亲买了一匹很漂亮但性情狂野的马，没有人驯服得了，很多人都被这匹叫布塞弗勒斯（Bukephalus）的马掀翻在地。但是亚历山大注意到了其中的原因：这匹马害怕自己的影子。亚历山大把它转过来，对着太阳，让它看不到自己在地上的影子。亚历山大摩挲着它的毛，跃身上马，在整个宫廷的掌声中悠然自得地骑马奔跑。从此，布塞弗勒斯就成了他的爱马。

亚历山大出现在柯林斯城的众希腊城邦首领面前时，所有人都感到很兴奋，对他大加颂扬。但有一个人却没有。这个有点古怪的人是个哲学家，叫第欧根尼（Diogenes）。他的某些观点，与佛的观点不无相似，他认为，人们所拥有的和所需要的，只会干扰思考，破坏朴素的安逸。因此，他散尽所有财物，几乎赤身裸体地坐在柯林斯城市广场上的一只桶里。他住在那里，那么自由、独立，像一条没有主人的狗一样。亚历山大想认识一下这位特殊的人，于是去拜访他。他身着华丽的装束，出现在水桶前面，头盔上的红缨在风中飘动。他说："我喜欢你，你可以对我说出你的愿望，我会满足它。"一直在舒舒服服晒太阳的第欧根尼回答说："是啊，陛下，我是有个愿望。""嗯？""你的影子落在我身上了。请你从我的阳光里走开。"据说这给亚历山大留下的印象非常深刻，以至他后来说："如果我不是亚历山大的话，我想成为第欧根尼。"

这样一位国王，很快就让军队里的希腊人和马其顿人一样，感到鼓舞振奋起来。他们很愿意为他而战。因此，进军波斯时，亚历山大充满了信心。他将自己的所有东西赠送给朋友们。朋友们惊愕地问他："那你还有什么？"据说他的回答是："希望。"这种希望没有辜负他。他和他的军队首先到了小亚细亚，在那里遇到了第一支波斯军队。虽然这支军队比他的军队人数要多，但却是一群管理混乱、没有称职统帅的乌合之众。因为亚历山大的军队勇猛无比，他本人又身先士卒，总是出现在战斗最为激烈的地方，所以波斯人很快就被打得四散奔逃了。

巧的是，被征服的小亚细亚，就是著名的“戈尔迪绳结”的发生地。故事是这样的：在戈尔迪城的一座神庙里，有一辆老旧的车，车辕被皮绳给绑住了，缠得非常紧，纠结在一起。有预言说，谁能将这个绳结解开，谁就能获得对世界的统治。亚历山大可没时间去解开那个结，因为它看起来比人在匆忙系鞋带时系成的死扣还糟糕。亚历山大当时做了我母亲永远也不会允许我去做的事：他拿起剑，直接把皮绳从中间砍断了。这个双重意思是：“以剑在手，我要征服世界，应验这个古老的预言。”他还真这么做了。

这段征服的历史，你可以在地图上看得更清楚。亚历山大并没有马上去往波斯，因为他担心波斯的行省腓尼基和埃及在没被征服之前，会搞背后突袭。在途中，波斯人想在一个叫伊苏斯（Issus）的城市拦截他，但被击败了。亚历山大缴获了波斯国王华美的大帐和珍宝，俘获了国王的后宫和姐妹，并对她们以礼相待。这些发生在公元前 333 年。用一个顺口溜，你就容易记住这个年份了：“三、三、三，在伊苏斯搬、搬、搬。”

不过腓尼基人可没那么容易被征服。亚历山大不得不围困推罗七个月之久。出于报复，他后来以特别残忍的方式灭掉了这座城。到了埃及，他的处境好了些。埃及人很高兴摆脱波斯人，心甘情愿就投降了，就因为他是波斯的敌人。但是，他也想成为埃及的真正统治者，就像他们所习惯的统治者那样。于是，他穿越沙漠，来到一座太阳神的神庙，让祭司说他是太阳的儿子，也就是说他是真正的法老。在撤离埃及前，他还在海边建立了一座城，并将这座城以自己的名字来命名：亚历山大。这座城至今还存在，很长一段时间里，曾是世界上最强大、最富有的城市。

现在他该动身去对抗波斯了。波斯国王在这期间已经纠集了一支庞大的军队，在高加美拉（Gaugamela）地区古老的尼尼微城附近静候亚历山大。此前，他曾派人向亚历山大送信说，如果他接受和平，波斯国王愿意奉送一半的王国作为礼物，并将自己的女儿许配给他做妻子。当时，亚历山大的朋友帕曼纽（Parmenios）说："我要是亚历山大的话，我就会接受。"亚历山大回答说："我也会的，如果我是帕曼纽的话。"他更想统治整个世界，而不是半个。紧接着，他击溃了规模最大的最后一支波斯军队。波斯国王逃往深山里，被刺杀了。

亚历山大严惩了凶手。现在，他是全波斯的国王了，希腊、埃及、腓尼基以及巴勒斯坦、巴比伦、亚述、小亚细亚和波斯，现在都成了他的王土。他着手寻找新途径，重新安排整个王国的秩序。可以说，他的号令范围西起尼罗河，东到今天的西伯利亚，横贯了整个欧亚大陆。

对你我来说，也许这就够了。但对亚历山大来说，却远远不算满足。他要统治新的、还没有被发现的地方。他想要看看那些谜一般的遥远部族，一些将罕见物品从东方带到波

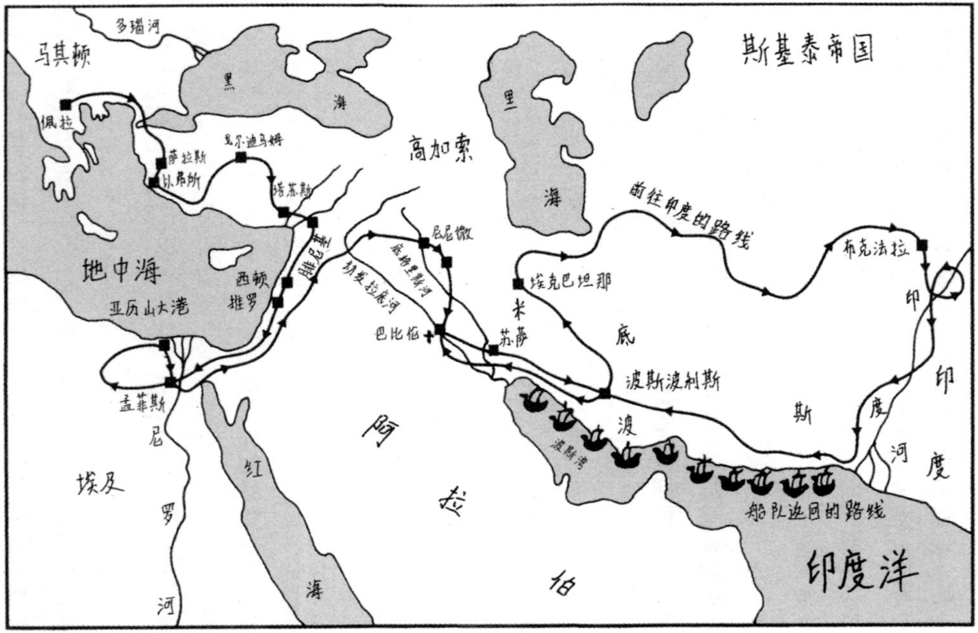

沿着箭头看下去就行！这样你就陪着亚历山大行进在他征服半个地球的胜利之旅上了。

斯的商人曾经说起过的那些部族。他想如罗马神话中的巴克斯神一样，在胜利进军中直达皮肤被太阳晒得黑黑的印度人那里，让他们围着自己欢呼雀跃。就这样，他在波斯的首都没待多久，便于公元前 327 年率领军队，冒着无法预期的危险，穿越了陌生的山口、无名的高山，南下印度河河谷，到达印度。不过，印度人可不会心甘情愿地屈服，尤其是森林里的忏悔者和遁世修行者们，都主张要抵抗来自遥远西方的入侵者。亚历山大必须得逐个围困、攻占这些被武士种姓勇敢保卫着的城市。

亚历山大显示出了自己的英勇无畏。在印度河一条支流的河畔，印度国王波罗斯（Porus）率领着战象和步兵组成的大军准备迎战，但亚历山大在河对岸，所以不得不带着他的士兵在敌人的眼皮底下过河。可是他居然完成了这个伟大壮举。更让人感到不可思议的是，他还能在印度那种又闷又湿的酷热中将印度国王的军队击败。波罗斯被绑到他的面前。“你对我有什么要求？”亚历山大问。“你应该像对待国王一样来对待我。”“除此以外呢？”“没有了。”波罗斯回答，“我的话说完了。”亚历山大深为震撼，于是将波罗斯的王国还给了他。

他自己还想继续向东，去恒河河谷那些更陌生、更神秘的部族那里。可是，士兵们不乐意了，他们不想一直行进到世界尽头，他们也想回家一趟。亚历山大请求他们，威胁说要自己一个人去那里。他耍了三天脾气，一直没离开他的军帐。最终，还是士兵的力量更强大，他只好回去了。

但是，士兵们同意了一件事情：不按原路返回。尽管原路折返可能最省事，因为那里都已经被征服了。但是，亚历山大想看到新的地方，征服新的地方。他沿着印度河而行，一直南下到海边。他让一部分军队上船，走海路回家，自己却在士兵们新一轮惊诧不已的抱怨中穿越荒凉的戈壁沙漠。他的军队饥渴难耐时，他也和士兵一样同甘共苦，不比别人多喝一口水、多休息一会儿。作战时，他永远都是身先士卒。的确，当时他能死里逃生，真是个奇迹。

有一次，他们架起了云梯爬上城墙，围攻一座要塞。亚历山大是第一个上去的，但当他上来时，云梯因为涌上来的士兵太多而折断了，于是他就一个人站在墙上。士兵们对他喊，要他马上跳下来。可是，他直接从城墙上跳到城里，靠着墙，用盾牌来抵抗强大的敌人。当后面的人终于翻墙过来解救他时，他已经中了一箭。那肯定是令人非常紧张的场面。

他们终于又来到了波斯的首都。但是，在之前攻占时，亚历山大已经把它给焚毁了。于是他选择了在巴比伦建立自己的宫廷。他有这挑挑拣拣的权力，因为他在埃及人眼里，是太阳的儿子；对波斯人来说，是众王之王，还在印度和雅典驻扎着军队。现在，他的一举一动都要与世人对一位真正的世界统治者的期待相符。

也许他这样做并非出于骄傲。作为亚里士多德的学生，他十分了解人性。他知道，权力只有与奢华和尊崇合在一起，

被绑缚的印度国王波罗斯在亚历山大大帝面前。

才会给人留下真正的印象。因此，他实行了在巴比伦和波斯统治者宫廷里已沿用千年的隆重仪式。在他面前，人们得跪下与他说话，好像他真的是神。像东方的国王一样，他也娶了多个妻子，其中就有波斯国王大流士的女儿，以便能够成为他的真正后继者。他不想一直作为一个外来征服者，而是要将东方的智慧和富裕与希腊人的清晰与灵活融合在一起，生成出某种全新、超凡的东西。

希腊人可不买这个账。首先，他们作为征服者，要一直保持唯一统治者的地位；其次，他们作为自由和已经习惯了自由的人，不会在任何人面前趴下。他们把这称之为“摇尾乞怜”。亚历山大的希腊朋友和士兵们变得越来越难以调教，最后他只好让他们回家。一万名马其顿和希腊的士兵娶了波斯女人，亚历山大还给了他们丰厚的嫁妆，为他们举办了盛大的庆典，但是他希望让两个民族融合的伟大设想还是没能成功。

他有大计划呢。他还想建立更多像埃及亚历山大那样的城市。不管希腊人愿不愿意，他都想修建驿道，通过战争让世界获得长期改变。你想想，要是当时从印度到雅典已经有经常性的邮政业务，那会是怎样！但是，就在这样的计划还在进行时，他却死在了尼布甲尼撒的夏宫里。他离世时的年龄，是大多数人刚刚开始真正生活的年龄：三十二岁。这发生在公元前 323 年。

对于谁应该成为他的继承者这个问题，他在高烧的折磨中回答说：“最有尊严的人。”但是哪有这样的人。他身边所有的统帅和王公各个都野心勃勃、奢靡、缺少良知。他们为争夺这个世界帝国争吵不休，直到它分崩离析。于是，一个统帅的家族统治了埃及，这便是托勒密（Ptolemäer）王朝；一个统治了美索不达米亚，这便是塞琉古（Seleukiden）王朝；一个统治了小亚细亚，这便是阿塔罗斯（Ataliden）王朝。印度则完全失手了。

哪怕亚历山大的世界帝国成了碎片，他当初的计划还是慢慢地实现了。希腊的艺术和精神思想渗入了波斯，并更进一步影响到了印度，甚至是中国。希腊人也从中知道了，雅典和斯巴达还不是整个世界，除了多利安人和爱奥尼亚人之间无休止的争吵外，他们还有更重要的事情去做。自从他们将那一点点的政治权力完全失去后，希腊人成了史无前例的最大精神权力的拥有者。这一权力，人们称之为“希腊的教育”。这一权力的堡垒是什么，你知道吗？是图书馆。比如，在埃及的亚历山大城有一座希腊图书馆，那里很快就收藏了七十万卷书。这七十万卷书就是征服世界的希腊士兵。它们所征服的这个世界帝国，直到今天还依然屹立。

第十三章　新的战斗者和新的战斗

亚历山大只是往东边行进了——不过，“只是”这个词还不完全正确！位于希腊以西的地方，没能吸引他。那里是腓尼基人和希腊人的几处殖民地，有几个森林茂密的半岛，住着刚强、贫穷、乐于征战的农民。意大利就是这些半岛中的一个，罗马人就是那些农民中的一支。在亚历山大大帝的时代，罗马帝国还只是意大利中部的一小块地盘。虽然罗马只是一座有着固定城墙、很多犄角旮旯的小小城市，但罗马人却是一个骄傲的部族。关于他们自己了不起的历史，他们讲过很多，并且乐此不疲，相信他们会有了不起的未来。他们会尽可能从特洛伊人那里开始讲自己的历史。他们津津乐道的是：一个逃出来的特洛伊人，埃涅阿斯*跑到了意大利。他

* 埃涅阿斯（Aeneas）是希腊神话中女神阿芙洛狄特的儿子。

的后代就是那对双胞胎，罗慕路斯（Romulus）和雷慕斯（Remus），他们的父亲是战神马尔斯（Mars），兄弟俩被森林里的一只母狼喂奶水养活，并在它的看护下长大。顺着这个传说讲下去，那就是罗慕路斯建立了罗马城。人们甚至还能说出来是在哪一年：公元前 753 年。罗马人从这一年开始纪年，就如同希腊人是从奥林匹克之后开始纪年一样，他们会说建城后的多少多少年。比如，罗马纪年中的第一百年，就相当于我们纪年当中的公元前 653 年。

罗马人还知道很多关于这座城市的美好故事，比如那些在这里统治过的好国王、坏国王的传说，还有那些与邻城——我差不多都想说邻村了——的战争。据说，第七个国王，也是最后一个国王，“骄傲的塔奎尼乌斯”（Tarquinius der Stolze），被贵族布鲁图斯（Brutus）谋害了。从这以后，贵族就开始掌权了，他们称自己为长老（Patrizier），大意是“城市之父”。不过可别认为在那个时代已经有了真正的市民，他们更像是拥有大片的牧场和耕地的富裕农民。没有国王以后，只有这些人才有权选举城市的公务员。

罗马的最高级别的公务员叫执政官（Konsuln）。他们总是同时有两个执政官，但任职期限只有一年。之后，他们必须让出职位来。除了“长老”外，当然还有其他居民。可是，他们不是名门之后，拥有的耕地又很少，因此不怎么体面，人们将他们称为“平民”（Plebejer）。他们自成一个等级阶层，有点儿像在印度那样。男性“平民”不可以娶属于“长老”

阶层的女儿，当然更不能成为执政官。对，在城外的马尔斯原野（Marsfeld）上举行全民集会时，他们甚至都不能投票。可是这些平民中有好多也像长老们一样，是有钢铁般坚强意志的人，他们可不像温和的印度人那么好说话。他们已经多次威胁说，如果不改善他们的待遇，如果不把掠夺来的耕地和牧场——长老们一直将其据为己有——分给他们一部分的话，就要移民他国。经过了很多个世纪的艰苦斗争后，平民终于实现了自己的主张：在罗马的国家里，他们和长老拥有了同样的权利。两个执政官当中，必须有一个长老，有一个平民。这下就公平了。这场长期而复杂的斗争大约就发生在亚历山大大帝时代。

从这场斗争中，你大体可以看出罗马人是怎样一群人。在思考和发明方面，他们不如雅典人那么敏捷。在美好的事物、建筑、雕塑和诗歌当中，他们也没有找到很大的乐趣。关于世界和生活的思考，对他们来说也不那么重要。但是，如果他们要是有什么打算的话，就会去实现它，哪怕需要用上两百年的时间。他们是真正过定居生活的农民，而不是雅典人那样不安分的航海者。财产、锅灶、土地，这些是他们真正关心的事情。他们没有跑遍世界很多地方，也不去建立殖民地。他们热爱家乡的土地和城市，想让它变得强大，也愿意为此付出一切努力，包括战斗和死亡。除了家乡的土地以外，只有一件事情被他们看重，那就是他们的权利。不是要求公正的权利——人人平等——而是法律上的权利，是写下来的律条中规定的权利。他们把法律刻在市场广场上的十二块铜板上，以简洁而严肃的文字写着的内容，就是约束力。没有例外，也没有同情和宽宥。也正因为如此，这些才是真正的律法。

很多美好而古老的故事，都是讲述罗马人对家乡的热爱以及对法律的忠诚。有的故事讲法官父亲将自己的儿子判处死刑，连眼睛都不眨一下，因为法律命令他这样做；有的故事讲英雄在厮杀中或被俘后，为了自己的同胞毫不犹豫地牺牲自己。这些故事并非字字真实，但是可以表明，在评判一个人时，罗马人首先会考虑到哪些因素：在涉及法律和祖国时，一个人对自己和对别人是否强硬和严格。没有什么不幸能够吓倒罗马人。即便在公元前390年，他们的城市被一个来自北方的部族高卢人（Galliern）夺下并烧毁时，罗马人也没有放弃。他们又将城市建起来，对它重新加固，一点点地让相邻的城市臣服下来。

亚历山大大帝的时代过后，他们已经不满足于针对小城市的小战争，开始正儿八经地占领整个半岛，但是没有一次征战获得过像亚历山大那样的胜利。相反，他们的占领非常缓慢。一块地、一座城、一个国，步步推进。有韧性，不旁骛，这是他们的主要性格特征。通常的情形是这样：由于罗马变成了一个强大的城邦，所以其他意大利城邦与它结成联盟。罗马人很愿意接受这样的联盟，但是如果盟友一旦和他们看法不同、不再唯命是从的话，就意味着战争了，而通常罗马会无往不胜。有一次，南意大利的一个城邦请求希腊的一位王公和统帅皮洛士（Pyrrhus）前来助战，对付罗马人。皮洛士带着战象前来——这是希腊人从印度学的——战胜了罗马军团。但是，他自己的人阵亡也很多，据说他曾感叹道：“再有一次这样的胜利，我就挺不住了。”所以一直到今天，人们还会用“皮洛士的胜利”来比喻这种牺牲太大换来的胜利。

皮洛士很快从意大利撤出了，罗马人成了整个南意大利的统治者。但是，这对他们来说仍然不够。他们想要征服西西里岛，那是一个特别丰饶的地方，出产丰硕的谷物，还有富庶的希腊殖民地。不过，当时西西里岛不属于希腊，而是属于腓尼基人。

你应该还记得，腓尼基人早在希腊人之前就已经开始在各地成立了商业网点和城市，尤其是在西班牙和北非。腓尼基人的城市迦太基（Karthago）位于北非，就在西西里岛对面，是附近最富裕、最强大的城市。那里的居民是腓尼基人，但罗马人称呼他们为布匿人（Punier）。他们的船漂洋过海，带来各国的物品，也把物品带往各国。由于他们离西西里很近，所以就从西西里岛获取粮食。

这样一来，迦太基人就成了罗马人的主要对手，而且还是一个非常危险的对手。大多情况下，他们并不像罗马人亲自参战，因为他们有足够多的钱来雇佣士兵，替自己去战斗。因为罗马人没有船，不习惯在海上航行和作战，也根本不懂如何造船，所以一开始时，这次在西西里岛爆发的战争，迦太基人赢了。但是，有一天，迦太基的船在意大利搁浅了。罗马人就把这些船作为模板，在两个月之内匆忙仿造了好多这样的船。罗马人投入巨资打造的船，组成了一只新的船队，战胜了迦太基人。迦太基人只好乖乖把西西里岛交给罗马人。这发生在公元前241年。

不过，这还只是两座城市之间战争的开始。迦太基人想：既然别人将西西里从我们手里夺走了，那我们去征服西班牙好了。那里没有罗马人，只有未驯化的野蛮人部族。但是，罗马人连这也不允许。西班牙的迦太基军队统帅有个儿子叫汉尼拔，是个很了不起的人。他在士兵中间长大，比任何人都更了解战争是怎么回事。饥饿和寒冷、炎热和焦渴、整日整夜的急行军，这些他都习惯了。他还很勇敢，也善于用兵。想对敌人智取时，他睿智无比；想让敌人屈服时，他又无比坚韧。他不是一个见机行事的普通人，而是在战争中深思熟虑的人，如同一名好棋手那样。

更重要的是，他是一个真正的迦太基人，痛恨这些要占领他城池的罗马人。在他看来，现在罗马人还要插手西班牙，简直太过分了。汉尼拔领着一路大军从西班牙出发，再次带上了战象这种最可怕的武器，穿越整个法国，然后又带着全部的大象跋山涉水，过了阿尔卑斯山，来到意大利。他们很可能是途经今天的塞尼山口（Mont Cenis）过来的。我自己曾经翻越过那个山口。今天，那里有一条隧道很多的宽阔公

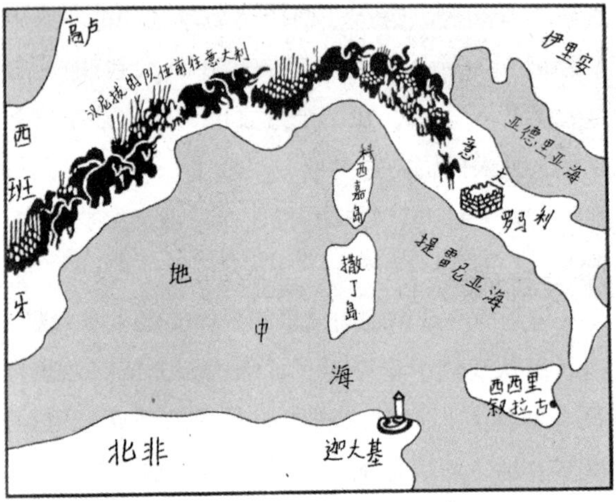

在迦太基和罗马人之间爆发了争夺西西里岛的战争，汉尼拔带着队伍翻越阿尔卑斯山。

路。很难想象人们当初是怎样翻越这没有任何道路可言的荒山野岭的。那里有几近垂直的山谷、陡峭的悬崖、湿滑的草坡。走这条路，我连一头大象也不愿意带，更别说四十头了。而且时值9月，山上早已有了积雪，但汉尼拔和他的军队义无反顾地走过来了，现在他们来到了意大利。一支罗马军队前来阻截，但汉尼拔在一场血腥的战役中击溃了他们。第二支罗马军队在夜里袭击了他的营地，但是汉尼拔施计逃脱了。他让人把燃烧的火把绑在一群公牛的牛角上，然后将这些牛从扎营的山丘上赶下去。在黑暗中，罗马人以为那是汉尼拔

汉尼拔被罗马人包围时采用的计策。

的士兵打着火把在撤退，于是就去追赶。等到他们追上了，才知道那是牛群。真该看看他们当时的表情！

罗马人有一个非常聪明的将领，名叫克文图斯·法皮乌斯·马克西穆斯（Quintus Fabius Maximus），他不想攻击汉尼拔。他说，汉尼拔身处陌生之地，慢慢肯定会变得没耐心，做出蠢事来。但是，罗马人不愿意等。他们嘲笑马克西穆斯，说他是个“犹豫者”，然后就去进攻汉尼拔。结果，在一个叫坎尼（Cannä）的地方，罗马遭遇惨败，死了四万士兵。公元前271年的这场战役是他们最令人震惊的失败。尽管如此，汉尼拔并没有开向罗马。他是一个谨慎的人，想等着国内再派些援军过来，但这正是他的不幸，因为迦太基人没有派来增援部队。他自己的部队在意大利城邦进行抢劫和掠夺时，也慢慢变得难以管束。罗马人因为害怕，不再直接攻击他。

但是，他们让所有的人都服了兵役，包括那些非常小的男孩子，甚至还有奴隶。每个意大利人都成了士兵，但他们可不像汉尼拔的士兵那样，是用钱雇佣来的。他们是罗马人，你知道这意味着什么吧。他们在西西里和西班牙抗击迦太基人，只要对手不是汉尼拔，就总是大胜无疑。

最终，在经过了十四年的征战以后，汉尼拔不得不从意大利撤回非洲，因为他的同胞正需要他。罗马人在他们的军事统帅西庇阿（Scipio）的率领下，兵临迦太基城下。这一仗，汉尼拔输了。公元前 202 年，罗马人征服了迦太基。迦太基人不得不焚毁整个船队，并支付了大量的战争赔款。汉尼拔被迫出逃，为避免被罗马人俘虏，不久后，他便服毒自尽了。这一次胜利，让罗马变得更加强大，他们甚至把当时还在马其顿统治之下尚未统一、四分五裂的希腊也征服了。罗马人从柯林斯城将最好的艺术品带回家，然后一把火将城市烧了。

罗马还向北部扩展，也就是高卢人居住的地方，他们曾经在两百年前摧毁过罗马。罗马人征服了这个今天被称为“上意大利”的地区。对某些人来说，这还不够。他们不能忍受迦太基人还活着，尤其是一个叫加图（Cato）的长老，虽然出了名的严厉，但是个公正且有尊严的人，据说，他每次参加罗马长老院议事时，无论场合合适与否，都要加上一句：“此外，我还提出摧毁迦太基的申请。”罗马人后来真的这么做了，找了个借口就进攻。迦太基人则拼死抵抗。在罗马人将城池拿下之后，巷战还持续了六天，每座房子都是一场争夺战。到最后，几乎所有的布匿人都被杀死或者俘虏了。罗马人将房子拆毁，将城市夷为了平地。先前迦太基人站立过的地方，罗马人用犁耕过，撒上盐巴，要让这里以后再也没有植物生长。这些发生在公元前 146 年。这就是汉尼拔的城池的最终结局。罗马变成了当时世界上最强大的城邦。

第十四章　历史的敌人

如果这些历史让你感到枯燥的话，那么你现在马上就可以找到乐趣了。

就在汉尼拔进入意大利（公元前 220 年）的同一时期，中国有一个无法忍受历史的皇帝，他在公元前 213 年下令将所有的历史书，包括那些古老的文献和资料等，要统统烧掉。被烧掉的还有那些诗歌集、孔子和老子的作品以及全部“没有实际用处”的书。只有那些关于种地和其他有用的书，他才允许留下来。谁要是藏了别的书，就会被处死。

这个皇帝叫“秦始皇”，是历史上最伟大的战争英雄之一。他并不是作为皇子来到世上的，而是作为一位诸侯的儿子——关于这些诸侯我前面讲到过。他自己成了第一个皇帝。他统治的那个地方，叫“秦”，他的家庭也自称为秦。好像一直到今天，整个国家还按照这个发音被称为“China”。

弓箭手看守着中国的边境。巨大的长城，穿越高山和峡谷。

的确，人们也有足够多的理由，以“秦”来命名中国，因为他不光在征战中成了整个中国的统治者，还建立了新的秩序，把其他的诸侯都给赶走了，重新划分了这个庞大帝国。正因为如此，他要把人们对从前的记忆抹去，以便一切能够重新开始：中国应该成为他的作品。他在全国修建了驿道，开启了一个了不起的工程：万里长城。今天能看到的，是蜿蜒几千公里的高大城墙，上面有雉堞和瞭望塔，穿过平原与山谷，越过陡峭的崇山峻岭，一直都保持着同样不变的形式。秦始皇帝让人修建的这座长城，为的是保护中国和它众多勤劳和平的人民，让他们避免遭到那些草原上的野蛮部族和善于征战的游牧部族的侵袭。这些游牧民族在中亚的大草原上游来荡去，反复攻占中原，烧砸抢掠，杀人放火。现在，这些巨大的城墙要把他们与中原隔开。长城还真管用，几千年了，一直到今天还屹立在那里。当然，这期间它们经过了多次修补和改进。*

秦始皇本人没有统治很长时间。不久以后，另外一个家族登上了王位，成为天子。这就是“汉”。秦始皇带来的好的东西，他们很愿意保留下来。汉朝统治期间，中国一直是一个稳固的统一国家。但是，他们不再是历史的敌人了。正好相反。他们想起来孔子的学说对中国功不可没。于是，人们开始到处找寻那些古旧的书籍文字。这也让人看到，还是有很多人有勇气不把它们烧掉的。现在，人们将这些书籍收集在一起，比以前更加珍惜、看重它们。在中国，只有熟知这些典籍的人，才能成为官员。

在几千年的历史中，统治中国的不是贵族，不是军队，不是神职人员，而是学者。这在全世界是独一无二的。一个人有着高贵或低贱的出身，并不是特别重要。谁能较好地通过考试，谁就能成为官员；谁能以最好的成绩通过难度最大的考试，谁就能获得最高的官职。这些考试可不简单。这些人必须得能写几千个字。你们知道，这在中国并不很容易。

---

* 我们今天看到的长城是明代的长城。

他们也必须能背诵很多古老的书籍，多多益善；还要能正确地说出孔夫子和其他古代智者的学说和规矩。

所以，秦始皇烧书没起到什么效果。要是你赞同他的做法，只能是白高兴一场了。禁止人们去了解历史，没有任何用处。一个人想要创造新事物，就必须要详细了解旧事物。

第十五章　西方世界的统治者

罗马人从来没有亚历山大大帝那样的想法。他们不想将自己征服的地方变成一个大帝国，让所有人享有同样的权利。不，所有的地方，所有被罗马军团征服了的地方——这个帝国增长得越来越快——都要成为罗马的行省。也就是说，在那些城邦里，现在有了罗马的军队和官员，他们比当地人要高出一等，高高在上，不管当地人是腓尼基人、犹太人，还是希腊人这些文化悠久的族群。在罗马人眼里，他们只是为了缴税才来到世上的，必须要缴付很多税款，并且尽可能频繁地将粮食运往罗马。

要是这么做的话，罗马人就能让他们获得一点安宁，可以保留自己的宗教，讲自己的语言。是的，罗马人也给他们带来了各种好东西，尤其是修建的驿道。有很多非常好的石砌路，从罗马出发，穿过了平原和最边远的山口。罗马人这么做并不是为了当地人好，而是因为这样做，他们就能以相当快的速度将讯息和军队派送到帝国的各部分。此外，罗马人还知道如何修建实用的建筑。

特别值得一提的，是他们铺设了了不起的水管。水从山上被引到下面城市里设立的很多清澈的水井和沐浴设施，这样，罗马的官员们虽身在他乡，也能享受到在家里用惯的设施了。

但罗马公民还是与当地人有所区别的。他的生活要遵循罗马法律。无论他在大罗马帝国的什么地方，都可以去罗马官员那里寻求帮助。“我是一名罗马公民！”——这话在从前可是个魔法配方。一个先前根本没人在意的人，只要嘴里说出这句话，所有人就都会围上前来，彬彬有礼地对待他。

那时候，世界的真正统治者是罗马士兵。他们让这个巨大的帝国维系在一起，压迫那些有反抗意愿的当地人，对所有实施反抗的人进行可怕的惩罚。他们勇敢、能征善战、野心勃勃，每十年就在北边、南边或者东边征服一个新地方。如果他们的队伍迈着整齐的步伐而来，穿着被金属加固的皮铠甲、手握盾牌和标枪、带着弹弓和长剑、带着射箭和投石的机器，面对这样训练有素的军队，对手们是毫无胜利希望可言的。战斗，是他们最热衷的技艺。如果又胜利了一次，他们就会回到罗马，统帅行进在队伍最前列，带着所有的战俘和战利品，在欢庆的号角音乐和民众欢呼中，穿过光荣门和凯旋门。他们扛着图画和画板，上面描绘着他们的胜利场景，就像宣传画一样。统帅站在他的战车上，披着缀满星星的紫色长袍，头戴桂冠，穿着在神庙画上众神之父朱庇特所穿的盛装，作为第二个朱庇特驶过陡直的街道，到达罗马城堡（Kapitol）上的神庙。在上面，当他隆重地向神感恩献祭时，战败的敌人首领会在下面被处死。

如果有哪位统帅能经常这样战胜敌人，给他的队伍带来战利品，给他们分发土地，等到他老了不能再作战时，那些士兵就会围在他周围，像是对待自己父亲一样，愿意为他付出一切。罗马人对统帅唯命是从，不光是在敌国，在自己的家乡亦如此。他们认为，一个人能成为这么了不起的战争英雄，也一定知道如何在家里维持秩序。这点是非常有必要的，因为罗马是一座巨大的城市，治安状况不太良好，有很多无以为生的穷人，一旦各行省不能送来粮食，罗马就会爆发饥荒。

有一对兄弟，曾经在公元前 130 年（也就是迦太基被摧毁十六年以后）试图将这些处于饥饿中的大量贫穷人口安置到非洲当农民。这就是格拉古两兄弟 *。在后来的政治斗争中，他们被杀死了。

像士兵一样，这些数量众多的穷人也随时愿意为某个人献出一切，只要这个人给他们提供粮食、让他们看华美的节庆演出。罗马人非常喜欢节庆演出。当然，他们不像希腊人

---

* 在历史上，格拉古两兄弟（Gracchen）的名字与罗马的土地改革尝试连在一起。土地改革的尝试成为罗马内战（公元前 133 年—公元前 30 年）的开端，至于其动机，历史学家有不同的阐释。

那样，是高等公民为表达对神的尊崇而自己从事体育和唱歌。在罗马人看来，太可笑了，哪个严肃体面的人会去唱歌，会脱下他庄重华丽而多褶裥的长衣（Toga）当着别人的面投标枪呢？这些事情让那些战俘来做好了。他们必须在竞技场里、在成千上万人的眼前拳击、击剑、与野兽搏斗，上演整个屠杀过程。这些事情都带着可怕的严肃和血腥，但这恰好是让罗马人感到激动的地方。他们不光让受过训练的体育人来竞技，还把那些被判了死刑的人扔到竞技场里，扔到野兽面前——狮子和熊，还有老虎和大象。

谁能让民众看到众多这样华美的竞技场面、谁能分发很多粮食，谁就能在城市里更受欢迎，就能为所欲为。你肯定猜到了，许多人的确试着这么做过。有时候，站在某个人一边的是军队和高贵的罗马人，而在另外一个人那边则是城市里的大众和贫穷的农民。之后呢，这两个人长期因为争夺权力而斗争，有时候这个占了上风，有时候是另外那位得势。马略（Marius）和苏拉（Sulla）便是这样一对敌人。马略曾经在非洲战斗过，后来还用他的军队将罗马从可怕的危险中解放了出来。公元前 113 年，来自北方、精于战争的部族又一次进攻意大利（就像当初多利安人入侵希腊，或者七百年以后高卢人入侵罗马）。这些人是辛布里人（Cimbern）和条顿人（Teutonen），与今天的德国人有亲缘关系。他们作战如此勇猛，连罗马军团也被打得丢盔卸甲。多亏马略和他的军队才将他们阻挡住，并且最终战胜了他们。

于是，他成了罗马最受拥戴的人物。但是，在这期间，苏拉在非洲继续战斗，也同样成了胜利者。于是，两个人之间的争斗开始了。马略让人把苏拉的全部朋友都杀死；苏拉也列出了一个长长的名单，所有站在马略一边的罗马人，都得被杀掉。苏拉大方地将他们的财产都送给了国家。此后，他和他的士兵一直统治罗马帝国到公元前 79 年。

在这种动荡的岁月中，罗马人改变了很多。他们不再是农民了。有几个富人将小农庄买下来后，让奴隶在他们大面积的土地上劳作。罗马人完全习惯了什么事情都让奴隶来做，不光挖矿和采石的是奴隶，甚至连上等人家孩子的家庭教师也大多是奴隶、战俘或者是战俘的后代。人们像对待商品一样为他们讨价还价，像对待牛羊一样随意买卖他们。谁买下一个奴隶，就成了他的主人，可以随意处置他，甚至是杀掉。奴隶没有任何权利。有些主人把奴隶卖给大剧院做击剑表演，在那里他们必须与野兽搏斗。这种奴隶被称为角斗士。有一次，角斗士们受不了自己遭受的待遇而奋起抵抗，一个名为斯巴达克斯（Spartakus）的奴隶号召他们起来战斗，许多农庄里的奴隶也加入进来。这只奴隶队伍全力以赴、拼死战斗，好不容易才被罗马人制服了。当然，罗马人进行了可怕的报复。这些发生在公元前 71 年。

在这期间，新的统帅，尤其是其中盖乌斯·尤利乌斯·恺撒（Gajus Julius Cäsar），受到了罗马民众的爱戴。他和别人一样精于把大量的钱放贷出去，然后用得来的钱为民众举办

击剑奴隶在罗马的圆形大剧场里与野兽搏斗。阳光的炙热和众人的欢腾充满了这巨大的空间。

盛大的庆典，并送粮食给他们。但是，他还有更擅长的事。恺撒是一位伟大的统帅，是有史以来最好的统帅之一。有一次，他出去参加一场战争，只在几天之后，他的一封信就到了罗马，里面除了三个拉丁语词汇以外，什么都没有："veni，vidi，vici。"这三个词的意思是：我来了，我看见了，我胜利了。到他这儿，事情进展得就是这么快。

他为罗马帝国征服了当时还叫高卢的法国，把它变成了罗马的一个行省。这可不是一个小型战争，因为那里住的是骁勇善战的特殊族群，他们可没那么容易被吓住。从公元前

58 年到公元前 51 年，恺撒在那里打了七年仗。他与当时叫赫尔维蒂人（Helvetier）的瑞士人，与高卢人和日耳曼人轮番作战，曾经两次越过莱茵河到达德国，两次越过海峡到达被罗马人成为“不列颠”的英国。他这样做的目的是，要让比邻的族群学会对罗马人心存敬畏。尽管高卢人多年来一直殊死抵抗，但恺撒总能战胜他们。所到之处，他都要让罗马军队留驻在那里。从那时起，高卢成了罗马的一个行省。不久以后，那里的居民就习惯了讲拉丁语。在西班牙情况也一样。因为法国和西班牙的语言都源自罗马人的语言，所以被归类为属于罗曼语系。

征服了高卢人之后，恺撒率军队回到了意大利。现在，他成了世界上最有权力的人，那些从前与之结盟的其他统帅，不是被他干掉了就是向他臣服了。在与漂亮的埃及女王克娄巴特拉（Kleopartra）结好后，他让埃及也归到了罗马世界帝国之内。他要开始建立秩序了。在这方面，他的确很有能力，头脑里井然有序，他能同时口授两封信，但思维却完全不会搅混。你想想看，这有多厉害！

他不光在整个帝国里建起了秩序，还把时间整饬一新。这是什么意思呢？他重新规划了日历。恺撒的日历和我们今天使用的日历差不多，都是十二个月，也有闰年。日历依照

凯旋的统帅驾着四马战车举行胜利大游行，去往罗马城堡上的朱庇特神庙。

他的名字盖乌斯·尤利乌斯·恺撒命名，叫儒略历*。因为他这个人物太伟大了，所以人们还将一个月份用他的名字来命名，就是7月（Juli）。所以，7月就得名于这个瘦削的光头男人，这个爱头戴金冠的人，他那孱弱多病的身体里，有着多么强大的意志和清晰的理智啊。

恺撒是当时世界上最有权势的人。他本可以成为罗马帝国的国王，也的确这么想过。可是，罗马人对他有些嫉妒，

* “儒略”是“尤利乌斯”的另一种译法，已经很少被采用，但儒略历却沿用了下来，因此此处遵循约定俗成的译法。

包括他最好的朋友布鲁图斯。他们不想让自己被恺撒统治，可是又害怕会被他收拾，于是决定刺杀他。在罗马的元老院，这些人突然包围了恺撒，并用匕首向他刺去。恺撒奋起自卫，据说当他看到布鲁图斯时，说了这句话：“你也有份吗？布鲁图斯，我的孩子？”之后他再没有做任何反抗，任凭攻击者将他刺死。这事发生在公元前 44 年。

7 月之后是 8 月（August）。恺撒 · 屋大维 · 奥古斯都（Cäsar Octavianus Augustus）是恺撒的养子。经过与不同统帅在陆地、海洋上的长期战争，他终于在公元前 31 年，真正独自统治了整个帝国。他是第一个罗马皇帝。你知道“皇帝”（Kaiser）这个词是从哪里来的吗？你肯定没往他那里想：是从“恺撒”来的。这个词在罗马人那里的发音是“Ka-esar”，所以演变出了“Kaiser”这个词。

因为有一个月份是依照尤利乌斯 · 恺撒来命名的，人们也依照奥古斯都来命名了一个月份。他也确实配得上这份殊荣，虽然他没有恺撒那么出色，但是非常公正、审慎，能很好地掌控自己，因此也有资格去掌控别人。人们说，他从来不会在愤怒的状态下发命令或者做决定。要是愤怒找上门来，他就安安静静地让自己背一遍字母表。这样过一会儿，头脑就又清醒了。他根本就是这样一个有着清醒头脑的人，可以将辽远的帝国管理得既好又公正，而不仅仅是能打仗、爱看角斗。奥古斯都生活得很简朴，还热爱优美的雕像和美好的诗歌。因为在他的时代，罗马人还不太像希腊人那样擅长创作雕像和诗歌，所以他让人仿制希腊最美的艺术作品，将它们摆放在自己的宫殿和花园里。他那个时代的罗马诗人（是罗马诗人中最有名的）也在努力，尽量像希腊人那样去写诗。希腊人是他们的楷模。希腊语也算是当时最美的语言。因此，在当时的罗马，讲希腊语、读希腊诗人的作品、搜集希腊艺术是件很高雅的事情。对我们来说，这是一件非常幸运的事。假如罗马人当初没有这样做的话，也许我们今天就对古希腊一无所知了。

第十六章　福音

奥古斯都的在位时间是公元前 31 年到公元 14 年。你可以从中看出，在这期间，耶稣诞生了。当时的巴勒斯坦也是罗马的一个行省。关于耶稣的生活和教义，你可以在《圣经》里面找到。你知道他学说里的精髓是什么吧：一个人富有还是贫穷，高贵还是低贱，是主人还是奴隶，是伟大的思想者还是卑微的小人物，这些都不重要。所有人都是上帝的孩子。这位父亲的爱是无穷尽的，在他面前，没有谁是无罪的，但上帝对有罪者是怜悯的。人最终得到的不是公正，而是仁慈。

你知道什么是仁慈吧，就是上帝那种伟大、奉献、原谅之爱。我们应该像希望上帝——我们的慈父——对待我们那样来对待我们的同类。因此耶稣这样教导人们：爱你们的敌人，对恨你们的人，要对他们好；对诅咒你们的人，要对他们祝福；对谩骂你们的人，要替他们祈祷；面对打你左脸的人，你们要把右脸送上让他打；那拿走你的大衣的人，你要把上衣也送给他；对你们有所请求的人，你要满足他；有人拿走你的东西，你不要求拿回来。

你应该知道，耶稣花了非常短的时间在各地游历、布道、传教、救治病人、给穷人以安慰。你也应该知道，他被指控说想要成为犹太人的王，于是被罗马官员皮拉图（Pilatus）作为起义的犹太人而判处钉死在十字架上。这种可怕的刑罚本来只会用在奴隶、强盗和那些被征服者身上，所以也是令人震惊的羞辱。但是，耶稣基督教导过，世上最大的痛苦都有其意义，那些乞丐、哭泣者、被追捕者、受苦难者在他们的不幸中得福。对于首批基督徒来说，这个受苦受难的上帝之子正好象征了他的教义。我们今天几乎都难以想象，这在当时曾经有着怎样的意味。十字架是比绞刑架还恶劣的。这种羞辱的处决变成了一个新教义的象征。你可以想象一下，那些罗马的官员或者士兵，受过希腊教育的罗马学者，为他的智慧、演说艺术和哲学见识感到骄傲的学者，在雅典或者在罗马听到一位像先知保罗一样伟大的布道者宣讲耶稣基督学说之后，会有怎样的想法。这位先知在那里所布道的内容，正如他在给哥林多人的第一封信中写的那样，可以在《新约·哥林多前书》的第十三章中读到：

“我若能说万人的方言，并天使的话语，却没有爱，我就成了鸣的锣、响的钹一般。我若有先知讲道之能，也明白各样的奥秘、各样的知识，而且有全备的信，叫我能够移山，却没有爱，我就算不得什么。我若将所有的周济穷人，又舍己身叫人焚烧，却没有爱，仍然与我无益。爱是恒久忍耐，又有恩慈；爱是不嫉妒。爱是不自夸，不张狂，不做害羞的事，不求自己的益处，不轻易发怒，不计算人的恶，不喜欢不义，只喜欢真理；凡事包容，凡事相信，凡事盼望，凡事忍耐；爱是永不止息。”

如果保罗这样宣讲他的教义的话，那些讲究法权的高贵罗马人可能会摇头。但是那些穷人和受折磨的人首先会感觉到，这话里似乎有什么全新的内容：上帝神圣仁慈的宣告，超过了法权，它是“好消息”。“好消息”在希腊语中是euangelion，也就是Evangelium（福音）。这关于圣父般的上帝予人恩惠的福音，这独一无二、不为人所见的福音，首先被犹太人——耶稣就是在他们中间生活和布道的——传播开来，并很快传遍了整个罗马帝国。

这时罗马的官员就警觉起来了。你知道，在宗教事务上他们本来是不掺和的。但是，现在出现了新情况。这些只信仰唯一神的基督徒，不愿意在罗马皇帝像前播散圣香。但是，自从在罗马有了皇帝以来，这是通行的做法。他们让人们像膜拜诸神一样膜拜自己，就像埃及和中国、巴比伦和波斯的统治者所做的一样。在整个帝国范围内，到处有他们的雕像。一位帝国境内的良民，会不时地在皇帝像前祭献几粒香块。

但是基督徒不这样做。所以有人想要强迫他们这样做。

在耶稣被钉死在十字架上之后大约三十年（也就是公元 60 年前后），一位残忍的皇帝统治着罗马帝国，他叫尼禄（Nero）。直到今天，人们提到这位令人恐惧的恶棍，还会浑身起鸡皮疙瘩。最令人感到可恶的是，他并非一个多么毫无顾忌的极端恶毒之人，而是一个软弱、虚荣、多疑而懒惰的人，他自己作诗唱歌，只吃或者说狼吞虎咽最精心挑选出来的珍馐美味，没有任何体面和信念。他有一张肌肉松弛但还算漂亮的脸，嘴角上挂着一种心满意足却残忍的笑。他下令处死自己的母亲、妻子、老师，还有很多其他的亲戚朋友。他一直害怕有一天会有人杀死他，因为他是一个胆小鬼。

当时罗马发生了一场大火，烧了很多天，一片接一片的房子、一个连一个的城区被烧毁了，成千上万的人变得无家可归，当时的罗马已经是一个大城市，有超过一百万的人口。可是这个时候，尼禄在做什么呢？

他站在自己豪华宫殿的阳台上，弹着琴唱自己创作的关于特洛伊大火的歌。他觉得这首歌与眼前的情景非常相配。这下子，一直以来并不怎么痛恨他的民众可生气了。以前他经常让民众们观看到漂亮的庆典，只是对跟自己比较近的朋友和熟人才那么残忍，可现在人们在口耳相传的是：尼禄自己把罗马给点着了。这到底是真是假，人们无从知道。不管怎么说，尼禄知道人们相信他会干得出来，于是就找了个替罪羊，怪到了基督徒头上。基督徒经常说，这个世界必须毁灭，然后才能出现一个更好更洁净的世界。你知道这样说的意思是什么。但是人们总是习惯从表面理解这些话，于是很快在罗马就有这样的说法：基督徒希望世界毁灭，他们仇恨人类。这不是一个很奇怪的指责吗？

只要能找到基督徒，尼禄就让人逮捕并残忍地处死他们，不光让他们在大剧院里被野兽撕烂，还在自己花园里的大型晚宴上，把他们的身体点燃当火把。但是，基督徒以至高无上的勇气忍受了当时以及后来的迫害对他们的一切折磨，骄傲地成为新信仰力量的见证人。在希腊语里，“见证人”一词是 Märtyrer（殉难者）。这些殉难者后来被尊封为最早的圣徒。基督徒到他们的墓地朝圣，在那里祈祷。因为他们不能在白天和公开场合聚集，所以就在墓穴里秘密集会。这些地下通道和墓室在城市之外，远离街道，那里的墙上画着简单的《圣经》故事图画。这些画要让基督徒记住上帝的力量和永恒的生命：狮穴里的但以理 *、烈火窑中的三个男人 †、从岩石中取水的摩西 ‡。

---

* 见《旧约 · 但以理书》第六章。但以理受人诬陷，被国王大流士一世投到狮穴里与众狮子共处一夜。第二天，国王发现但以理平安无恙，于是国王让他离开狮穴，晓谕全国要敬奉但以理的神。

† 见《旧约 · 但以理书》第三章。在犹太人被巴比伦征服期间，作为惩罚手段，巴比伦国王尼布甲尼撒曾经将三个犹太人投入烈火燃烧的窑中，但是因为上帝的护佑，他们都没有受到任何伤害。

‡ 见《旧约 · 出埃及记》第十七章。摩西在带领以色列人走出埃及的路上，因为没有水供人畜饮用，遭到众人指责。上帝耶和华让摩西以手杖击打岩石，水从岩石里流出。

基督徒在这样的地下墓室里集会。画面上右侧的坑穴是墓坑。左侧的墙画上是三个被投进火炉中的男人。

在这些地下通道里，基督徒夜晚聚在一处，探讨基督的教义、分发圣餐，当面临新一轮迫害时，他们就互相鼓励。尽管遭受着这些迫害，但在接下来的一个世纪当中，整个帝国的范围内有越来越多的人都开始相信福音，并愿意为传播福音而遭受耶稣基督曾经遭遇过的痛苦。

当时，不光基督徒能感觉到罗马帝国的严酷，犹太人的日子也不好过。在尼禄之后没几年，耶路撒冷爆发了反抗罗马人的起义。犹太人终于开始争取自由。他们以坚韧不拔的毅力和极大的勇气来攻击罗马军团，抗击对耶路撒冷的长期围困，一直到城市被攻陷。耶路撒冷曾被当时罗马皇帝维斯帕先（Vespasian）的儿子泰特斯（Titus）围困，城里断粮达两年之久。出逃的人，都被罗马人钉死在城外的十字架上。最终在公元 70 年，罗马人攻入了城市。据说泰特斯曾经下令不破坏这唯一的神的圣地，但是神庙还是被士兵洗劫并烧掉了。在罗马的凯旋游行上，神圣的器皿被展示出来，今天人们还可以在泰特斯命人修建的凯旋门看到这些场景。耶路撒冷被摧毁了，犹太人流散到世界各地。此前他们已经作为商人在世界各地定居下来，现在，却变成了一个无家可归的民族。他们在亚历山大城、罗马和其他陌生城市的礼拜堂里相聚，被所有的人嘲笑、谩骂，只因为他们在异教徒当中依然坚守着古老的风俗，阅读《圣经》，等待着弥赛亚的到来——他将会拯救他们。

第十七章　帝国及其边界上的人是怎样生活的

当时那些不是基督徒、不是犹太人、也不是皇帝近亲的人，可以在罗马帝国过着安宁而舒适的生活。人们可以从西班牙出发，旅行到幼发拉底河流域，从多瑙河到尼罗河，到处都有建得很漂亮的罗马大道。罗马的邮车定期来到帝国边境的固定地点，收送各种消息。在亚历山大和罗马这样的大城市里，有舒适生活所需的各种设施。罗马城有很大的城区，里面满是一层层建得很高很糟的出租房屋，住的都是穷人。罗马的私人住所和别墅都有最漂亮的希腊艺术品和最豪华的家具装饰，还有引人入胜的小花园和清凉的喷泉。在冬天，人们用一种类似集中供暖的设备让房间保持温暖：让地下被加热的空气沿着空心砖升上去。每一个富裕的罗马人都有几栋海边的乡村别墅，有很多奴隶会来为他们服务，在漂亮的图书馆里面可以找到所有优秀的希腊语和拉丁语诗人的作品。

一位富裕罗马人的乡村别墅，一个光线充足、通透的大理石建筑，人们可以在里面很好地生活。

富人的别墅里也有自己的体育场，地下室里装满了各种上好的葡萄酒。如果一个罗马人在家里觉得无聊的话，就会去市场、法院或者浴场。这些浴场也被称为温泉，工程很庞大，水都是经由水管从远处的山上引过来的，里面设备富丽堂皇，分热水池和冷水池，有进行蒸气浴和体育活动的大厅。这样大型浴场或者温泉的遗址今天还可以看到。你可能会以为它们是童话里的国王宫殿，因为有那么多巨大的圆拱，还有色彩缤纷的大理石柱子和贵重岩石做成的浴盆。

比这更大、更让人印象深刻的是剧院。罗马的剧院，也叫圆形剧场（Kolosseum），可以容纳五万名观众。现代大城市的体育馆也不过如此。那里上演的主要是角斗士互搏或挑逗激怒凶猛动物。你还记得吧，有些基督徒就是死在这种剧场里的。剧场上方的观众席转着圈一排排向上搭建而成，如同一个巨大椭圆形漏斗。要是那里坐满五万人，真可以说是排山倒海的气势！在下面的主包厢里坐着皇帝，上面有一张华丽的大遮蓬，为他挡着阳光。当他将一块布巾扔进搏斗场里时，就等于宣布比赛开始了。之后角斗士入场，站在皇帝的看台前大喊："万安，皇帝，将死之人向您致敬！"

你可别认为，皇帝除了坐在剧场里，就没有什么事情可做了，并非所有的皇帝都是像尼禄那样讲究享乐、喜怒无常的人。正好相反，他们为了让帝国保持和平而忙得不可开交。因为在遥远的帝国边界以外，到处都有野蛮好战的族群，他们很愿意攻占富裕的行省，到那里去抢劫。在北方多瑙河与莱茵河对岸住着的日耳曼人，尤其让罗马人觉得头疼。恺撒征服法国时，已经同这些人打过仗。他们个子高、力气大，伟岸的身躯就能把罗马人吓住。他们的国家，也就是今天的德国，满是茂密的森林和黑乎乎的沼泽地，罗马的军团在里面晕头转向。日耳曼人自己也不习惯在有集中供暖的漂亮别墅里生活，他们是农民，就如同先前的罗马人一样，住在用木头搭建起来的独户农舍里。

罗马大城市的居民——在拉丁语文献里有关于这些人的记载——很热衷于讲述日耳曼人过度单调的生活，他们简朴和严格的风俗习惯，和对作战的热爱及对部落头领的忠诚。罗马的作家很愿意给同胞们讲述这些，以此来明确地突出在自由森林里那种没有被败坏的简单自然的生活方式，与罗马人过于讲究和柔弱的生活习惯的差别。

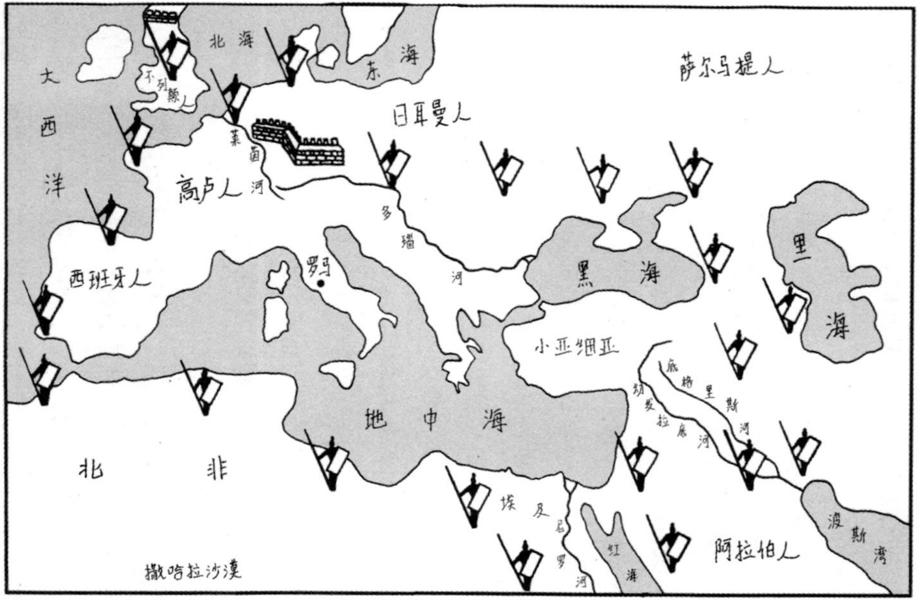

在辽阔的罗马帝国的每个边境线上，都有罗马军团进行瞭望。在莱茵河与多瑙河之间，曾经建起过一道墙。

日耳曼人的确是危险的武士。这在奥古斯都的时代，罗马人就已领教过。那时候一个叫阿米尼乌斯（Arminius）或者赫尔曼（Hermann）的人，是日耳曼人切鲁斯部落（Cherusker）的首领。他在罗马长大，很了解罗马人的战争习俗。当一支罗马军队行进在德国的条顿堡森林（Teutonburger Wald）时，他成功地袭击并彻底击溃了这支军队。从那以后，罗马人不敢再深入到德国的地盘。但是，他们也认识到了保卫边境不受日耳曼人侵犯的重要性，于是在公元1世纪开始建造边境防卫墙（与秦始皇的长城很相似）：从莱茵河到多瑙河，有栅栏、壕沟和瞭望塔，以便让罗马帝国不受不断迁移的日耳曼部落的侵犯。对罗马人来说，最令人不安的是日耳曼人不安分地在他们的庄院里好好种地，而是一直想到要更换围猎场和田地，动不动就把女人和孩子放到牛车上，出发去找一个新的居住地。

罗马人一直得在边境上安排军队，保卫帝国。来自各主要国家的军队驻扎在莱茵河畔与多瑙河畔。维也纳附近有埃及的军营，因此多瑙河畔也建造了一个埃及女神伊希斯的神庙。这就是今天的城市伊比斯（Ybbs），伊希斯女神永远活在了这个城市的名字中。驻守在边境上的军队也崇拜各种各样来自远方的神，比如波斯的太阳神密特拉（Mithras），再就是后来基督徒那看不见的唯一的上帝。这些遥远边境城堡中的生活，与在罗马城里没有太大的不同。在今天的科隆、特里尔、奥斯堡、雷根斯堡、萨尔茨堡、维也纳，在法国的阿尔

在远方森林中的边界线上，一个罗马人的瞭望塔。这样孤零零的岗哨有很多个，它们保卫着帝国。

勒或者英格兰的巴斯，都有剧场和浴场，有给官员住的别墅和士兵住的军营。年岁大的士兵很愿意在周围地区买一块地，娶一位当地女子，在军营附近定居下来。于是，罗马行省里的居民慢慢就习惯了罗马人和他们的生活方式。但是，在多瑙河与莱茵河对岸的那些族群部落却变得越来越不安分，没过多久，罗马皇帝在边境军营里度过的时间变得比在罗马皇宫里的时间还要多。在这些皇帝当中，也不乏出色的人物，比如生活在公元 100 年左右的图拉真（Trajan）皇帝的公正和宽厚，很长时间都在被人们讲述、传颂。

图拉真的军队越过多瑙河，开进了今天的匈牙利和罗马尼亚，为的是将多瑙河对岸的地区变成罗马的行省，更好地保卫罗马帝国。这个地方当时叫达西亚（Dazien），只是后来成了罗马的地盘、居民开始讲拉丁语时，这里才被称为罗马尼亚。图拉真不光进行了军事征服，还修建了漂亮的广场来装扮罗马。整座山丘被移走，以便腾出空地来建大型的广场设施。一位希腊建筑大师在那里修建起了神庙、商店、法庭、柱廊和纪念碑，今天在罗马还能看到这些遗迹。

图拉真之后的皇帝也考虑到帝国的安全，保卫着帝国的边境。尤其是在公元 161 年到 180 年期间统治罗马的马克 · 奥雷尔（Marc Aurel），经常出现在多瑙河畔、卡农图姆（Carnuntum）、文多博纳（Vindobona，即维也纳）的军营里。不过，马克 · 奥雷尔是一位温和、宁静的哲学家，根本不喜欢战争，他最愿意做的是阅读和写作。从他被保留了下来的日记里——主要写于出战行军期间——我们还能看到内容几乎都是关于自我控制和容忍、承受苦难和疼痛以及思想者英雄般的沉静。这些想法，能让佛陀都感到非常满意。

但是，马克 · 奥雷尔不能躲到森林里去思考，他必须在维也纳地区与日耳曼部落作战，这些部落当时特别活跃。人们说，罗马人将狮子带过来，想让多瑙河对岸的敌人感到惶恐。但是，日耳曼人根本就没有见过狮子，因此也根本不怕它们，干脆直接把这些“大狗”给打死了。战斗期间，马克 · 奥雷尔在文多博纳死去了。这些发生在公元 180 年。

他之后的皇帝在边境待的时间更多，在罗马的时间更少。他们是真正的士兵，由部队选出来的，有时候也会被部队废黜，甚至被士兵给打死。这些皇帝中的好多人根本不是罗马人，而是外族人，因为当时的军团当中只有极少一部分由罗马人组成。意大利的农民——那些曾征服世界的士兵——几乎已经找不到了。从前的农家庄院现在变成了富人的大庄园，庄园里有外族的奴隶在工作。军队也由外族人组成，包括我们已经说到过的那些来到多瑙河畔的埃及人。正像你所知道的，大多数士兵是日耳曼人，是很好的武士。现在，这些外族的军队，在庞大帝国的东西部，在日耳曼人和波斯人的边界上，在西班牙、不列颠、北非、埃及、小亚细亚和罗马尼亚，推选自己最喜欢的统帅做皇帝，但这些皇帝彼此争权，相互谋杀，与马略和苏拉的时代不相上下。公元 200 年以后，人们经历着可怕的混乱和悲苦。当时的罗马帝国，差不多只有奴隶和外族的部队，彼此无法沟通。行省里的农民们无法再缴纳赋税，于是起来反抗庄园主。在这个绝望的时期，加上瘟疫肆虐、盗匪横行，很多人开始在福音的学说中寻找安慰。越来越多的自由人和奴隶成了基督徒，拒绝向皇帝献祭。

当罗马帝国陷入最大的困境时，一位穷孩子夺得了帝国的统治权。这就是在公元 284 年掌权的戴克里先(Diokletian)。他试图将败落的帝国重新建设起来。由于到处都是饥荒，他限定了一切食品的最高价格。他认识到，从一个地方来统治整个帝国已经不可能了。所以，他将四个城市定为新的首都，在那里设立了四个“副皇帝”（Unterkaiser）。为了让帝制重新获得尊敬和敬畏，他实行了严格的宫廷礼仪，给宫廷和官员制作华丽昂贵的刺绣衣服。当然，他也严格要求对皇帝的献祭，并残忍迫害整个帝国内的基督徒。这是最后一次、也是最厉害的一次迫害。在经过二十多年的统治之后，戴克里先放弃了他的帝位，作为一个疲惫而多病的普通人回到了达尔马提亚的一座宫殿里。在那里，他最终看到自己对基督教的严酷斗争是多么没有意义。

他之后的统治者康斯坦丁皇帝放弃了这项斗争。据说，当他在与戴克里先的一位“副皇帝”马克森提乌斯（Maxentius）作战之前，在梦中看到了十字架，听到一句话：“在这个标记下你会赢得胜利。”他在313年获胜后，下令不允许再迫害基督教。不过，他自己很长时间一直都是异教徒，直到临死前不久才受洗。康斯坦丁不再坐镇罗马来统治帝国。当时，帝国的威胁主要来自东部，尤其是重新强大起来的波斯。于是他选择了拜占庭这个黑海沿岸的旧时希腊殖民地，来做他的统治中心。这个地方从此被称为君士坦丁堡，也就是今天的伊斯坦布尔。

在那之后不久，自395年起，罗马帝国便不再是一个有两个首都的国家，而是分裂成了两个国家：讲拉丁语的西罗马帝国，包括意大利、高卢、不列颠、西班牙、北非；讲希腊语的东罗马帝国，包括埃及、巴勒斯坦、小亚细亚、希腊和马其顿。基督教自公元380年起就成了这两个国家的国教，主教和大主教身份显贵，在国家事务中拥有很大的影响。基督徒不再在地下聚会，而是转移到了有廊柱装点的华丽教堂里。十字架这个身处痛苦中解脱的象征，现在成了征战的标记，在军团行进时被高高举在了前面。

第十八章　暴风雨

你见过夏天时暴风雨来临之前的情形吗？尤其是在山区，实在是太精彩了。首先你什么也看不出来，但能从自己的疲倦中，感到空气里有什么东西不对劲；接下来就能听到雷声了，这边一声那边一声，但你无法准确知道它们来自哪里。然后呢，山突然看起来近得出奇。没有任何空气流动，但有成团的云升起。山几乎消失在水蒸气的雾障后面，云从所有的方向靠近过来，但是你感觉不到有风。雷声更密集了。一切看起来都那么恐怖和阴森。人们等着，等着，突然之间暴风雨就开始了。起初几乎像是一种解脱，暴风雨刮向山谷，四面八方雷电交加，又厚又重的雨点劈头而下。在狭窄的谷底，暴风雨找到了落脚点。崖壁的回声让雷继续轰响着。风在刮向四面八方。当暴风雨过去后，一个清澈、宁静的星光夜晚终于来临时，你很难说清楚，那些雷雨云到底都在什么地方，哪些雷和哪些闪电是相关的。

我现在要讲的这段时间，就和这大雷雨的情形非常相似。那时候，那场将罗马帝国击碎的大雷雨出现了。雷声我们已经听到，就是边境上日耳曼人的迁徙，辛布里人和条顿人的入侵，恺撒、奥古斯都、图拉真、马克·奥雷尔和许多其他人为阻止日耳曼人入侵罗马帝国而不得不进行的战争。

但是，现在狂风大作了。它开始于很远的地方，几乎是从秦始皇帝——那位历史的敌人——修建的长城那里开始的。亚洲的草原游牧部落自从无法去中原抢劫之后，就转而向西，到那里去获取猎物。这就是匈奴人。这样的部落，西方还没有人看见过。小个子、黄皮肤、细长的眼睛，脸上有着可怕的伤疤。他们是马背上的民族，因为他们几乎从来不从那些小而快的马上下来，甚至经常在马背上睡觉、议事、吃东西，将他们吃的生肉放在马鞍下面压得又嫩又软。他们在迅疾的驰骋中可怕地喊叫着发动攻击，向敌人射出一片黑压压的箭，然后转回去快速离开，好像是要逃跑一样。要是被追赶的话，他们就在马鞍上转过身来，向追击者射击。他们比人们所见过的任何族群都更加敏捷、狡猾而嗜血，甚至让相对勇敢的日耳曼人都会抱头鼠窜。

西哥特人是日耳曼人当中的一个部落，想让自己置身于相对安全的罗马帝国中得以保全。罗马帝国也接受了他们。但是，不久以后爆发了饥荒，这些西哥特人便与主人打起来了。西哥特人进军雅典，把那里给抢劫了，他们兵临君士坦丁堡城下，最终整个部落都被发动了起来，在他们的国王阿拉里克（Alarich）的带领下于公元410年向意大利进发，夺取了罗马。在阿拉里克去世后，他们继续向北移动，先到了高卢，然后到了西班牙并留在那里。为了抵御西哥特人的军队，罗马不得不从高卢、不列颠、莱茵河和多瑙河的许多边境要塞上抽调军队。于是，很多日耳曼部落就趁机入侵了这些地方，这一刻他们等了好几个世纪了。

一部分部落的名字，你今天还可以在德国地图上看到：施瓦本、弗兰克、阿勒曼。他们都带着吱呀作响的牛车，带着女人和孩子以及全部的财物，越过莱茵河去打仗，并获得了胜利。如果他们被打败，身后还有其他部落，这些部落还会胜利。就算一千人被打死，也没什么，后面还有一万人跟上来。这个时代叫“族群大迁徙”时代。这就是席卷罗马帝国并将它摧毁掉的暴风雨。这些日耳曼部落并没有留在法国或者西班牙，例如，其中的汪达尔人（Vandalen）就穿过意大利，经由西西里去了非洲，并在过去的迦太基那里，成立了自己的海盗国家，驾船到海岸城市去烧杀抢掠。罗马也被他们给抢掠了。直到今天，人们还在用“汪达尔行为”（如英文中的vandalism，就是指破坏、损坏公共设施的行为）这个词汇，尽管汪达尔人原本也没有比其他族群的人坏到哪里去。

此时，更恶劣的匈奴人也来了。他们现在有了一个新国王，叫阿提拉（Attila），在公元444年掌权。你还记得是谁也在公元前444年开始掌权吗？雅典的伯里克利。那是最好的时代。阿提拉的确在任何方面都是伯里克利的反面。关于他，人们这样说：他所到之处，寸草不生。他的队伍把什么都给烧掉并破坏殆尽了。匈奴人抢劫了很多的金银财宝，他们的头目们披金戴银、珠光宝气，阿提拉自己却一直保持着朴素，只用木碗吃饭，住在简单的帐篷里，对金银提不起兴趣。据说他从来不笑，是一个令人恐惧的统治者。他征服了半个地球，所有没被杀掉的族群，必须跟他一起参加战争。他的军队非常大，里面有很多日耳曼人，尤其是东哥特人（西哥特人这时已经到了西班牙）。从坐落在匈牙利的营帐里，他派一个信使去西罗马帝国皇帝送信："我的（也是你的）主人阿提拉让我告诉你，你应该将帝国的一半给他，将你的女儿嫁给他。"皇帝拒绝后，阿提拉带着他的大军出发去惩罚，自己把罗马皇帝拒不给予的东西拿到了手。公元 451 年，在高卢的卡塔劳涅之地（Katalaunischen Gefilden）打了一场大战役。所有的罗马军队，包括日耳曼人的军队都汇集在一起，一致抗击阿提拉的野蛮铁蹄。这场战役胜负难分，阿提拉便向罗马进军。大家都陷于恐惧和惊骇之中。匈奴人越来越近了。军队的力量已经救不了他们了。

这时，罗马的主教带着神职人员和教会的旗帜向匈奴人迎面走去。这位主教就是教皇列奥，人称"伟大的列奥"。每个人都相信匈奴人会让他粉身碎骨。但是阿提拉被说动了。于是他撤离了意大利，罗马也因此得救。不久以后的公元 453 年，在与一位日耳曼公主举行婚礼当天，阿提拉死去了。

权势无边的匈奴国王阿提拉带领着他的骑兵队伍去攻占取胜，去劫掠摧毁。

如果当初教皇没有挽救西罗马帝国的话，它就不复存在了。那时皇帝已经没有权势，军队成了实际上的掌权者。但构成这支军队的几乎都是日耳曼人，他们终于觉得这个皇帝完全多余，于是就决定将他废黜了。这位最后的皇帝有一个很奇怪的名字，他叫罗慕路斯 · 奥古斯都路斯（Romulus Augustulus）。你想想，罗马的第一个王，罗马的建立者叫罗慕路斯，第一位罗马皇帝叫奥古斯都。最后一位皇帝罗慕路斯·奥古斯都路斯却在公元 476 年被废黜了。

此后，日耳曼的一位统帅奥多亚塞（Odoaker）在意大利当上了日耳曼人的国王。这就是西罗马帝国及其拉丁文化的终结，所以人们将从一开始到这个阶段的漫长时期称为“古典时代”。

476 年标志着一个新时代——中世纪——的开始，之所以有这个名字，是因为它处于“古典时代”和“新时代”之间。当时人们还没有意识到，一个新时代就此开始了，但一切还都继续杂乱无章地搅和在一起。当初那些加入匈奴军队的东哥特人，在东罗马帝国安顿了下来。这时，一心要摆脱东哥特人的东罗马帝国皇帝芝诺（Zeno）就建议他们迁移到西罗马帝国，驱逐奥多亚塞国王，占领意大利。果真，东哥特人于 493 年在他们的国王狄奥多里克（Theoderich）的带领下，翻越阿尔卑斯山前往意大利。这支勇猛善战的队伍，很快就占领了这片被洗劫过的贫穷土地。狄奥多里克邀请奥多亚塞和他的儿子来参加和平晚宴，结果在晚宴上，把他们杀害了。

我一直都对狄奥多里克能做出这样令人毛骨悚然的事情感到不可思议。但抛开这一点的话，他确实是一位有分量的、有教养的伟大统治者。他力主让哥特人与意大利人和睦共处，分给他的士兵每人一块土地来耕种。他选择了意大利北部的一个港口拉韦纳（Ravenna）作为首都，让人在那里修建了有漂亮彩色石拼画的华丽教堂。东罗马帝国皇帝们可没想到会成为这个样子，不相信东哥特人会在意大利那边建立起一个强大繁荣且最终会对君士坦丁堡的统治者构成威胁的国家。

527 年，当时的君士坦丁堡有了一位权势无边、热爱奢华、雄心勃勃的统治者，叫查士丁尼（Justinian）。他的雄心是将整个旧时的罗马帝国都置于自己的统治之下。在他的宫廷里，东方的奢华应有尽有。他和皇后狄奥多拉（Theodora）——她曾经是一位马戏团里的舞蹈者——身着缀满宝石的沉重丝织长袍，佩戴由黄金和珍珠做成的长链，动起来叮当作响。

他让人在君士坦丁堡修建了一座巨大的圆顶大教堂——索菲亚大教堂，意图再现已经沉沦的古罗马辉煌。他让人搜集古代罗马人的很多法律条文，请了伟大的学者和法律专家来做详尽的注释。这就是《罗马大法典》，其拉丁语的名字是 Corpus iuris civilis Justiniani。直到今天，谁要是想成为法官或者检察官、律师，还得读这部法典，因为它是许多法律条文的基础。

查士丁尼试图在狄奥多里克去世之后，将哥特人从意大利驱逐出去，占领这个地方。哥特人在这个陌生的地方进行了长达几十年无比英勇的抵抗。这可很不容易，因为当时意大利人也在反对他们。让事情变得更为复杂的还有，哥特人虽然也是基督徒，但他们信奉的教义与罗马人和查士丁尼的臣民信奉的教义不完全相同。他们不相信圣父、圣子和圣灵的三位一体，因此，被当作非基督徒受到清洗和排挤。在这些战斗中，几乎所有的哥特人都死去了，余下一支一千人的军

东罗马帝国的皇帝查士丁尼和他的皇后狄奥多拉在君士坦丁堡的宫殿平台上接见使节。

队在最后一场战役后自愿撤离，消失在了北方。这就是伟大的东哥特人的终结。查士丁尼现在统治着拉韦纳，在那里修建了华美的教堂，还把他和皇后的画像挂在了教堂里。

但是，东罗马帝国的统治者在意大利统治时间并没有多久。公元568年，北方来了一支新的日耳曼部落——伦巴第人（Langobarden）。他们又征服了这片土地，直到今天，意大利还有一个地区是按照伦巴第人来命名的。这是这场暴风雨最后一个响亮的滚雷。此后，中世纪群星闪耀的夜空就慢慢开始出现了。

第十九章　群星闪耀的夜晚来临

族群大迁徙是一种类型的狂风骤雨，这你可能也会认同。可是，如果说中世纪曾经是星空之夜，你肯定会觉得奇怪，因为你已经听说过“黑暗的中世纪”这种说法，也就是当初在罗马帝国崩溃时，只有很少人能够读和写，他们不知道这世界上发生了什么事情，只愿意互相转述一些奇迹和童话，还非常迷信。那时的房子又小又黑，罗马人修建的驿道和街道已经被毁坏，城市和军营变成了野草丛生的废墟，美好的罗马法典被遗忘，漂亮的希腊雕像早被砸得粉碎。这些都没有错。在族群大迁徙以及可怕的战争时代之后发生这些，并不奇怪。

但这不是全部。那不是漆黑的暗夜，而是像一个有着星光的夜晚。在这些黑暗、令人不安的不确定性中，人们害怕魔法和巫术，害怕鬼怪和恶魔，就像身处黑暗中的孩子那样。但是，在此之上的新信仰的星空中，却到处闪着熠熠光芒，要为人们指明方向。就像一个人如果能看到星星，如大熊星座或者北极星，在树林里就不那么容易迷路一样，当时的人们虽然经常在黑暗中磕磕绊绊，但也没有完全迷失。有一点，他们完全确信：每个人都从上帝那里获得了灵魂，所有人在上帝面前是平等的，无论是乞丐还是国王。也正因为如此，不可以再有奴隶，不能像对待物品一样对待人。那唯一的、看不见的上帝创造了世界，并通过他的宽宥让人类得到救赎，而他对我们的唯一要求是做善良的人。这倒不是说，好像当初只有好人一样。那时候无论在意大利还是在日耳曼地区，都有很多极其残忍、野蛮、粗鲁和狠心的武士，他们做事阴险、嗜血成性、毫无顾忌。不过与罗马时代相比，他们这样做时良心会带着更多不安。他们知道自己是邪恶的，害怕遭到上帝报复。

许多人想完全按照上帝的旨意生活，不想留在城市和人群的喧嚣中，因为在这里经常有做出不公正之事的危险。他们与那些印度的修行者非常相似，到荒野里去祈祷和忏悔。这些人就是僧侣，一开始出现在东方以及埃及和巴勒斯坦。他们当中的很多人把做忏悔看成最重要的事情。这种学说一部分也是从印度那里学来的——你已经听说过了，那里的修行者对自己折磨得特别厉害。有这么一些人，几乎一动不动坐在城市当中一个高高的柱头上，思考人类的罪，就这样度过一生。他们维持生命所需要的一点点食物是用筐子吊上去的。这些人向下俯视着世间的熙熙攘攘，希望能与上帝更为

在东罗马帝国的城市里，柱头修行者长年坐在高出城市建筑物的柱子上忏悔。

接近，所以被称为“高柱修士”。

不过，当时在西方，在意大利，生活着一位类似佛陀的圣人，他是一位僧侣，在孤独的忏悔生活中，无法找到内心的安宁。他的名字是本笃（Benedikt），其名字的含义是“受到祝福的人”。他认为，只做忏悔这并不符合耶稣基督的教义。一个人不能仅仅使自己成为好人，他还必须做些好的事情。为了能做好事，光坐在柱头上是不行的，人必须工作。他与几个有同样想法、也想这样生活的僧侣一起成立了一个协会，这样的团体被称为“教团”（Orden）。他的教团沿用了他的名字，叫本笃会。这些僧侣住在修道院里。谁要是想进入修道院、永远成为教团里的一员，必须做到三件事：一、自己不拥有任何财物；二、不结婚；三、对修道院的最高首领，即修道院院长，永远无条件地服从。

如果一个人被接纳为僧侣，那么他在修道院里不光要祈祷——尽管那里理所当然地将祈祷看得非常重要，每天要听几次弥撒——更要去做些好事。为此他们得有些本领，得有知识。于是，本笃会的僧侣们成了当时绝无仅有的群体，致力于将古典时代的思想和发现昭示给世人。他们尽力搜集一切能够找到的古代书籍，研读、抄写并传播它们。他们长年致力于在厚厚的羊皮纸上写出清晰又动感十足的字母，抄写的内容不光是《圣经》和圣人的故事，还有古老的拉丁语、希腊语诗歌。要不是这些僧侣曾经费过这么大的劲，我们今天可能连一首这样的诗歌也不会看到。尤其值得一提的是，他们一直在抄写一些关于博物学和农艺方面的书籍，竭尽全力忠实于原本。对于他们来说，这是《圣经》以外最重要的事情：要种好地，不光给自己，也给那些穷人提供粮食和面包。在那些被荒弃了的地区，几乎已经没有客栈了。谁要是动身出门旅行，路上就得在修道院里过夜。旅行者在修道院里可以得到很好的关照。那里到处笼罩着安宁、努力的氛围，一切都让人一目了然。僧侣们也给住在修道院周围的孩子们上课，教他们读和写，教他们说拉丁语，教他们读《圣经》。在当时，这样的一个修道院是好大一个地区内唯一能提供教育和文化的地方，只有在这里，对古希腊和罗马思想的记忆还没有完全销声匿迹。

这样的修道院当时不光存在于意大利。正好相反，修道僧侣们特别重视到荒远野蛮的地方去修建修道院，到那里去传播福音，去教育那里的民众，去开辟那里的荒山树林，特别是在

僧侣们抄写和教书，他们在森林里、田野上、园子里工作。

爱尔兰和英格兰，出现了很多修道院。这些地方因为处在一个岛屿上，所以在族群大迁徙的暴风雨中没有遭受到严重侵害，而且这些地方的一部分地区也有日耳曼部落定居下来，这些人是盎格鲁—撒克逊人*，很早就已经接受了基督教。

僧侣们从爱尔兰和英格兰出发，诲人不倦，一路布道来

* 在英文或德文中，撒克逊和后文将出现的萨克森（Saxon）拼写相同，并没有严格区分，指的都是北德平原上的日耳曼部族——萨克森。但是根据记载，在公元5世纪初，当时的不列颠经常遭受侵袭，不列颠国王和萨克森人达成交易，以允许他们在不列颠定居来换取保护。在中国史学界，为了方便区分，一般仍将留在德国的那一支称为萨克森人，而将那些定居在不列颠并逐渐和盎格鲁融合在一起的萨克森人称为撒克逊人。

到高卢人和日耳曼人的广大地区。日耳曼人并不都是基督徒。不过，他们最强大的首领在名义上已经是了。这个首领叫克洛维，出自墨洛温（Merowinger）家族，是法兰克（Franken）部落的国王，他通过勇敢和机智、谋杀和欺骗，很快就让半个德国和今天法国的大部分地区处于他的统治之下。今天德语里“法国”这个词在字面上的意思仍然是克洛维国王的“法兰克帝国”。

公元496年，克洛维让自己和他的民众受洗，可能是因为他觉得基督教上帝是一个威力无边、能够帮助他取得胜利的魔鬼。克洛维并不虔诚。在日耳曼人的地区，僧侣们还有很多事情要做。他们也的确做了很多，建立修道院，教会法兰克人或阿勒曼人种植水果和葡萄；他们让那些野蛮的征战者看到，这世界上除了战场厮杀中的身体蛮力和勇气以外，还有其他东西。他们很多人成了墨洛温宫廷里信奉基督教的法兰克国王的顾问，因为他们有最好的读写能力，可以写下法律条文，为国王处理文字工作，而文字工作又是运作权力的工作，给其他国王的信函都要由他们来完成，这些人由此也与罗马教皇建立起了联络。他们虽然身穿毫不引人注意的朴素僧服，但却成为还混乱不堪的法兰克王国的真正掌控者。

另外一些来自爱尔兰和英格兰的僧侣，甚至大胆地来到德国北部和今天荷兰的那些荒蛮之地，在这些森林茂密的地区，民众连名义上的基督徒都不是。在这里传播福音很危险，因为这里的农民和武士坚守着他们父辈的信仰，向自己的风暴之神“沃坦”（Wotan）祈祷，不过敬奉仪式不是在神庙里，而是经常在被人们认为神圣的古树下露天举行。有一次，基督教的僧侣和牧师博尼法蒂乌斯（Bonifatius）来到这样的一棵树下，宣讲他的信仰。他为了向北方的日耳曼人表明“沃坦”只是一个童话形象，就拿出一把斧子，要亲手砍倒这棵树。所有站在他周围的人都期待着，以为他马上就会被一道闪电击中而死。可是除了树倒了之外，其他什么都没发生。在这以后，很多人让博尼法蒂乌斯给他们施洗，因为他们失去了对“沃坦”和其他神的法力的信仰；另有一些人则对他非常恼火，在公元754年把他打死了。

但是，德国的异教徒时代还是结束了。不久以后，几乎所有的人都去了那些搭建在修道院旁边的简朴木制教堂，在礼拜仪式后向神职人员讨教如何给病畜治病，如何才能让苹果树不生虫子。王国里有权势的人也来找僧侣们，而恰好是他们当中那些最野蛮、最暴力的人，特别乐于将大量的土地送给修道院，以为这样就能与上帝和解。修道院变得既富有又有权力，但是僧侣们本人仍然贫穷，住在简朴狭窄的修室里祈祷、工作，就像圣人本笃所要求的那样。

第二十章　安拉之外别无他神，穆罕默德是他的使者

你能想象沙漠会是什么样子吗？那种真正滚烫的沙漠，一条长长的骆驼队穿行在里面，每只骆驼的背上都驮满了稀罕物品。到处都是沙子，人们只能远远地看到几棵棕榈树的树梢指向天空。驼队走向的地方，是一小块绿洲，那里有一个泉眼和一点满是泥浆的浑水。然后，驼队继续走，终于到了一个大一些的绿洲，在这样的绿洲上有一整座城市，有方形的白色房子，房子里住着穿白色衣服、有着棕色皮肤和黑色头发的人们，他们深色的眼睛清澈闪亮。

可以看出来，这里的人们习惯打仗。他们骑着出色的快马驰骋在沙漠里，抢劫过往的商队；他们也彼此争斗：绿洲对绿洲，城市对城市，部落对部落。在阿拉伯，今天的情况也还大致如此，在几千年之前，肯定也不会是另外的样子。但是，在这个人口稀少、惯于争斗的不可思议的沙漠之地，

却发生了可能是最能被称作奇迹的事情。听我慢慢讲来。

事情是这样的：德国的教会僧侣们在给农民们出谋划策，墨洛温的国王统治法兰克时，大概是在公元600年左右，没有哪个欧洲人会提到阿拉伯人。他们骑马在沙漠里来回驰骋，在帐篷里居住，与彼此争斗。他们有简单的信仰，也不太去考虑很多。像古代巴比伦人一样，他们向星星祈祷，还非常崇拜一块他们以为是从天上掉下来的石头。这块石头放在绿洲上的麦加城里一个神圣之地"克尔白"（Kaaba），也就是天房中。阿拉伯人经常穿过沙漠到那里去朝圣，为的就是向那块石头祈祷。

在这个时期，在麦加生活着一个名叫穆罕默德的人，他的父亲阿卜杜拉地位尊贵，但是并不富有，他们家属于那些负责看管天房的家庭之一。阿卜杜拉去世很早，留给穆罕默德的只有五匹骆驼。这可不多。所以，穆罕默德无法像其他尊贵家庭中的孩子们那样住在沙漠中的帐篷营地里，只得去给富人家当羊倌。后来他遇到一位比他年长很多的富有女人，为她的大商队赶骆驼。他和这位女雇主结婚后，非常幸福美满，生了六个孩子，他的侄子阿里也被夫妇二人收养。

穆罕默德是位气力十足、性情活泼的男人，长着黑色的头发和胡子、大大的鹰钩鼻子，走路时步伐坚定有力，在麦加城广受尊重，人们称他为"公正者"。他早年就对宗教的问题感兴趣，不光愿意与来麦加天房的阿拉伯朝圣者聊天，也与附近阿比西尼亚国*基督徒以及犹太人聊天，在阿拉伯的绿洲城市里，犹太人真不少。犹太人和基督徒的讲述中，有一点给穆罕默德留下了特别的印象：他们都谈到了关于唯一的、看不见的、全能的上帝。

他很愿意在晚上坐在井泉旁边，听人讲亚伯拉罕和约瑟，讲耶稣基督和玛利亚的故事。有一天，在行旅途中，他突然出现了幻觉。你知道这是什么吗？这是在不睡觉时做的梦。穆罕默德觉得，好像他看见大天使加百列来到自己的面前，仿佛听到他的声音在耳边轰响。"读！"天使这样喊道。"我不会读。"穆罕默德叹息着说。"读！"天使又喊了两遍，命令他以他的神，也就是上帝的名义来祈祷。这个幻景让穆罕默德感到非常震撼。他回到家里，不知道自己身上究竟发生了什么。

接下来的三年时间，他都在思索，一直在嘀咕着他所经历的幻景。终于，在三年之后，他又有了一个幻景，这次他看到大天使加百列又出现在他面前，周围环绕着天国的光辉。他浑身颤抖着，上气不接下气地跑回家里，心神不安地躺下。他的妻子给他盖上外套。但他躺着时，又听到那个声音："站起来，去警告人们。"那个声音命令说，"去赞美你的主。"对穆罕默德来说，这是神的旨意。神要他去警告人们小心地狱，

---

* 阿比西尼亚国（Abessinien），早期对埃塞尔比亚的称呼，那一地区在公元4世纪已经信仰基督教，是世界上最早的基督教国家之一。

一座沙漠城市，穆罕默德时代的麦加也是这样。在这里商人们可以得到水，还有遮风挡雨的屋顶。

要向人们宣告这唯一的、看不见的神之伟大。从这时起，穆罕默德便觉得自己是先知了，是神的传声筒，经由他的嘴，神在向世人明示神的意愿。他在麦加向人们布道，传播关于这唯一的、全能神的学说；这位最高的法官，选定了穆罕默德作为信使。但是，大多数人都嘲笑他。只有他的妻子和几个家人朋友才相信他。

麦加神庙的祭司们，是负责守护神庙的尊贵人物，他们不光将穆罕默德看作小丑，还把他当成敌人。他们最终禁止麦加人与穆罕默德的家庭有来往、与他的追随者做生意。他们在天房里贴出禁止令。这是一个可怕的打击，先知的家人朋友不得不长年经受饥饿和痛苦。现在，穆罕默德在麦加也认识了几个外来的朝圣者，他们来自另一个长期敌视麦加的绿洲城市。在这座城市里住着很多犹太人，那里的阿拉伯人知道唯一神的学说。穆罕默德的布道让他们感到满意。

穆罕默德在敌对的部落里布道，一步步与他们成为朋友，尤其让麦加的尊贵居民、天房的守护者感到难受。他们决定指控他是罪行严重的叛徒，要将他处死。穆罕默德将他的追随者们都送到那个与他友善的沙漠城市里去。终于，622年6月12日，凶手们找上门来了，他从房子的后窗跳出来，也逃到了那座城市。这次“走麦城”的逃亡在阿拉伯语中叫“Hedschra”，从那以后，穆罕默德的追随者们用这个年份来纪年，就如同希腊人依照奥林匹克体育盛典、罗马人依照罗马建立、基督徒依照耶稣诞生纪年一样。

在这座城市里——后来人们将它尊称为麦地那（先知城）——穆罕默德受到热烈的欢迎。大家都去迎接他，每个人都想接待他。为了避免让任何人感到受了轻慢，穆罕默德说，他的骆驼自己走到哪里，他就在哪里落脚。他确实这么做了。在麦地那，穆罕默德向那些愿意听他布道的人传授他的教义学说。他讲上帝如何通过亚伯拉罕和摩西来给犹太人以天启，如何通过耶稣基督之口来教导世人，现在上帝挑选了穆罕默德来作为他的信使和先知。

他教导，除了真主——在阿拉伯语中叫安拉——以外，不要惧怕任何事物、任何人。一个人为了某件事害怕或者高兴，都没有任何意义，因为我们未来的命运已经被安拉决定了，写进了一本大书里面。要来的事情反正会来，死亡的时刻也从一开始就确定了。我们必须顺从安拉的意志，“顺从”叫“Islam”（伊斯兰），于是他把自己的教义学说称为“伊斯兰”。他解释说，这个学说的追随者必须战斗、必须胜利，将一个不信仰安拉、不认可先知的人杀死并不是罪。那些勇敢的战士，那些为了安拉和先知在战斗中死去的人会马上进入天堂，而那些不信仰伊斯兰的人和那些懦弱的人将会去往地狱。穆罕默德在他的布道、幻景和神启——这些合在一起叫《古兰经》——给他的追随者们描绘的天堂无比美好。

> 信徒们靠在松软的垫子上相对而坐，长生不老的男童是他们的侍从，以杯盏送来最好的琼浆，没有人会因此上头或者酩酊大醉；有鲜美的水果和禽肉，尽如人愿；如珍珠一样美丽的大眼睛少女，在等待着他们。这些有福之人躺在无刺的荷花或者在开花的香蕉树下的大片荫凉里，潺潺流水就在身旁；他们的头上挂着串串葡萄，总有银杯轮番送到他们手中。他们身穿用绿色丝绸和锦缎做成的、以银搭扣为装饰的衣服。*

你可以想象，对于生活在炎热沙漠里的穷人来说，这样一个天堂的许诺，是值得为它去战斗、献身的。

---

* 此处据德文直译，读者可参考马坚先生译本《古兰经》，北京：中国社会科学出版社，1981 年，224、417—418、458 页。

于是，麦地那的人就去进攻麦加，要为他们的先知复仇，抢劫商队。某一次他们胜利了，得了不少战利品，然后又全部失去了。麦加城的居民包围了麦地那，但十天后却被迫撤退。随后，一千五百名携带武器的人陪同穆罕默德前往麦加朝圣。麦加的人还从来没有看到过那位贫穷、被人嘲笑的穆罕默德成了一位有权势的先知，好多人开始追随他。很快，穆罕默德和他的军队就征服了麦加，但他并没有伤害当地居民，只是把神像从神庙里搬了出来。他成了一个有权势的人，四面八方的绿洲和宿营地都有信使到这里向他致敬。去世前不久，他还在四万人面前布道，最后一次清楚地强调他的教义：安拉之外，别无他神。他，穆罕默德，是安拉的使者，是先知，必须让不信安拉的人屈服。他也警告人们，要每天五次祈祷，头朝向麦加的方向，不许喝酒，要勇敢。不久以后，在632年，他去世了。

《古兰经》里写道："消灭不信安拉的人，直到任何反抗都被击溃。"在另外一个章节里，这样写道："杀死侍奉野神的人，不管你们在哪里发现他们，都要俘获他们、围困他们、到处都不放过他们。但是如果他们皈依了，就让他们安宁地过日子。"

阿拉伯人坚守着先知的话。当沙漠里的人都已经皈依或被杀死后，穆罕默德的后继者"哈里发"阿布巴克尔（Abu Baker）和欧麦尔（Omar）也到了邻国。这些邻国的人被狂热的信仰者们吓傻了。穆罕默德去世六年后，这支阿拉伯的征战大军就在血腥的战役中征服了巴勒斯坦和波斯，获得了无数的战利品。另外的一些军队开向埃及，当时的埃及虽然还一直属于东罗马帝国，但早已破落疲惫，所以没过几年就被阿拉伯人征服了。大城市亚历山大也落入了阿拉伯人手中。据说，当时有人问欧麦尔怎样处置那座了不起的图书馆，那里保存着七十万卷古代希腊的诗人、作家和哲学家的作品，欧麦尔的回答是："如果里面的内容与《古兰经》上的一样，那么它们就是多余的；如果不一样，那就是有害的。"这到底是真是假，我们无从知道。但肯定有一些人有过或多或少类似的想法。就这样，在无数的战斗和混乱中，我们永远地失去了最重要也最有价值的书籍典藏。

阿拉伯帝国扩展得非常迅猛。火势从麦加向四面八方蔓延，就好像穆罕默德在地图上扔了一颗火花一样，从波斯到印度、从埃及到整个北非，都是这场熊熊大火。这过程中，阿拉伯人自己意见也不一致。在欧麦尔去世以后，他们选出来好几个"哈里发"来做继任者，残忍而血腥地互相争斗。公元 670 年，阿拉伯军队试图夺取东罗马帝国的首都君士坦丁堡，但是那里的居民进行了长达七年英勇顽强的抵抗，围城者后来被迫撤走。不过，阿拉伯人从非洲攻占了西西里岛。但是，这还不是全部。他们渡海到了西班牙。也许你还记得，自从族群大迁徙以来，那里一直被西哥特人统治。经过七天的鏖战，统帅塔里克（Tarik）胜利了，从此以后西班牙也被纳入伊斯兰军队的统治。

在法国的图尔和普瓦捷，法兰克的农民武士阻止了信仰伊斯兰教的阿拉伯人的征服大军。这是决定基督教欧洲之命运的关键时刻。

阿拉伯人从西班牙进入属于墨洛温家族统治的法兰克王国范围内，遭到了基督教—日耳曼农民武士来对抗。法兰克的统帅是卡尔 · 马特尔（Karl Martell），意思是锤子卡尔，就是那么敢打敢砸。他果真在 732 年战胜了阿拉伯人，而这一年正好是先知去世一百年。如果当初卡尔 · 马特尔在法国南部的图尔和普瓦捷输掉了战役的话，阿拉伯人肯定会占领整个法国和德国，毁掉教堂的。也许我们都会成为伊斯兰教的信徒，就像今天的波斯人、许多印度人和美索不达米亚以及巴勒斯坦的阿拉伯人、埃及人和北非人那样。

阿拉伯人并非一直都像在穆罕默德时代那样，是野蛮的沙漠征伐者。正好相反，只要最初的战火被平息，他们便会开始向被征服的国家和皈依的民众学习，比如，从波斯人那里，他们就学到了全部东方的奢华、对漂亮地毯和布料的喜爱之情、对豪华建筑物的倾心、对漂亮花园和有美丽图案的贵重器物的热爱。

为了铲除敬奉其他神祇的想法，伊斯兰信徒禁止有人和动物的画像，而是用漂亮弯曲的多彩线条来装饰宫殿和清真寺，人们依照阿拉伯人称之为“阿拉伯纹线”。他们从希腊人那里——一些东罗马城市也被阿拉伯人占领了——学到的甚至比波斯人还要多。不久以后，他们就不再烧毁书籍了，而是去搜集和阅读书籍，尤其是著名的亚历山大大帝的老师亚里士多德的著作，他们很喜欢读，还翻译成了阿拉伯语。从亚里士多德那里，这些阿拉伯人学会去了解大自然中的一切事物，探究一切事物的起源，对此充满了热忱。你在学校里听说过的好多学科的名字，都是从阿拉伯语来的，比如“化学”和“代数”。你手里拿的书，是用纸做的。这我们也得感谢阿拉伯人，他们是从被俘的中国人那里学来的。

但是还有两件事，让我尤其对阿拉伯人心存感激。第一是他们讲述和记录下了那些美不胜收的童话，你可以在《一千零一夜》中读到它们；第二个是比童话还神奇的，哪怕你还不能马上意识到。请注意：12。为什么这叫十二，而不是“一二”或者“一和二”？你会说，这个 1 不是 1，是

雕凿的石拱，如同针织花边一样。阿拉伯纹饰是阿拉伯建筑艺术的标志。其中最美的建筑作品之一：格兰纳达的阿兰布拉宫。

个十位数。你知道罗马人是怎样来写 12 的吗？“XII”。那么 112 呢？“CXII”。那么 1112 呢？“MCXII”。你可以设想一下，要是你用这样的罗马的数字写法做乘法或者加法会有多麻烦！可是，用我们的“阿拉伯”数字就容易多了。不光是因为它们看起来漂亮，写起来容易，也是因为它们带来一些新的东西：位值。在两个数字左边的那个数字是个百位数。一百可以写成 100，一个 1，两个 0。

你曾经做出过这么实用的发明吗？我是肯定没有过。这个发明，甚至“字码”（Ziffer）这个词我们都是从阿拉伯人那里学来的，而阿拉伯人则是从印度人那里学来后带到我们欧洲这里的。我认为，这些事比美丽的童话还要美妙。卡尔·马特尔在 732 年战胜了阿拉伯人，这自然是一件好事。可是，要是阿拉伯人成立他们的大帝国，将波斯人和希腊人、印度人甚至中国人的思想、形式和发明都学来汇集到一起，也算不上是件坏事。

第二十一章　一个也能统治的征服者

当你在读这本历史书时，可能会觉得去征服世界或者建立一个新的国家是很容易的事，因为在世界历史上这样的事经常发生。的确，在过去这不太难。为什么会那样呢?

你必须得这么想象一下：当时还没有报纸，也没有邮政，许多人根本不知道离他们有几天路程远的地方到底发生了什么。他们生活在自己的山谷或森林里，耕种自己的田地，他们所知道的与自己距离最远的人，就是相邻的部落。而跟这些人，他们通常都是仇人关系，彼此之间什么可能的事情都做得出来：从牧场上赶走对方的牲畜，甚至把对方的农场点着火。来来回回一直是抢夺、复仇和战斗。

在自己的小范围以外还有别的事情发生，这些他们只是听说过，但没见过。如果有一支几千人的军队来到河谷或者森林，当地人基本上没有什么办法来抵御他们。要是这些军队能把一个部落给灭掉的话，他们的邻居只会感到高兴，却根本没想到，下一个就轮到他们了。如果入侵者不把他们杀死，只是强迫他们跟着军队一起去劫掠相邻的部落，这些人还会感恩戴德呢。就是以这种方式，征服者军队的规模才不断地扩大，而一个单独的部落，哪怕再勇敢，也很难战胜这样的大军。阿拉伯人征服进程就是如此，著名的法兰克国王和我将要讲到的卡尔大帝*的征服进程也很类似。

虽然当时征服一个地方不像今天这么困难，但统治起来可困难多了。统治者得把全部的指令送到所有遥远偏僻的地方，还必须得让争吵不休的族群和部落意见一致，联合在一起，让他们明白除了各自的部落敌意和血仇以外，还有其他重要的事情。要想成为一个好的统治者，就得帮助这些生活穷困的可怜农民，也得让他们学习知识，不要让人类把以前思考过、写下来的东西都丢掉了。一个好的统治者真有点儿像一位父亲一样，什么事都得自己来决定。

卡尔大帝的确就是这样的统治者。也正因为如此，我们称他为伟大的卡尔、卡尔大帝。他是那位将阿拉伯人挡在法国以外的墨洛温统帅卡尔·马特尔的后代。墨洛温家族不是一个很值得尊敬的王室。他们留着长长的头发、浓密的胡子，坐在王位上重复下面的臣属灌输给他们的话，仅此而已。外

---

* 卡尔大帝，在德语里是 Karl der Große，汉语著作中通常根据英、法文献中对他的称呼译为查理曼大帝。

出的话，他们也不会骑马，而是像农民一样坐在牛车上，去参加民众的聚会时同样如此。但是，真正的统治任务是由一个能干的家族来完成的，卡尔·马特尔就出身这个家族。卡尔大帝的父亲，丕平（Pippin）也出自这个家族，但是他可不愿意只当个大臣，借着向国王建言献策说出自己想要说的话，他要拥有国王的权力和国王的名号，于是就废黜了墨洛温国王，自己当上法兰克的国王。当时属于法兰克王国的，大概是现在德国的西半部和法国的东部。

你不要以为这是一个很有一定之规的国家。事实上，这个国家没有国家公职人员、没有警察，也没有什么可以跟古代罗马帝国相比的建制。那个时候也基本上没有一个德意志民族，不像古代罗马时代有罗马人那样，相反，它只有一些单独的部落，说不同的方言，有不同的风俗习惯，彼此难以相容，就像当时希腊境内的多利安人和爱奥尼亚人一样。

这些部落的头领叫"公爵"*，因为他们在作战时在军队的最前面。这样的部落公爵国在德国有那么几个：巴伐利亚、施瓦本、阿勒曼等。不过，权势最大的公国是法兰克，其他公国的军队都得接受它调配，也就是说，如果有战争发生的话，其他公国应该站到它这边打仗。在卡尔大帝父亲丕平的时代，这种在战争上的掌控权构成了法兰克的主要权力。当

---

* "公爵"（Herzog），古代德语中为 herizogo，意为走在军队最前面的人。后来演变成贵族称号，相当于英语中的 duke。

卡尔于 768 年成为国王时，也很好地利用了这个权力。

他先征服了法国，然后，翻越阿尔卑斯山开往意大利。他们去的地方，就是族群大迁移时代伦巴第人移入的地方——也许你还能想起来。卡尔大帝驱赶走了伦巴第的国王，将这个地方交给了罗马教皇，然后终其一生，都以做教皇的保护者为己任。然后，他的军队开往西班牙，在那里与阿拉伯人作战，但是不久以后就撤兵了。

当他将国家向南、向西都扩展完毕以后，现在又开始向东扩展。东部地区，也就是今天的奥地利，又被亚洲的游牧部落入侵了，这些部落与从前的匈奴类似，不过没有像阿提拉那样了不起的统治者。他们的营地总是用环形墙围绕着，很难被攻破，卡尔大帝用了八年的时间与奥地利的阿瓦尔人（Awaren）作战，才把他们赶尽杀绝。但是，阿瓦尔人在他们入侵时也像匈奴人一样，让其他族群打前阵。这些人是斯拉夫人，他们当初也建立了一个自己的国家，不过比法兰克还更松散、更不开化。卡尔大帝同样跟他们作战，强迫他们当中的一部分服从他的军事调配，另一部分则要每年进贡。但是，在战争过程中，他从来没有忘记最重要的事情是什么，那就是让所有德意志部落公国和部落在他的统治下聚合到一起，成为一个真正的民族。

这时候，德国的东半部还没有归属法兰克王国。那里住着的萨克森人，还像古罗马时代日耳曼部落那样好战又没有开化，而且仍然是异教徒，不想和基督教扯上关系。但是，卡尔大帝认为他是所有基督教徒的统领。他的想法和穆斯林没有什么两样，认为可以强迫人们去皈依一种信仰。于是，他与萨克森的首领维土金德（Witukind）打了很多年仗。萨克森人屈服了，但是紧接着又从背后袭击他；他又转回来，将这里夷为平地。但是，他刚一离开，这些人又为所欲为了。他们会很听话地和卡尔一起参加战争，但是也会突然反过来袭击他的队伍。最终，卡尔大帝对他们进行了可怕的惩罚，四千多萨克森人被处死。从这之后，另外那些人就受洗了。但是，人们真正从心里爱上这个宣扬爱与善的宗教，还要过很长一段时间。

卡尔大帝现在真的非常强大了。我已经跟你说过，他不光能够征服，也能统治，能关心他的人民。他认为学校尤其重要，自己也一生都在学习。他的拉丁语说得像德语一样好，也能听懂希腊语。他尤其喜欢说话，滔滔不绝地讲，声音响亮、清晰。他钻研了全部的古代科学和艺术，还从英国和意大利僧侣那里学习演说艺术和星相学。人们说，写字对他来说很困难，因为他的手更习惯握剑，而不是拿着鹅毛笔划出一个接一个动感十足的字母。

他很喜欢去打猎和游泳，平时穿着也特别简单，穿着亚麻衬衫，一件有彩色丝质宽带的外套，打着绑腿的长裤，在冬天会穿一件裘皮上衣，再加上一件蓝色大衣。他的剑柄总是包着金银。只有在庆典上，他才会穿金线织成的袍子和镶着宝石的鞋、有金质大腰带扣的大衣，戴着黄金和宝石的王冠。你可以想象一下，这位孔武有力、个子高高的人，一身这样的打扮，在亚琛（Aachen）他最喜欢的宫殿里接待来使！这些使者来自四面八方，包括王国下的法国、德国、意大利，还有斯拉夫各国和奥地利。

他让各地的来人详细报告情况，然后决定在整个国家要做哪些事情。他任命法官，让人搜集法律条文，他也决定谁能担任主教，甚至还规定食品的价格。不过对他来说，最重要的是德意志人的统一。他不光想要统治几个部落公国，还想把它们建成统一强大的帝国。如果哪个公爵对此不满意，比如巴伐利亚的塔西洛（Tassilo），那么卡尔大帝就废黜他。值得注意的是，当时人们才第一次对所有日耳曼部落使用的语言有了一个称呼，thiudisk，也就是德语，而不是分开称它们法兰克语、巴伐利亚语、阿拉曼语、萨克森语。

因为卡尔大帝对一切与日耳曼有关的东西都感兴趣，所以就命人将那些古老的英雄诗歌——极有可能是在族群大迁徙的争斗中出现的——写下来。它们讲述的内容涉及狄奥多里克，后来人们也称之为狄德里希·冯·伯恩（Dietrich von Bern），还有匈奴王阿提拉或埃特泽尔（Etzel），以及杀死恶龙、又被哈根（Hagen）恶毒地扎死的西格弗里德（Siegried）。但是，这个时代的诗歌几乎全部遗失了，我们只是从近四百年后记录下来的文本中才知道它们曾经存在过。

卡尔大帝觉得他自己不光是德意志或法兰克的国王，而是所有基督徒的守护人。罗马教皇也是这么想的。卡尔大帝曾经多次在对抗伦巴第国王时保护过教皇。公元800年的圣诞节，当卡尔大帝走进罗马最大的教堂圣彼得教堂时，教皇突然迎着他走去，并将一个王冠戴在他头上。然后，教皇和所有的人在他面前跪下，拥戴他成为新的罗马皇帝，这是上帝安排的保证帝国和平的皇帝。据说卡尔大帝感到非常震惊，也许他没料到人们会这样对待他。不过，他现在头戴皇冠，成为神圣罗马帝国的第一个“德意志皇帝”——这是后人给他的名号。

卡尔的帝国本想恢复古代罗马帝国的权势和疆域，只不过这次的统治者是信仰基督教的日耳曼人，而不是异教徒的罗马人。他要成为基督教世界的领袖，这是卡尔大帝的计划和目标，很长时间内也是德国皇帝的目标。但是，只有在卡尔大帝的统治下，这个目标才几乎成为现实。来自全世界的使节来都会到他的宫廷来拥戴他。不光势力庞大的君士坦丁堡东罗马帝国皇帝要与他和睦相处，甚至在远方美索不达米亚的阿拉伯统治者——那位了不起的、童话般人物的国王哈伦·拉希德（Harun al Raschid），一个在旧尼尼微附近的巴格达有精美宫殿的人——也给他送来无价的珍宝做礼物：豪华的大氅、罕见的香料，以及一头大象。此外还有一座水钟，其传动装置那么豪华漂亮，人们在法兰克王国里还从来没有看见过。出于对强大皇帝的热爱，哈伦·拉希德甚至还允许基督教的朝圣者们不受任何打扰、没有阻碍地去耶路撒冷朝拜耶稣的圣墓。你可能还会记得，耶路撒冷当时在阿拉伯人统治之下。

阿拉伯统治者哈伦·拉希德的使节从巴格达来，给卡尔大帝带来东方的礼物。

所有这些都需要感谢新皇帝的智慧、意志力和优秀。而当他在814年去世以后，人们对这一点看得更加清楚。令人难过的是，很多事情没多久就不复存在了。帝国很快就被他的三个孙子瓜分了，变成了今天的德国、法国和意大利。

在以前属于罗马帝国的地方，人们继续说罗曼语言，也就是法语和意大利语，但这三个国家再也没能统一起来。连德国的各部落公国也不安分了，最终又获得了各自的独立。在卡尔大帝去世后，斯拉夫人马上就宣布独立，在他们自己的国王斯瓦托普拉克（Svatopluk）统治下成立了自己的强大国家。卡尔大帝在德国建立起来的学校也倒闭了，读和写就又很快成了只有在零星几个修道院里才为人所知的艺术。北方的日耳曼部落——丹麦人和诺曼人，被称为维京人——成了海盗，野蛮而无所畏惧地劫掠海边的城市。他们在东方，也就是今天的俄罗斯斯拉夫人当中，成立了自己的帝国，在西方，则在法国的海岸上成立了自己的国家。直到今天，法国还有一个地方是依据诺曼人来命名的，那就是诺曼底。

德意志民族神圣罗马帝国，是卡尔大帝的伟大作品，但在下一个世纪里，就连名义上也不存在了。

第二十二章　一场争夺基督教世界统治权的斗争

可惜世界历史不是一首优美的诗，而是大同小异，尤其是那些不愉快的事情，一直在重复发生。就在卡尔大帝之后不到一百年，这块土地上还有那么多令人悲伤的事情接二连三地发生之时，又有一个东方的游牧民族入侵到这里，就像以前的匈奴人和阿瓦尔人一样。按说这也不奇怪，从亚洲草原来到欧洲的路很方便，比去攻打中国更诱人。中国这时候不光有秦始皇的长城来保护着，而且已经成了最强大、最秩序井然的国家，有繁荣的大都市，皇帝的宫廷和有学问的高级官员家里过着无比文明、有品位的生活。

当德国古老的战争诗歌被搜集好又很快被当作异教徒的东西焚毁时，当欧洲僧侣们试图让人们不敢自己去用德语歌谣或者拉丁语诗歌去讲《圣经》故事时（公元800年前后），在中国生活着一些最伟大的诗人。他们用充满激情的笔画和墨汁在丝绸上写下紧凑简洁又短小的诗句，但是在简单中却蕴涵着极为丰富的内容，只要读过一遍，你就没法让它们从头脑里消失。中国这个帝国管理得很好，也防卫得很好。于是，这些游牧民族宁可再来欧洲。他们是马扎尔人（Magyaren）。因为没有大教皇利奥三世和卡尔大帝这样的皇帝来对付他们，这些人很快就征服了今天的匈牙利和奥地利，并侵入德国杀掠。

在这样的情况下，不管那些部落公国愿不愿意，他们都得选出来一个首领来了。于是在 919 年，萨克森的公爵海因里希（Heinrich）被他们推举为共同的国王，最终打败了马扎尔人，把他们赶出了德国。他的后任奥托国王（König Otto）——人们也称他为奥托大帝（Otto der Große）——虽然没有像卡尔大帝消灭阿瓦尔人那样将他们也彻底灭掉，但是奥托大帝让他们在 955 年吃了一个大败仗，从此以后马扎尔人在匈牙利安居下来。他们的后代匈牙利人今天还生活在那里。

奥托没有以国王的身份，将那些从马扎尔人手里夺过来的土地都留给自己，而是把土地分封给了公爵们。这在当时非常普遍。奥托大帝的儿子奥托二世，以同样的方式将今天下奥地利的一部分，即瓦豪（Wachau）周围一带，于 976 年分封给一位德国的显贵人物。这样的显贵人物在国王分封的土地上建立了城堡，像公爵那样统治那里，但他们大多不是国王手下的寻常官员，地位还要高一些，而且只要国王允许，他们便是自己领地的主人。

那里居住的农民，大多数就不再像早年日耳曼农民那样是自由人，而成了土地的附属，这些土地或者被国王分封给某人，或者为大领主所拥有。正如那些在草地上吃草的绵羊和山羊，在森林里生活的鹿、熊和野猪，以及河流、树林、牧场、草地和耕地一样，人也从属于他们所耕种的土地。因为他们属于土地，所以他们被称为“依附民”。他们不是国家的真正公民，没有权利去自己想去的地方，或者不想种地就不种。人们对他们的称谓已经表明了他们的地位，是非自由人。

“这么说，他们是奴隶，像古代那样吗？”——按说也不是。你知道，自从基督教被接受以来，奴隶制在我们的国家就没有了。非自由人不是奴隶，因为他们属于土地，而土地属于国王，虽然国王把土地分封给权贵们，但权贵或者领主们不能像从前奴隶主对待奴隶那样将这些“依附民”卖掉或者杀死。不过，除此以外，权贵们可以随心所欲地对依附民发号施令，而依附民则必须为权贵们耕种。如果权贵命令依附民定期地将面包和肉送到城堡里去给他吃，那么依附民们就得照办，因为这些尊贵的人自己是不在田里干活儿的。他们顶多会在心情不错的情况下去打打猎。国王分封给权贵的土地，基本上可以说就相当于他自己的，如果他没有冒犯国王的话，他的儿子可以继承。这些分封的土地，被称为采邑。采邑上的领主对国王的唯一义务就是，如果有战争发生的话，他要带着领主和农民为国王作战。在当时，战争可是经常有的。

当时，整个德国就这样被国王分封给了不同的显赫人物。

国王将土地分封给尊贵人物。作为受封者忠诚的标志，受封者要在国王面前跪下，双手合在一起，放在国王的两个手掌之间。

国王本人只保留了很少的土地。法国和英国的情况，也和德国一样。在 986 年，法国的一个权势显赫的领主于格·卡佩（Hugo Capet）成了国王；英国在 1016 年被一位丹麦的航海者克努特（Canute）占领，而这个人还统治着挪威和瑞典的一部分，并且让强大的领主通过采邑来统治国家。

德国的国王们因为战胜了马扎尔人，权力大为加强。奥托大帝本人作为匈牙利的战胜者，让斯拉夫的领主们以及波希米亚和波兰的领主们承认他具有采邑主宰权。这就是说，他们要把自己的土地都看成德国国王分封的采邑；如果国王提出要求的话，他们就要服从他的军队调遣指令。

权势强大的统治者奥托大帝进军意大利，而在伦巴第的统治下，那里爆发了可怕的混乱和野蛮的争斗。奥托将意大利也列为德国的采邑，分封给一个伦巴第公爵。教皇对此很是感激，因为奥托通过他的权势让伦巴第的显贵们有所收敛。在926年，教皇将奥托加冕为罗马皇帝，就如同在公元800年卡尔大帝被加冕一样。

就这样，德意志的国王们又成了罗马皇帝及基督教的保护人。属于他们的有农民耕种的土地，遍布从意大利到北海、从莱茵河一直到易北河的广大地区，那里的斯拉夫农民也是德国权贵的“依附民”。奥托大帝还经常将土地和农民分封给牧师、主教、大主教。这些人现在不仅仅是教会里的神职人员，还会像那些显贵人物一样，统治着一大片地区，在战争中走在他们“依附民”的最前面。

对教皇来说，一开始没什么不对劲的，他也很愿意与德意志皇帝们好好相处，因为他们会保护、捍卫他，而且也都是虔诚信仰宗教的人。

但是，事情很快就起了变化。教皇不想再允许皇帝来决定牧师当中谁来担任一个地区（如美因兹、特里尔、科隆或者帕绍）的主教。教皇说：“这是神职职位，应该由我这个最高的神职人员来分派。”但是，这些职位并不仅仅是神职职位。科隆大主教是灵魂守护者，同时也是这一地区的领主和掌权人。皇帝当然要决定谁来担任他国家里的公爵和采邑主。如果你要是仔细地考虑、想透彻了的话，你会发现这两个人从他们各自的立场出发，的确都是完全有理由的，无论是皇帝还是教皇。将采邑分封给神职人员，的确让人陷入了一个矛盾境地，因为所有神职人员的最高首领是教皇，而所有采邑的最高首领是皇帝。由此肯定会有一场争端出来，不久以后也确实出来了。人们称之为“封爵之争”（Investiturstretit）。

1073 年，罗马一位特别虔敬、精诚的僧侣成为教皇。这位名叫希尔德布兰德（Hildebrand）的人，此前一直都在为教会的纯洁和权力做努力，成为教皇后，他被命名为格里高利七世。

在这个时代，德国的国王是一个法兰克人，叫海因里希四世（Heinrich IV）。你必须知道的是，教皇认为自己不光是最高神职人员，同时也是由上帝安排的全世界基督徒的统治者。德意志皇帝、古代罗马皇帝和卡尔大帝的继任者也一样感觉到，自己才是整个基督教世界的最高主宰者。尽管当时海因里希四世还没有被加冕为皇帝，但是他相信作为德国国王他有权利要求被加冕。两个人当中谁会让步呢?

这两个人开始争斗时，周围的人都陷入激动不安当中。一些人站在海因里希四世这边，另一些则站在教皇格里高利七世那边。直到今天，我们还可以看到一百五十五篇论战文字，这些文字都是当时国王的追随者或者反对者写的，要么替他说话要么反对他。当时所有的人都投入地卷进了这场争论中。在有些篇目里，海因里希四世被描述成一个坏人、一个易怒的人，而在另外的一些篇目里，教皇则被描写成一个心如铁石、有统治欲的人。

我认为，我们对这两个说法都不要相信，而是应该考虑到，从各自立场出发的话，他们都是有理由的。至于海因里希四世是不是真的对他妻子很坏（国王的反对者这么说）或者格里高利教皇是不是真的没有按照通行惯例被选为教皇（教皇的反对者这么说），真的不那么重要。我们没有办法再回到过去，仔细地看一下真实的情形到底是什么样，教皇或者国王是不是在这个或那个文献里被诬蔑了。很可能，人们将他们双方都抹黑了，因为人在争斗时，几乎总是有失公正。我在这里想要让你们明白的是，时隔九百年之后，要找出过去的真相有多么困难。

国王海因里希面对的情况很棘手：那些从他那里得到采邑分封的显贵们（也就是德国领主们）都在反对他，他们不愿意让国王的权力变得太大。那样的话，国王就能对他们发号施令了。格里高利教皇揭开了敌对的序幕，他把海因里希国王从教会里踢了出去，也就是说，他禁止任何一个神职人员为他做礼拜仪式。人们将这称之为革出教门。于是领主们声言，他们可不想要一个被革出教门的国王，所以要另选他人为国王。海因里希首先要做到的是，让教皇把这个可怕的革出教门令收回。对他来说，这是最重要的，如果做不到这一点，他的国王地位也就不存在了。于是，他只身一人，没有带领军队就去了意大利。他要和教皇商谈，要请求他解除革出教门的命令。

时值冬天，德国的领主们想要阻止海因里希国王与教皇和解，于是占领了大道小路。海因里希不得不带着妻子绕了个大圈，在严冬里翻越塞尼山口，可能与当时汉尼拔挺进意大利时翻越的山口是同一个。

教皇正在去德国的路上，要与国王的敌人商谈，但当听说海因里希国王就在不远的地方时，他逃进了意大利北部一个叫卡诺萨（Canossa）的城堡中。他认为海因里希会带着军队一起出现。但像现在这样，海因里希一个人来请求他解除革出禁令，着实让教皇感到意外和高兴。有些人说，国王是穿着忏悔服——一件粗鄙的长袍——出现的，教皇让他在城堡的前院里光着脚，站在冬天寒冷的雪地里等了三天，然后才宽宥他，并取消了将他革出教会的命令。有些同时代的人描述说，国王哭着请求教皇的仁慈，而教皇出于同情，所以最终允诺了。

在今天的语言中，如果一个人想说某人忍受屈辱、请求对手原谅仁慈时，还会说“去卡诺萨”。现在我要给你说的是，国王的朋友会怎样来讲同一个故事。他的版本听起来是这样的：“当海因里希认识到他的处境有多糟糕时，偷偷地制定了一个非常聪明的计划。突然之间，在没有人想到的情况下，他与教皇在路上迎面相遇。如此，他就获得了一箭双雕的优势：既能解除对他革出教门的禁令，也因为他本人的出现，阻止了教皇与敌人的会面，而这对他来说原本非常危险。”

这样一来，教皇的朋友们将“去卡诺萨”看成教皇无与伦比的胜利，国王的追随者们则从中看到了这给他们的主人带来的大好处。

从这里你可以看出，如果要对两股争斗力量进行评判的话，得多么小心才行。但是，关于“去卡诺萨”的争吵还没有结束。甚至在后来成为皇帝的海因里希四世和教皇格里高利七世都去世后，争端也还没有结束。海因里希还能够抵制教皇格里高利的意图，但是这个大教皇的意志还是慢慢渗透了进来。主教们是由教堂选举出来的，皇帝只能选择是否同意选举结果。教皇，而不是皇帝，才是基督教世界的主人。

你也许还记得，北方的航海者诺曼人曾经占领了法国海岸的一块地方，那里今天还叫诺曼底。他们很快就习惯了像他们的邻居那样说法语。但是，他们没有丧失航海出行和占领的兴趣。他们当中的一些人一直到了西西里岛，在那里与阿拉伯人作战，不久以后占领了意大利南部。他们在首领罗伯特·吉斯卡德（Robert Guiscard）的带领下，抵抗海因里希四世，保卫教皇格里高利七世。另外的一些人则渡过横亘在

如果诺曼人出行，每个摇橹手旁边都放着他的盾牌 / 他们总是为打仗才出行的。

法国和英格兰之间窄窄的海峡，在他们的国王威廉——从此以后人们称其为“征服者威廉”——的带领下，战胜了英国国王（他是丹麦国王克努特的本土后任者）。这些事情发生的年代是 1066 年，几乎每一个英国人都知道，因为这是最后一次有敌人踏足英伦岛上。

威廉让他的官员们拟定了一个所有村落和农庄的详细清单，给许多与他一同征战的人分封了采邑。这样一来，英国的显贵人物是诺曼人。因为这些诺曼底的诺曼人讲法语，所以今天的英语仍然还是古老的日耳曼语和罗曼语词汇组成的混合语言。

第二十三章　有侠义精神的骑士

你肯定已经听说过骑士时代的古代骑士。也许你已经看过一些关于他们的书，里面讲到的内容有的关于骑士的装备和侍从、头盔和宝马、多姿多彩的徽章和坚固的城堡，有的关于由女人们来颁发奖品的骑士之间的对决和竞赛，还有的则讲骑士的冒险旅行、孤身一人的骑士城堡女主人以及游吟歌者和神圣之地的骑士。最有趣的是，这些都真的曾经发生过。所有的浪漫色彩并非虚构。那个世界曾经看起来多姿多彩，充满了冒险，人们曾非常热衷于参与那些神奇盛大的骑士竞技活动，而这些竞赛通常是非常严肃的。

但是，从什么时候开始有骑士，骑士又到底是怎么一回事呢？

骑士本来是骑马的人，骑士文化也是从这里开始的。谁养得起一匹漂亮健壮的战马，能够参加战争，谁就是骑士。

谁没有马，就得步行，那就不是骑士。那些受到皇帝采邑分封的显贵人物，就是骑士。他们的依附民必须给他们的马提供燕麦。这些显贵人物手下的官员、他们庄园的管家，会从领主手里再得到一些封地，也养得起好马，尽管除此以外，他们并没有太多权势。当他们的主人被国王召集去参加战争时，他们必须带着马跟随主人同行。因此他们也是骑士。只有那些可怜的农民和穷侍从、仆役和下人，以及在战争中步行作战的人，不是骑士。

这些从海因里希四世皇帝时就出现了，也就是公元 1000 年左右，并在此后的几个世纪中被一直保持下来。不光是在德国，在法国尤其如此。

但是，这时候的骑士还不是我们想象中的那种。领主们和显贵们逐渐开始修筑起那些高大、坚固、令人骄傲的城堡，就像我们今天在某些地方还能看到的那类一样。他们是这些城堡的主人，还有谁敢上来，打扰他的生活！这些城堡经常都建在尖利陡峭的岩石上，只在一面有一条窄路可以通行。

城堡大门前，大多有一条壕沟，有时里面灌满了水。深沟上面会有吊桥，随时都可以被铁链拉起来，这样城堡就完全封闭了，没有人进得来。因为在壕沟的对面首先有厚实坚固的城墙，上面有可以把箭射出去的射击口；还有一些墙洞，可以将滚烫的沥青泼向敌人。城堡的墙上有雉堞和墙垛，可以站在那后面观察敌人。在这座厚墙之后，经常还有第二甚至第三道墙，然后才是城堡的庭院，从这里才能进入骑士们

在岩石顶上，坚固而光秃秃的城堡耸立着，几乎无法攻破。

居住的房间。里面大厅的炉子里烧着火，这是为女人们准备的，她们没像男人那样被磨炼出来。

住在这样的城堡里并不舒适。厨房是一个被熏得乌黑的空间，人们把肉架在一个大大的木头火上烧烤。城堡里除了仆人和骑士自己用的居室以外，还有两个地方：一个是小圣堂，家庭牧师在那里举行礼拜仪式；另外一个是塔楼，这是一个结实的塔，平时将食品储藏在这里，如果敌人真的攻破了上山的路、壕沟、吊桥、滚烫的沥青和三道墙进来了的话，骑士还可以躲到这里，在救援力量到来前，和敌人打持久战。

还有一样东西我们不能忘记！城堡地牢，一个深藏在地下而且狭窄、昏暗、寒冷的地洞。骑士们会把他们的俘虏关在里面，如果没有人用很高的赎金将他们解救出去的话，这些人就能丧命在地牢里了。

也许你已经见过这样的城堡，但如果你再看到它们的话，不要光想到穿着锁子铠甲在那里来回走动的骑士，你也要看一眼城墙和塔楼，想想把它们一层一层垒起来的人。那些尖尖岩石顶上的塔楼和壕沟之间的城墙，都是依附在土地上的农民建造的，他们是非自由人，也被称作依附民。他们得去开采石头、搬上来，再把石头一块块垒起来。要是力气不够的话，他们的女人和孩子也得来帮忙。骑士可以对他们所有人发号施令，所以不管怎么说，当一个骑士可比当依附民好。

依附民的儿子还会是依附民，骑士的儿子还会是骑士。这与古代印度的种姓制度没有太多的不同。

骑士的儿子在七岁时就得去另外一个城堡，去了解生活是怎么回事。他叫侍童，要去侍候妇女，帮她们提拖裙或者给她们朗读，因为很多妇女经常不能读写。到了十四岁，这些侍童就被提升为少年侍从。他们不必再坐在城堡的火堆旁边，而是可以跟着骑士去打猎和参战了。少年侍从给骑士扛盾牌和长矛，如果一根长矛在战斗中折断的话，他就要递上第二根。少年侍从必须无条件服从和忠诚于主人。如果他在做侍从期间勇敢忠诚的话，到了二十一岁他自己就可以成为骑士了。这是非常隆重的一幕。在仪式之前，侍从必须长时间斋戒，在圣堂里祈祷。他先要从牧师那里得到圣餐，然后，身穿全副骑士装束（但不戴头盔，不拿剑和盾牌），跪在两个证人面前，授予他骑士身份的主人用剑面拍一下他的两个肩膀和后颈。拍时他会说：

以上帝和玛利亚的荣誉起誓
这一拍，一诺千金
要勇敢、高尚和公正
做骑士胜于做仆人

然后，侍从就可以站起来了。现在他不再是侍从，而成了一个骑士，可以授予别人骑士身份了，他的盾牌上可以有自己的徽章，徽章可以是一个狮子、一头豹子或者一朵花，通常他还会选择一句人生格言。人们将剑和头盔隆重交给他，给他装好镀金的马刺，将盾牌交到他手上。就这样，他戴着鲜亮多彩的翎羽头盔，手持长矛，锁子铠甲外面披着猩红的大衣，在一个侍从陪同下，骑马离开，去向世人证明他无愧于自己的骑士身份。

从这些隆重的大型庆典上你可以看到，一个骑士不久就不再简单是一个骑在马上的武士了，他属于一个集团，就像僧侣们一样。一个优秀的骑士应该不光是个勇敢的骑士，就像僧侣通过祈祷和善行来服务于上帝一样，骑士还应该通过自己的力量来服务上帝；他应该保护弱者和没有抵抗能力的人，妇女、穷人、鳏寡和孤儿；他应该只为正义拔剑而起，用每一个行为来为上帝服务。对他的主人，即采邑的领主，他应该无条件服从。为了主人，一切都在所不惜；他不可以粗鲁，但是也不可以胆怯；在厮杀中，他绝不允许以二胜一，而必须与对手进行一对一的决斗；他不可以侮辱被战胜的对手。直到今天，人们还把能做到这些的人称为“有骑士风度”，因为这符合骑士的理念。

如果一位骑士爱上了某个女人，就要以她之名去参加战斗，想办法去经历冒险，在他倾心的女人心中获得赞誉。他带着敬畏之心接近她，完成她下达的任何指令，也是骑士风度的一部分。如果你在今天把给女士开门让她先走看作理所当然，如果她有什么东西掉在地上你会弯腰捡起的话，就说明在你的思想里还存留着一些古代骑士的理念：一个真正的男人应该保护弱者、尊重女性。

在和平时期，骑士在竞赛中展示他们的勇气和机敏，人们将这称为竞技表演（Turniere）。各地的骑士都来参加这样的竞赛活动，比试他们的力量。他们全副武装，用秃头的长矛互相攻击，力图将对方从马上掀下去。城堡主人的妻子会向优胜者颁奖，奖品大多是一个花环。为了讨得女性的欢心，骑士们不仅要在竞技上表现出色，还应该举止得体而优雅，不能像士兵们那样骂人、诅咒。在征伐以外，骑士们还应该精通一些和平的艺术，例如下棋和诗歌等。

的确，骑士经常也是大诗人。他们吟咏自己所爱的女人，赞美她们的美丽和美德。那时候人们也很愿意听先前其他骑

高等阶层的女士们全神贯注地在观看佩戴华丽徽章的骑士们进行无畏的竞技表演。

士的英勇事迹。那时有长篇的韵文故事，讲述帕西法尔*的故事、骑士们保护最后的晚餐中耶稣使用过的酒杯（圣杯）的故事，还有关于亚瑟王、罗恩格林†，以及特里斯坦‡不幸的爱情，甚至是亚历山大大帝和特洛伊战争的故事。

游吟诗人穿梭各地，从一个城堡到另外一个城堡，反复

* 帕西法尔（Parzival），欧洲中世纪流传的骑士史诗的主人公，在冒险征战中有诸多失误，但是最后找到了圣杯。这一形象后来成为很多文艺作品的题材。

† 罗恩格林（Lohengrin），另外一个骑士史诗故事的主角，帕西法尔的儿子。他被派去帮助和保护一位女公爵，前提是她不许问起他的名字。当她不慎打破这个禁令时，他只好离开她，别无选择。理查德·瓦格纳以此为题材写作了一部歌剧。

‡ 特里斯坦（Tristan），也是欧洲中世纪流传的骑士故事，无望的爱情以双方的死亡为终结，也是后世文艺作品中经常使用的题材。

咏唱杀死恶龙的西格弗里德的传说，关于狄特里希·冯·贝恩（哥特人国王狄奥多里克）的故事。只是到了这个时代，我们才知道当时在多瑙河边的奥地利人在唱什么歌，因为卡尔大帝让人记下来的那些诗歌都已经失传了。如果你读《尼伯龙根之歌》的话，会发现所有古代日耳曼的农民武士都成了真正的骑士，甚至可怕的匈奴头人阿提拉——在维也纳与西格弗里德的遗孀举办了隆重婚礼——也被描述有骑士风度、品格高尚的匈奴王埃特泽尔。

你知道，骑士把为上帝和基督教战斗看作自己的主要任务。他们的确找到了很多出色的机会。耶稣在耶路撒冷的坟墓以及整个巴勒斯坦都在不信奉基督教的阿拉伯人手中。在法国，当一位主张暴力的牧师让信基督的骑士们记住这一点时，当战胜了德国国王、成为基督教世界强有力统治者的教皇请求骑士们帮助去解放耶稣墓时，成千上万的骑士们高呼：“上帝的旨意！上帝的旨意！”

在一名法国领主——哥特弗里德·冯·比隆（Gottfried von Bouillon）的统帅下，他们于1096年沿着多瑙河向君士坦丁堡进发，穿过小亚细亚去往巴勒斯坦。骑士和他们的同行者们把用布做成的红色十字缝在肩上。人们称他们为十字军。他们要解放从前耶稣被钉在十字架上的地方。当他们饱受饥寒之苦，经过若干年的战斗站在耶路撒冷城前，终于得见这座他们从《圣经》里那么多次听到过的圣城时，都激动地开始哭着亲吻脚下的土地。接着，他们包围了这座被阿拉

十字军的队伍向耶路撒冷致敬，这是他们那漫长、充满危险和冒险征程的目的地。

伯人勇敢保卫的城市，并最终把它攻了下来。

但在耶路撒冷城，他们并没有表现出一位骑士和基督徒应有的样子。他们砍杀穆斯林，制造出可怕的暴行。然后他们忏悔，光着脚、唱着赞美诗列队前往耶稣的圣墓。

十字军建立了一个耶路撒冷基督教国家，它的保护人是哥特弗里德·冯·比隆。但是这个远离欧洲、处在伊斯兰国家包围中的小国不断受到阿拉伯人的逼迫，法国和德国的牧师们一再要求骑士们进行十字军东征，但并非所有的出征都获得了成功。

不过，十字军东征带来了骑士们自己最不想看到的结果：基督徒在遥远的东方了解到了阿拉伯人的文化、建筑、对美的意识和他们的知识。在东征后还不到一百年，亚历山大大帝的老师亚里士多德的著作，就从阿拉伯语被翻译成拉丁语，在意大利、法国和德国被人们热心地研读。至于如何让亚里士多德的学说与教会的学说相符合，人们想了很多办法，写下厚厚的拉丁文书籍，这些书里全是关于这个问题的各种复杂思考。阿拉伯人在征服世界的过程中学到和经历过的东西，现在被十字军带到了法国和德国。在很多方面，正是这些所谓的敌人做出的榜样，才让欧洲那些马背上未开化的武士真正成为有侠义风度的骑士。

第二十四章　骑士时代的皇帝

在那个五彩缤纷、充满冒险色彩的童话时代，统治德国的是一个骑士家族，他们依据自己城堡的名称叫霍亨斯陶芬（Hohenstaufen）。从他们这个家族里出来的腓特烈一世，长着漂亮的红胡子，人称腓特烈红胡子。意大利人称他为腓特烈·巴巴罗萨（Friedrich Barbarossa）。巴巴罗萨也是红胡子的意思。你也许会感到奇怪，他是一个德国皇帝，但为什么老听到他的意大利名字？这是因为他经常去意大利，还在那里完成了他最著名的事迹。吸引巴巴罗萨去意大利的，不光是那里的教皇和他的权力——教皇可以将德国的国王加冕为罗马皇帝。他想要的，是真正统治这个国家，因为他需要钱。"他在德国得不到钱吗？"也许你会问。是得不到，因为德国那时候几乎还没有钱。

你考虑过人为什么需要钱吗？"当然是为了生活！"你

会这么说。这是不对的。你曾经咬下一块钱来吃吗？生活需要的是面包和其他食品，谁要是自己来种做面包用的粮食，就不需要钱，就像荒岛上的鲁滨逊一样。当然，要是一个人让别人无偿地给他送面包来，他也不需要钱。当时的德国就是这个样子。耕种土地的依附民，要向土地的所有者骑士或者修道院上交收成的十分之一。

可是，这些农民从哪里得来的耕犁，还有衣服和鞍具呢？大多数是换来的。比如，一个农民有一头公牛，但是他更愿意要六只羊，以便获得做一件衣服需要的羊毛，于是就会和邻居进行交换。如果他杀死公牛，然后在寒冬的晚上，将两个牛角做成酒杯，就可以用酒杯换来邻居地里的亚麻，他的太太就可以用亚麻织一件大衣。人们将这称为物物交换。在当时的德国，没有钱也还过得去，因为绝大多数人是农民和土地所有者。所有的修道院也不需要钱，因为他们有很多土地，这些地都是虔诚的人赠送或遗留给他们的。

除了大片森林和小块田野、若干村落、城堡和修道院，当时偌大的德国几乎什么都没有。也就是说，几乎没有城市。可是，只有在城市里，人才需要钱。鞋匠、布料商人和文书不可以用他们的皮革、布料和墨水来果腹解渴。他们需要面包。但是你不能去鞋匠那里，买鞋时付给他一个面包，好让他能活下去！如果你不是农民的话，你的面包是哪里来的？从面包师那里！但是，你付给面包师什么呢？也许你可以帮他干活。但是，他要是不需要人呢？或者，正好面包师需要你时，你必须得帮助卖水果的太太呢？你会发现，如果在城市里靠物物交换来生活的话，会遇到不可想象的复杂情况。

于是人们就约定用一些东西做中介来交换，这个东西应该是每个人都愿意接受的，而且要容易分割、能随身携带。放着时，也不会腐坏。最合适的就是金属，金和银。从前所有的货币都是金属的，真正的富人总是把装金子的小袋子系在腰带上。现在你可以在买鞋时给鞋匠钱了，他可以再用钱在面包师那里买面包，而面包师又能用钱从农民那里买面粉，而农民最终用你的钱买个耕犁。这是他无法从邻居的花园里交换来的。

骑士时代的德国几乎没有城市，因此人们也不需要钱。但是在意大利，人们从罗马时代开始就知道用货币了。那里一直存在有很多商人的大城市，他们的腰带上都带着很多钱，还有更多的则被保存在又大又结实的柜子里。

有些城市位于海边，比如威尼斯，不过它其实坐落在地中海里的一些小岛上，当时的人们为了躲避匈奴才逃到了这些岛上。也有一些强大的港口城市，尤其是热那亚和比萨，市民（城市里的居民）乘船到各地，从东方带回来美丽的布料、罕见的食品和昂贵的武器。人们在港口广场将这些东西卖出去，然后这些东西再被运往内陆的城市，如佛罗伦萨、维罗纳（Verona）或者米兰，那里的人们可能将布料制成衣服或者旗帜、帐篷。这些东西从那里再被卖到法国（首都巴黎当时已经有十万人口）或者英国、德国。但是，卖到德国的东西不多，因为那里没有钱来支付这些物品。

城市里的市民变得越来越富裕，没有人能够命令他们做什么，因为他们不是农民，也不从属于任何土地。另外一方面，他们也不分封土地给别人，所以也不是主子。他们自我管理（和古代非常相似），自己设立法庭。在他们的城市里，很快就变得自由，没有任何依赖，如同僧侣和骑士一样。因此人们也称市民为第三等级，因为农民根本就没有被算进去。

现在我们终于又讲到需要钱的皇帝腓特烈·巴巴罗萨了。作为德意志民族神圣罗马帝国的皇帝，他要真正统治意大利，让意大利的市民缴纳赋税。但是，意大利的市民不愿意，他们要像自己已经习惯了的那样自由自在地生活。因此，巴巴罗萨带着一支军队翻过阿尔卑斯山到了意大利，在1158年将最著名的法律学者召集到一起，让他们隆重而公开地宣称，神圣罗马帝国的皇帝是罗马恺撒们的后任者，享有一千年前那些恺撒享有的一切权利。

意大利的城市哪管得了那么多。他们什么都不想付。于是皇帝和他的军队就开始攻打这些城市，尤其是反抗者的大本营米兰。这些仗打得很艰苦，据说他曾发誓，不打下这座城市就绝不会戴上王冠。他还真是言出必行。当米兰最终被拿下、城市被彻底毁掉了后，他设宴庆祝，在宴会上才又和他的皇后戴上了皇冠。

尽管巴巴罗萨完成了这样大型的征战，可他转身准备回到家乡时，麻烦又来了。米兰人把城市建起来，根本不想理

当皇帝巴巴罗萨的儿子们被授予骑士称号时，他在美因兹举办了庆典。这是庆典上的竞技比赛。

睬德国的皇帝。就这样，巴巴罗萨前后六次去了意大利，不过他除了得到些战争名声外，没什么大的成就。

他算得上是骑士的榜样。他不但身体强壮，精神也很坚定，再加上他还慷慨大度，非常会举办庆典。今天的我们根本不知道什么才是真正的庆祝活动。以前的日常生活要比现在乏味单调，但是庆典却极其奢华、精彩，真的像在童话里一样。比如在1181年，腓特烈·巴巴罗萨的儿子被授予骑士称号时，他在美因茨举办了一场庆典，四千名骑士带着他们的侍从和仆役应邀出席。他们住的是五颜六色的帐篷，皇帝和他的儿子们则住在营地中间那座最大的丝绸帐篷中，周围到处都是篝火，上面烤着整牛、野猪和数不清的鸡禽。穿着各不相同的衣服、来自世界各地的人们都聚集在这里，有小丑和杂耍艺人，也有游吟诗人，在晚上宴饮时演唱古老的传说。那肯定是特别了不起的事情。皇帝在竞技中和他的儿子们较量力气，帝国里所有贵族则在一旁观战。这个庆典持续了很多天，以至很久之后，人们还在诗歌里吟诵它。

作为一个真正的骑士，腓特烈 · 巴巴罗萨终于也参加了十字军东征，也就是 1189 年的第三次东征。英格兰国王狮心王理查和法国国王菲利普也都参加了。他们两位走海路，只有巴巴罗萨从陆路挺进，结果到了小亚细亚时，在一条河里淹死了。

还有一个更出类拔萃、更伟大、更值得敬仰的人是他的孙子，腓特烈二世 · 冯 · 霍亨斯陶芬。在这个西西里长大的腓特烈还年幼不能亲自主政时，德国几个最有权势的家族为了统治权起了许多争端，一部分人选择与巴巴罗萨有亲缘关系的菲利普做国王，另外一些人则选择了韦尔芬（Welfen）家族的奥托。那些彼此不太能相容的人，现在又有了争执的机会：如果一个人选择了菲利普，那么他的邻居肯定要选奥托。这些不同的派别，在意大利被称为“皇帝派”和“教皇派”，存在了很长时间，一直到菲利普和奥托都早去世后还有派别之争呢。

在这期间，腓特烈已在西西里长大成人，不光是形体方面，精神方面也是。他的监护人是历史上最重要的人物之一：教皇英诺森三世（Innozenz III）。格里高利七世——那位德国国王海因里希四世了不起的反对者——想要努力去实现的目标，这位英诺森三世终于达到了。他确实成了整个基督教世界的首领。英诺森三世非常有智慧，受过良好的教育，掌控着所有的人，不光是神职人员，还包括整个欧洲的封建领主，他的权力一度延伸至英国。有一次，英国的约翰国王不听从他，他就将其逐出教门，禁止任何一个英国牧师给他做礼拜。这让英国的领主们感到非常气愤，差点剥夺了他的一切权力。1215 年，他不得不隆重起誓，再也不违拗领主们的意志，这就是英格兰国王递交给公爵和骑士们的《大宪章》，国王的很多权利从此转让给了贵族们。而且直到今天，英国公民还拥有着这些权利。但是，从那时开始，英格兰也不得不向英诺森三世缴纳财税和贡品。他的权势就有这么强大。

不过年轻的腓特烈二世·冯·霍亨斯陶芬也极其聪明，而且还有人格魅力。为了能成为德国皇帝，他几乎没带什么随从就开始了一次冒险，从西西里出发，经过意大利和瑞士的高山前往康斯坦茨（Konstanz）。他的对手、韦尔芬家族的奥托带着军队来迎击他。对腓特烈来说，似乎连一线生机都没有了。但是，康斯坦茨的人以及所有见过他、认识他的人，都对他的个人品格十分着迷。他们站在了他这边，快速关上了康斯坦茨的城门。结果，比腓特烈晚到一个小时的奥托不得不撤走了。

腓特烈赢得了所有德国公爵的支持，突然之间成了一个强大的统治者，成了德国和意大利采邑领主的主人。于是，像教皇格里高利七世与国王海因里希四世之间发生的那种权力斗争，又开始出现了。可是，腓特烈不是海因里希四世。他不去卡诺萨，也不想在教皇面前忏悔，他坚信自己是被上帝选定的世界统治者，而教皇英诺森三世也有同样的信念。英诺森知道的，腓特烈都知道，因为英诺森是他的监护人；德国人知道的，他也都知道，因为他的家族是德国人；西西里的阿拉伯人知道的，他也都知道，因为他是在那里长大的。后来的大部分时间他也都在西西里度过。在那里，他能比在世界其他任何地方学得都多。

西西里曾经被各种族群统治过：腓尼基人、希腊人、迦太基人、罗马人、阿拉伯人、诺曼人、意大利人和德国人。很快还要再加上法国人。这肯定有点儿像人们修巴别塔时的情形，只是有一个区别：修巴别塔的人最终什么也没懂，腓特烈却几乎什么都懂了。他不光学到了各种语言，还了解很多门学科的知识，而且又会写诗，在狩猎方面也非常出色。他甚至还写过一本关于猎鹰的书，因为当时人们狩猎时还要使用猎鹰。

他尤其熟悉各种宗教，但有一件事情他无法理解：为什么不同宗教总在打架。他很乐意与穆斯林学者交谈，但是他自己是一个虔诚的基督教徒。尽管如此，教皇还是对他很生气，尤其是那位英诺森之后名为格里高利的教皇。这个人也是很有权势，但也许不如他的前任那么明智。他一定要腓特烈进行一次十字军东征。最后，腓特烈只得照办。别人在付出重大代价后才得到的结果，他在没有打打杀杀的前提下就完成了：基督徒朝圣者可以不受打扰地去耶稣的圣墓，整个耶路撒冷周围的土地都属于他。他是怎么做到的呢？他和那里的哈里发以及苏丹坐在一起，签署了一份协议。

双方都很高兴，因为事情进展得那么顺利，根本用不着任何战争。可是，耶路撒冷的主教不满意了，因为没有人去征询他的意见。于是，他在教皇面前指控皇帝与阿拉伯人相处得太好，教皇最终认为皇帝变成了一个穆斯林，于是将他革出教门。但是，腓特烈二世根本不在乎，因为他坚信自己为基督徒所做的事情，要超过此前任何人。因为没有人想违抗教皇的意志为他加冕，他就自己亲手将耶路撒冷的王冠放到自己的头上。

然后，他就乘船回来了，带回了苏丹送给他的很多礼物：猎豹、骆驼、罕见的石头以及各种珍稀物品。他把这些东西都集中到了西西里，让伟大的艺术家们为他加工作品。当因为治理国家事务感到疲惫时，他就会去欣赏这些奇珍异宝。但是，他可是真正在统治国家呢。他不喜欢土地分封制度，因此他任命的官员没有得到土地，而是每个月会领到一些钱。你记得吧，那时在意大利，已经有货币了。他的统治可以说不但公正，还非常严厉。

他和当时所有的人都不一样，所以没人知道他到底想干什么，甚至教皇也不知道。在遥远的德国，人们并没有真正在意这个不同凡响、总是有那么多出其不意想法的皇帝。因为人们不理解他，所以他的日子不怎么好过。最后，连他的儿子都把德国人鼓动起来反对他；他最喜欢的顾问也倒向了教皇一边。腓特烈成了孤家寡人。他想引进的许多明智举措无法实行，于是他慢慢变得非常不开心，也对人充满恶意。就这样，他在 1250 年去世了。

他的儿子曼弗雷德（Manfred）年纪轻轻就在权力斗争中死于非命，他的孙子康拉丁（Korandin）被敌人俘获，二十四岁时在那不勒斯被斩首。这就是伟大的骑士家族霍亨斯陶芬家族的悲剧性结局。

在腓特烈二世还在西西里统治并与教皇争权时，一个可怕的不幸在这个世界上降临了。皇帝和教皇双方因为看法不同，所以对此都坐视不管。这个不幸就是，亚洲的游牧族群又来入侵了。这一次他们强大到甚至连秦始皇的长城也挡不住。他们首先在首领成吉思汗的带领下攻取了中原，对那里进行了可怕的劫掠。接下来，他们又对波斯如法炮制，然后和历史上的匈奴、阿瓦尔人、马扎尔人一样，来到欧洲。他们在匈牙利和波兰的行径令人震惊。他们最终在 1241 年到达了德国的边界布雷斯劳*，攻下这座城市后，将其完全烧毁。

* 布雷斯劳（Breslau），位于今天波兰的西南部，波兰语名字为弗罗茨瓦夫（Wroclaw）。第二次世界大战之前属于德国，是当时德国重要的工业城市之一。作者在写作这本书时，布雷斯劳仍属于德国。

善战的蒙古人帝国如此之大，在摧毁了布雷斯劳之后，它威胁了整个欧洲。

不管到哪里，他们都杀人放火。人们完全不知所措。他们的帝国已经是前所未有的世界上的最大帝国。你可以想象一下：从北京到布雷斯劳！这时他们的军队已经不是野蛮的乌合之众，而是训练有素的队伍，有着非常聪明的统帅。整个基督教世界一筹莫展！一支庞大的骑兵部队在进攻他们。正在这危急关头，他们的统治者在西伯利亚什么地方突然去世，整个蒙古军队便掉头返回了，但他们所经之地，都变成了一片废墟。

在德国，霍亨斯陶芬家族最后一个人死掉之后，出现了比以前更大的混乱。每个人想推举的国王都不一样，所以最后没人当国王了。因为没有国王或者皇帝，也没有其他人来统治，那里一切都乱翻了天。强者通吃，弱者的一切都被剥夺一空。人们把这种强者的权力也称为“拳头的法律”，因为这些人老是拳头相向。你可以看到，拳头的法律根本不是法律，而是无法无天。

人们对此知道得很清楚，所以非常悲哀、绝望，他们希望回到从前的时代。人们心中所愿、经常梦寐以求的事情，往往最终他们自己也会信以为真。人们认为，皇帝腓特烈根本没有死，只是被施了魔法，坐在一座山里等待着。这时，发生了一些不可思议的事情。也许你曾经梦到过某一个人，这个人这次一个样子，下次另外一个样子，也许在某种情况下两种不同的样子同时出现。当时人们脑子里出现的就是这种情况。他们梦见一个伟大、智慧、公正的统治者，坐在翁特峰（Untersberg）或者基弗霍伊泽（Kyffhäuser）山下（这应该是西西里的腓特烈二世），说等到大家都明白了他想要做什么的时候，他就回来了。但是，在人们的梦中，他长着大胡子（这是他的祖父腓特烈一世·巴巴罗萨），有着无穷的力量，能战胜所有的敌人，建立起一个了不起的帝国，壮丽得就如同当年美因茨的庆典一样。

人们的处境越糟糕，就越等待着奇迹的出现。在他们的想象中，那个人坐在山上，他那红得像火一样的胡子已经长得穿过了石头的桌子——他已经睡了太久太久，每一百年才醒来一次，然后问他身边的侍从，乌鸦是否仍然在山顶上盘旋。只有当侍从说"没有了，主人，我什么也看不到"时，他才会站起来，拿起剑劈开桌子——他的胡子都已经长到桌子里了，劈开那座被施了魔咒将他囚禁的大山，披挂整齐骑马而出，带着他的全部随从和队伍。你不觉得，他们看到今天的世界会惊得目瞪口呆吗？

最终再一次给世界带来秩序的不是这样的奇迹，而是一位精力充沛、机敏而有远见的骑士。他的城堡位于瑞士，叫哈布斯堡（Habsburg）。他的名字叫鲁道夫·冯·哈布斯堡。公爵们在1273年将他选为国王，因为他们希望这位相对比较穷、也没名气的骑士不会太干涉他们的事情。但是，他们没有想到哈布斯堡有多么机敏和聪慧。他在一开始时地盘不多，因而也没有太大的权力。但是，他知道如何以简单的手段扩大他的地盘和权力。

当他征讨不愿服从的波希米亚国王鄂图卡（Ottokar）后，把战败者的一部分地盘给拿走了。作为国王，他有权利这么做。1218 年，他把这块地盘分封给自己的儿子们。这就是奥地利。他的家族以这种方式——依照他在瑞士的城堡叫哈布斯堡家族——获得了很大的权力。这个家族懂得不断把新采邑分封给亲属，通过联姻和继承，让他们的权力直线蹿升，哈布斯堡家族很快就成了欧洲最有威望和影响力的领主家族。当然，尽管他也是德国的国王和皇帝，但对庞大的家族采邑（在奥地利）的治理要比对德国的采邑更尽心，因为统治德国的，有其他的公爵、主教和伯爵。不久，这些人在各自的领地上就成了几乎不受任何制约的公侯。不过，真正的骑士时代，随着霍亨斯陶芬家族一起结束了。

第二十五章　城市和市民

在腓特烈一世·巴巴罗萨去世的1190年到鲁道夫·冯·哈布斯堡去世的1290年这一百年间，欧洲发生了很多改变。比人们能够想象的还要多。我曾经说过，在巴巴罗萨的时代，主要是意大利有大城市，那里的市民敢于与皇帝争论和斗争。在德国则有骑士、僧侣和农民。但这在一百年以后有了很大的变化。通过多次十字军东征，德国人到达了很远的地方，与远方的国家建立起了贸易上的友好关系，但又不可能用牛来换羊，或者用牛角酒杯来换手巾。这种贸易需要货币。自从有了货币，也就有了市场，在市场上可以买到各种物品。这些市场不可以随便在哪里就开设，而是有一些固定的地方，有石墙和塔楼来保护，且大多数都在城堡附近。那些搬迁到里面做贸易的人，就是市民。他们不再附属于领主。当时人们说："城市的空气让人感到自由。"因为大城市里的市民，

中世纪的城市都有坚固的城墙保卫着。宏伟的教堂是城市的亮点和中心。法国诺曼底的圣米歇尔山。

除了国王以外，不再是任何人的臣仆。

你可别把中世纪城市生活想象成和今天的城市生活是一样的。当时的城市很多都非常小，又有很多拐弯，里面有狭窄的巷子、人字架房顶的窄小房屋。商人和手工业者以及他们的家人挤住在这样的小房子里。商人们来往于各地，大多都佩有武器的保镖。这在当时非常有必要，因为许多骑士已经不那么有骑士风度，干脆成强盗了。他们坐在城堡里，等着商人们经过，好施行抢劫。城市的居民对此可不高兴。他们现在手里有钱了，可以雇佣士兵，因此经常与骑士处于争斗中，而且市民战胜强盗骑士的情况不在少数。

手工业者，如裁缝、鞋匠、织布匠、烘焙师、锁匠、粉刷匠、木匠、石匠、建筑工等，都有自己的手工业者协会或者联盟，人们称之为“行会”（Zunft）。这样的行会，比如裁缝行会，有严格的界限和严肃的规则，几乎与骑士阶层差不多。即便是裁缝，也不是谁想当就能当。首先得有一定的学徒时间，然后以伙计的身份去各地漫游，到陌生的城市去学习不同的工作方法。这些漫游中的年轻人经常步行游访，要花很多年走过很多地方，才能回到家里，或者在某一个需要裁缝师傅的陌生城市里住下来，因为在小城市里不需要那么多裁缝，行会严格注意根据工作量多少来决定允许有多少师傅，以便大家都有活儿干。伙计也得让人看到他们能做什么，就是说得完成一件杰作（比如一件漂亮的大衣），然后才会被隆重地命名为师傅，被行会接受。

如同骑士阶层一样，行会也有他们的规则、共同活动，以及五彩缤纷的旗子和美好的基本原则。这些基本原则像那些骑士的原则一样，也无法总被遵守。不过不管怎么说，行会还算是有些规矩。一名行会成员必须帮助其他会员，不可以在其他会员的顾客面前损害其名誉，不可以给自己的顾客提供质量低劣的产品，必须善待自己的学徒和伙计，要为行业的声望和城市的利益着想。他应该是上帝的手工业者，正如骑士是上帝的战斗者一样。

的确，就如同骑士在十字军东征中为了耶稣圣墓牺牲自己一样，城市的居民往往献出自己的财物、力气和福利来建造一个城市的教堂。他们无比看重的是，如果邻城有一座令人自豪的教堂，那他们新建的教堂一定要更宏伟、更漂亮、更豪华。整个城市都有这样的虚荣心，每个人都兴奋地献身于这项任务。人们请最有名的建筑设计师制定建筑计划，石匠开凿石头并制作雕像，画匠画祭坛上的画像和彩色窗户上的图案，这一切都让教堂熠熠生辉。没有人太在意谁才是发明者、设计者或者建造者。教堂是整个城市的作品，是所有人共同的礼拜行动。这从教堂本身也可以看出来。与巴巴罗萨时代那种看起来像城堡一样坚固的教堂不同，这时期的教堂有壮丽宽大的拱顶、高耸细长的塔楼，教堂里的空间足以容纳全城居民一起来听布道。因为在那个时候已经出现了一些新的僧侣教团，他们并不是特别热衷于耕种修道院周围的土地和在修道院里抄书，这些新的僧侣教团像穷人一样走遍各地，向人们布道，让他们忏悔，给他们解释圣经。所有的人都来到教堂里听这些人说的话，因为自己的罪过而痛哭，承诺要让自己变得更好，要按照爱的教义来生活。

就像十字军带着全部信仰虔诚在被攻占的耶路撒冷实行了可怕的烧杀抢掠一样，很多市民从忏悔布道中并没有学到让自己变得更好的教义，而是学会了仇恨所有与他们信仰不一致的人，尤其是人们越以为自己虔诚，对犹太人的虐待就越变本加厉。你得考虑到一点，在古代欧洲生活过的族群中，犹太人是唯一存留下来的民族。巴比伦人、埃及人、腓尼基人、希腊人、罗马人、高卢人和哥特人都消亡或与其他民族融合到一起了。只有犹太人虽然国家一次次被摧毁，在可怕的岁月里遭受迫害，从一个地方被驱逐到另外的地方，但还一直存在着，等待着他们的拯救者弥赛亚。他们不可以拥有土地，不能成为农民，当然更不能成为骑士。他们也不可以从事任何手工业行业。对他们来说，只有一条路可走，那就是经商。他们也这么做了。虽然他们只能在城市里的特定地点居住，穿特别的衣服，但当中有些人还是随着时间的推移，挣了很多钱，以致骑士和市民都欠了他们的债。这样一来，他们就越发地被仇视。有时候人们攻击他们，只是为了把自己的钱再抢走。如果国王和牧师都不站在他们那边，那他们就无法自卫。这种情况经常出现。

比犹太人处境更糟糕的，是那些好长时间在研读《圣经》、最终开始对里面某些说法有所怀疑的人。这些怀疑者被称为异端，受到了令人发指的迫害。一个人被指控为异端时，就会被活活烧死，就像当初尼禄对待早期基督徒一样。整座城市就因为这样的“异端”被毁掉，整片的土地变得荒芜。人们对这些异端的征讨就像是针对穆斯林一样。同样是这群人，为了获得上帝的宽宥和传播上帝的福音建造了宏伟的大教堂，这些大教堂有通向上天的高高塔楼，大门上有很多漂亮的图画，再加上那些闪着黯淡光线的窗户以及教堂里成百上千的雕像，一切就像梦幻中的天国一般壮丽。

城市和教堂的出现，在法国要比德国早。法国是一个富裕国家，有相对安宁的历史。法国的国王很快就懂得了如何利用市民这个新兴的第三等级。在大约 1300 年前后，法国国王们就不再将土地分封给显贵们，而是把土地留在自己的名下，让第三等级的市民去管理，付给他们金钱作为报酬（如同西西里的腓特烈二世所做的那样）。这样一来，法国国王的土地越来越多。你知道，土地是和土地上的依附民联系在一起的，拥有更多土地就意味着更多的士兵和权力。在 1300 年以前，法国的国王们是很有权势的，因为德国的国王们从鲁道夫 · 冯 · 哈布斯堡才开始通过将土地分封给自己的家人来获得土地和权势。法国人不光控制了法国，也控制了南意大利。很快，他们的权势就大得足以强迫教皇在 1305 年从罗马迁往法国，去那里受法国国王们的关照。教皇们住在阿维尼翁（Avignon）摆满了华丽艺术品的宽敞宫殿里。但是，其实几乎可以说，他们是被囚禁在里面的。所以人们后来将公元 1305 到 1376 年这段时间称为教皇的“巴比伦囚徒”时代，就像犹太人被巴比伦人囚禁的情形（你记得吧，那是在公元前 597 到公元前 538 年）。

可是，法国国王想要的还更多呢。如你所知的，统治英格兰的是诺曼人的王室，他们在 1066 年攻占了英格兰。从名分上来说，他们是法国人。因此，法国的国王便借此要求对英格兰的统治权。等到法国的王室没有可以继承王位的儿子出生时，英格兰的国王又提出了要求：作为法国国王的亲属和臣下，该轮到他们来继承法国王位了。这样，从 1339 年起，一起令人震惊的战争开始了，一直持续了一百多年。这不是若干骑士按照骑士规则的相互搏斗，而是大量市民雇佣军之间的战争。这场战争不再属于同一阶层（如骑士阶层的成员之间）的斗争，也不再是为了高贵行为而斗争；这场战争是英国人和法国人之间的斗争，是为了争取本国独立的斗争。英国人赢得的土地越来越多，占领法国的面积越来越大。他们之所以能做到这一点，也是因为在战争末期统治法国的国王愚蠢无能。

但是法国民众不想让外来人统治。接下来就发生了一个奇迹：一位十七岁的牧羊女——圣女贞德——感觉自己受到了上帝的召唤后，成功说服人们允许她装束齐整地骑马走在法国军队的最前面，她要将英国人赶出去。“如果英国人回到英国了，那就是和平。”她说。但是，英国人对她进行了可怕的报复，俘虏了她之后，宣判她是女巫并将她处以死刑。圣女贞德在 1431 年被烧死了，不过她被宣判为女巫其实也不奇怪：一个无助又没有受过教育的乡下女孩，只凭她的勇气和感召力，在两年时间内便挽回了近百年的失败，让她的国王重新戴上王冠，难道这不是魔法吗？

在百年战争的时代，即公元 1400 年之前，城市在发展，骑士们不再暴躁地坐在他们孤独的城堡里面，而是更愿意生活在富裕而有权势的王公宫廷里。无论你把这段时间想象得多么五彩缤纷，都不足为过。尤其是在意大利、弗兰德和勃拉邦特（今天的比利时），那里的情况太好了。那里有富裕的城市，人们买卖昂贵的布料、锦缎和丝绸，也有财力来随心所欲地干些事。在宫廷的庆典上，骑士和显贵们身着有诸多配饰的华丽长袍，当他们在大厅或者花园里伴着小提琴或其他音乐与女士们跳宫廷舞时，我真想自己也是其中一员。贵妇们的穿着更为昂贵、更漂亮。她们戴着高高的尖帽子，形状差不多像孩子入学第一天手上抱着的糖果筒，上面带着精致的长长飘带，穿着尖尖的鞋子，华丽而金光闪闪的大衣，优雅而娇弱得如同布娃娃。她们早就对城堡里烟熏火燎的大厅感到不满意了，现在终于住进了更大更宽敞且有很多凸窗、塔楼和雉堞的宫殿，墙壁上装饰着五彩缤纷的画毯。在这样的宫殿里，人们说话用词讲究而且细致，当一个雅致高贵的男人将女士引领到装饰豪华的

今天的儿童游戏转圈舞，曾经是宫廷中的高级舞蹈。

宴会餐桌边时，只用两个手指碰她的手，其余的手指要尽量叉开。读和写在城市里几乎早就是理所当然的事情了。商人和手工艺者必须得会读会写，许多骑士则会写很有艺术性的优美诗歌，献给那些优雅的贵妇们。

从事学术活动也不再是少数僧侣在修道院里的“特权”。刚进入 13 世纪时，著名的巴黎的大学里，已经有来自不同国家的两万名学生，在那里学习和争论亚里士多德的观点以及它们如何与《圣经》取得一致。

所有这些宫廷生活和城市生活也慢慢地传到了德国，尤其是德意志皇帝的宫廷。这个宫廷从前在布拉格，因为在鲁道夫 · 冯 · 哈布斯堡去世之后，别的家族被选为皇帝了。从 1310 年起，卢森堡家族作为国王和皇帝在布拉格统治德国。但是，实际上他基本没有真正统治德国，而是每个采邑上的领主自行来统治巴伐利亚、施瓦本、符腾堡、奥地利，等等。德国皇帝只是他们当中权势最大的一位。卢森堡家族自己的地盘是波希米亚，从 1347 年开始，卡尔四世作为一位公正、热爱奢华的君主将宫廷设立在布拉格。在这个宫廷里，有与在佛兰德一般无二的高贵骑士，他的宫殿里还有许多美丽的画作，一点儿也不比阿维尼翁的逊色。1348 年，他还在布拉格成立了一所大学，这是德意志帝国境内的第一所大学。

与卡尔四世的奢华宫廷几乎不相上下的是他的女婿、被称为“缔造者”（Stifter）的鲁道夫四世（Rudolf IV）在维也纳的宫廷。你要记住的是，所有的这些君主都不再生活在孤独的城堡里，不再四处冒险征战，他们在城市的中心有自己的宫殿。从这里你就可以看出，城市已经变得多么重要。而这还只是一个开端而已。

第二十六章　一个新时代

你保存过以前的作业本或者其他的旧东西吗？要是去翻看这些旧东西的话，人们经常会感到吃惊，对吧？才过了那么短的时间，一切都发生了那么多改变。你会很吃惊自己以前都写过些什么，吃惊于里面的错误，也吃惊于里面的好东西。可是，在这个成长过程中，你自己根本注意不到这些变化。世界历史上的情况也是这样。

要是大街上吹响了喇叭，有人骑马从街上走过大声宣布："哎，新时代开始了！"那该有多好。但是，实际情况却是另外的样子：人们改变了自己的想法，但自己根本没有察觉到。后来在突然之间，他们又意识到了这种改变，就如同你在看过去的作业本时那样。然后，他们很骄傲地说："我们进入了新时代。"而且往往还会加上一句："以前的人真笨啊！"

1400 年以后的意大利城市发生的，就是类似的情形，尤其是在以佛罗伦萨为首的意大利中部富裕大城市。那里也有行会，也建造了大教堂，但是，却没有像在法国和德国那样显贵的骑士们。佛罗伦萨的市民们早就不听从德国皇帝的指手画脚了，他们就像从前雅典的市民一样自由而独立。这些自由而富裕的市民、商人和手工业者看重的东西，与中世纪的骑士和手工业者所看重的东西不同了。

一位上帝的战士或者手工业者是不是仅仅服务于上帝，一切都是为了上帝的荣誉，对此人们已经不太在意了。人们更愿意看到自己是一个能够理解事物、能够做些什么的人，一个有自己的意志和判断力的人，一个不人云亦云的人，一个不对任何人俯首帖耳的人，一个不是像人们过去习惯的那样翻旧书了解事情的人，而是一个自己睁开眼睛看、自己动手去做的人。这才是他们看重的：睁眼看，动手做。一个人是高贵还是贫穷，是基督徒还是异端，是否遵守行会的全部规矩，或多或少都是次要的事情。自立、能干、理解力、知识、行动能力，才是最重要的。人们较少再去询问出身、职业、宗教、国籍，人们要问的是：你是怎样一个人？

在 1420 年左右，佛罗伦萨人突然意识到他们和中世纪不一样了。他们注意到另外一些东西。对于什么是美的东西，他们和自己的祖先有不同的看法。过去的大教堂和画像，在他们看来阴暗而呆板，过去的风俗则单调而乏味。他们在寻找某种更符合自己喜欢的自由独立和不受约束的东西。于是，他们发现了古典时代。这可是真正的发现。至于那时的人根本不是基督徒，这对他们来说也无所谓。他们吃惊的是，古代人曾经如何如何能干。关于大自然中和世界上的一切问题，他们曾经有过那么无拘无束的讨论，提出过各种主张，也提出过反对这些主张的理由，他们曾经对一切都那么感兴趣。这些人现在成了伟大的偶像，尤其是在科学领域里。

人们开始搜寻拉丁语的书籍，努力像真正的罗马人那样用清晰的拉丁语来写作。人们也学希腊语，对伯里克利时代雅典人的著作赞叹不已。很快，人们对地米斯托克利和亚历山大大帝、恺撒和奥古斯都的兴趣和了解就超过了对卡尔大帝和巴巴罗萨的兴趣。看起来，好像中间发生的一切只是一场梦，自由的佛罗伦萨将要成为像雅典和罗马一样的城市。人们突然觉得，似乎早已经过去了的古希腊、罗马文化又重生了。通过这些古老的作品，他们也感觉自己获得了新生一样。于是人们经常提到 Rinascimento 这个词，在德语里是 Wiedergeburt（重生），或者用一个外来词讲，就是 Renaissance（复兴）。这中间发生的事情，都是由于野蛮的日耳曼人的过错，他们将那个古老的帝国给摧毁了。佛罗伦萨人现在要用自己的力量让古老的精神重新复活。

他们谈论着罗马时代的一切，谈那时美妙的雕像、豪华而宏伟的建筑，整个意大利到处都有这样的废墟。从前这些东西被称为“异教徒的残留”，人们更多对它们感到害怕而不是敬仰。现在人们突然认识到了这些东西的美好之处。于是，佛罗伦萨人又重新开始用圆柱来建筑了。

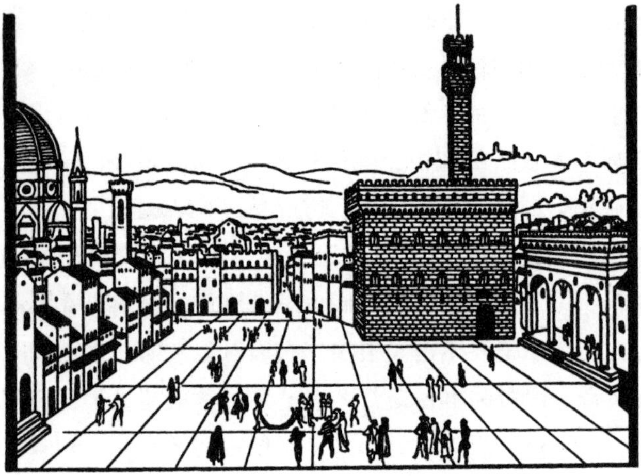

佛罗伦萨市政厅前面的主广场，在那里新时代的自由市民自己来决定自己的命运。

当然，人们没有仅仅停留在寻找旧物，而是开始重新去发现大自然，像两千年以前那样不受羁绊地看待万事万物。人们发现了这个世界有多美，天空、树木、人、花朵和动物有多美。人们根据亲眼所见，来描绘看到的人和物，而不再是那种华美、了不起和神圣的感觉——像僧侣书中的神圣故事或者大教堂窗户上的图画那样。现在，他们的绘画色彩缤纷而有乐趣，无拘无束而自然，清楚而准确，完全按照自己的心意去画。睁眼看、动手做的结果就是，产生了最优秀的艺术。也正因为如此，那个时代最伟大的画家和雕塑家都生活在佛罗伦萨。

这些画家也没有像出色的手工艺者一样，只是坐在他们的画像前，来描绘世界的图景。他们想理解自己所画的一切。尤其是佛罗伦萨的一位画家，对他来说，把画画好还远远不够，哪怕他的画已经再美不过。他的画是所有画家的作品中最出色的。他想了解自己所画的这些东西到底是怎么一回事，这些东西又是如何彼此相关的。这位画家名叫列奥纳多·达·芬奇。他是一位农妇的儿子，生活在1452至1519年间。他想知道，一个人哭时看起来是什么样；笑的时候，身体内在的情形——肌肉、骨头和筋——又是什么样子的。于是，他请求医院把已死之人的遗体给他，以便解剖和研究。在当时，这很不寻常。当然，他做的远不止这些。他还重新去观察植物和动物、去思考鸟是怎么开始飞的。然后他就有了这样的想法，是否人也同样能飞起来。他是第一个精确细致地去研究建造人工鸟、飞行器之可能性的人，坚信自己终究会成功。他钻研全部大自然。但是，他不是靠查阅亚里士多德的著作，或者看阿拉伯人的教科书，他总是想知道，在书里读到的那些东西是不是可靠。他首先睁开了双眼，而且看到的比以前任何一个人都多，因为他不光去看了，还去想了。如果他想知道什么，比如水如何形成漩涡，或者热空气如何上升，也会马上去试验。他不太在意同时代人的书本知识，他是第一个认为大自然中的一切东西应该通过试验来了解的人。他把观察写在字条和纸上，积攒得越来越多。如果我们今天来翻看他画的各种草图，会随时都感到震惊，一个人竟然可以研究和了解那么多当时没有人知道或者愿意知道的事情。

但是，很少有他的同时代人知道这个著名的画家发现了这么多新东西，有这么不同寻常的看法。他是个左撇子，写下来的是小小的反写字母，这读起来可并不容易。不过很可能对他来说，这正是他想要的，因为在当时如果说出来独立的见解并非毫无风险，比如在他的笔记中可以找到这样的句子："太阳不动。"除此以外，便什么都没有了。但我们从中能够看出，列奥纳多知道地球绕着太阳在转，而不是像人们几千年来相信的那样是太阳每天围着地球转。也许列奥纳多只写下这个句子，是因为他知道《圣经》里根本没有涉及这个问题。很多人相信，人们看待自然界中的一切，就应该与两千年前《圣经》形成之时犹太人对自然的看法一样。

列奥纳多之所以严格地将他众多精彩的发明对他人保密，也不全是因为担心自己被当作异端。他非常了解人们，知道他们会利用自己的发明来互相残杀。因此，列奥纳多在手稿上另外一个地方写道："我知道如何能待在水下，可以长时间不进食。但是我不公布这项知识，也不告诉任何人。因为人是邪恶的，他们会把这个技艺用来在海里杀人，会把船底锯开，让船和里面的人一起沉没。"可惜，并非所有后来的发明家都如列奥纳多那么伟大，而且人们也早就学会了那些他不想示人的东西。

在列奥纳多的时代，佛罗伦萨有一个特别富裕、有权势的美第奇（Medici）家族，是羊毛贸易商人和银行家，差不多像当初伯里克利对雅典的影响一样，这个家族从 1400 到 1500 年间，通过它的意见和影响左右了这个城市的历史。尤其是洛伦佐·德·美第奇（Lorenzo di Medici），由于他把自己的财富利用得物有所值，所以人们称他为“伟大的洛伦佐”。他要赢得所有的艺术家和学者。如果听说一个年轻人有才华，他就会马上把他请到家里，让他接受教育。从这个家族的风俗习惯也可以看到，当时人们有怎样的想法。在那里，吃饭时没有年龄最大、地位最高的人坐在最上方这样的座位次序。谁先来了，谁就坐在洛伦佐旁边的上座，哪怕他只是一个画工学徒；谁来晚了，就得坐在下座，哪怕他是一个使节。

很快，各地的人都从佛罗伦萨人这里了解到了对世界、对能干的人和美好事物、对废墟和古罗马、希腊人的书籍的热爱。如果什么东西被发现了，其余的人很快也就学会了。在教皇的宫廷——这时又回到罗马了——最伟大的艺术家被召集来，被要求以新的方式来建造，或者用新的图画和雕像来装饰教堂和宫殿。尤其是当美第奇家族的人当上教皇后，整个意大利最伟大的艺术家都生活在罗马，创造着最伟大的艺术品。当然，这些看待事物的新方式，并非总能与旧宗教虔信相一致。那时的教皇，作为奢华君主的成分多于作为牧首和灵魂看护者，他们攻占了意大利，要在他的首都为精美的艺术作品支出大量的金钱。

在德国和法国的城市里，这种关于前基督教时期的古代思想意识也慢慢地扩展开来。那里的市民渐渐开始接受新的思想和形式，开始读新的拉丁语书籍。自 1453 年以后，这些书变得容易购买而且也便宜了。当时，一个德国人有了个伟大的发明。这个发明，像腓尼基人发明字母一样了不起。这就是印刷术：将刻好字的模板刷上黑色，然后把纸张印在上面。当然，这种方法在中国早就有了，在欧洲也已经有好几十年了。但德国人古登堡的发明却不是去雕刻整个木板，而是用木块刻出每一个字母来，然后将这些木块组合在一起，就如同读字板一样，放在一个框子里，想印多少次就印多少次。等到这一页印够数了，就可以把框子拿开，将字母重新组合。这样一来，印刷书籍就变得又简单又便宜，当然要比用多年费力抄写——像希腊和罗马的奴隶、像僧侣们所做的那样——要简单和便宜得多。很快，在德国和意大利就有了很多印刷作坊和印刷出来的书，比如《圣经》和其他书籍，而且不光是在城市里，连乡下的人们也在热切地读书了。

另外一个发明对世界的影响几乎可以说更深刻。那就是火药。中国人好像也早就对它有所了解，但是他们主要是用火药来做炮仗和烟花。直到 1300 年左右，欧洲人才开始用炮弹攻击城堡和人群。很快，单个士兵手里也拿起了巨大粗笨的枪管。当然，那会儿用弓箭射击要来得快一些。一位英国好弓箭手当时可以在十五分钟之内射出一百八十支箭，而一个士兵大概需要这么长的时间才能给他的枪装上弹药发射出去。尽管如此，在英法的百年战争中已经用上了枪和炮，而在 1400 年以后就更为普遍了。

骑士们可不喜欢这样，而且从远处将一个子弹射进人的肉体里，也没有骑士风度。你知道，骑士们习惯在马背上相向而来，将对方从马鞍上掀下。现在面对这些市民军队的子弹，他们得穿越来越重、越来越厚的铠甲，结果没多久，他们就不能穿着铁丝网甲上阵了，而是得穿得像铁人一般，几乎都无法活动。这虽然看起来很吓人，但是里面特别热，也特别不实用。这些骑士队伍再怎么勇敢也不那么令人害怕了。一个善战的法国勃艮第公国的著名骑士公爵——曾经因为无所畏惧被称为“大胆卡尔”——在 1476 年带着身披铠甲的骑士队伍进攻瑞士时，瑞士的自由农民和市民在穆尔腾市（Murten）附近徒步迎击了这些行动不便的铁人们，把他们打翻在马下，抢夺了价值不菲的豪华帐篷和地毯等这些骑士军队随行带的东西。这些战利品今天还可以在瑞士的首都伯尔尼看到。瑞士保住了自由，骑士的进攻失败了。

1500 年左右在位的德国皇帝，被称为最后的骑士。他叫马克西米利安（Maximilian），来自哈布斯堡家族。自鲁道夫 · 冯 · 哈布斯堡国王以来，这个家族的权力和财富就一直在增长。1438 年以后，这个家族不光在自己的地盘奥地利有权势，在各处的影响都很大，以至于只有哈布斯堡家族的人才能被选为皇帝。但是，他们中的大多数都和马克西米利安这位最后的骑士一样，与德国的显贵和公爵们有很多争斗和麻烦，这些贵族几乎在自己的采邑上行使统治管理权，不受任何限制，甚至当皇帝命令他们跟随去打仗时，他们都不想随行。自从有了货币、城市和火药以后，如同骑士制度本身一样，将分封带有依附农的土地采邑作为参战酬劳的做法就过时了。因此，当马克西米利安与法国国王为争夺意大利而打仗时，他带领的军队便不再是他的骑士臣仆，而是雇佣兵。这些身着最难以令人置信的、最为夸张的本土服装的野蛮粗暴之人，大多很乐于抢劫掠夺。他们不是去为自己的家乡而战，而是为了钱才去打仗的：谁给的钱多，就去谁那里。因此，皇帝需要很多钱。但他自己又没有钱，所以必须向城市里的富商去借。因此，他不得不对城市表示友好，但这又让越来越显得多余的骑士们感到愤怒。

马克西米利安不愿意有这么多复杂的烦恼。他更愿意做的是，像过去的骑士时代那样，在竞赛上骑马赛艺，给倾心的女士用漂亮的韵文讲述他的冒险故事。他是一个旧式与新式的奇怪混合体，喜欢新艺术，反复请德国最伟大的画家阿尔布雷希特·丢勒（Albercht Dürer）来完成为他赢得荣誉的图画和印刷品。丢勒从意大利人那里学到很多，不过更多是自学成才。于是，第一位新时代的德国艺术家在他精美的图画中，描绘了最后一位骑士的真实样子。他的绘画以及意大利的绘画和建筑，就是那个对着人们高喊“新时代开始了”的喇叭。如果我们将中世纪比作一个星光灿烂的夜晚，那么我们必须将这新的觉醒时代，这个从佛罗伦萨开始的时代，看成明亮而清澈的黎明。

第二十七章　一个新世界

我们现在所谈论到的世界历史，其实只是半个世界的历史。其中绝大部分故事都是在地中海周围上演的，在埃及、美索不达米亚、巴勒斯坦、小亚细亚、希腊、意大利、西班牙和北非，或者最多在与之相邻的德国、法国和英国。我们有时候也把目光投向过东方，投向被保护得很好的中国和印度。在我们谈到的这段时间里，印度被信仰伊斯兰教的王室统治。那些旧大陆西部、英国以外的地方，没有人关心那里发生的事情。只有几个维京人航海者曾经在西面看到过荒无人烟之地，但是他们很快就离开了，那里没有他们想要的任何东西。像维京人这样胆大无畏的航海者可不是很多。又有谁敢航行在英国、法国和西班牙以西的不为人知的大洋上呢？

直到有了一个新的发明以后，这个大胆行为才有了可能。这个发明——几乎要说“当然”——又属于中国人。人们发现，一块自然悬挂着的磁铁总是指向北方：这就是指南针。中国人早就在穿越沙漠时用了这样的指南针，现在关于这个魔法工具的知识，经由阿拉伯人传到了欧洲——欧洲人在1200年左右的十字军东征时了解到了这一知识。那时候指南针还很少被人们应用。因为这对当时的人来说，有点儿太不可思议。但是慢慢地，人们的好奇多过了恐惧，而且不光是出于好奇，还因为在远方的那些国家有宝藏，能得到别样的财富。但是，仍然没有人敢到西面的海上。那里太广大、太陌生了。驶向那边去的话，最后会到哪里呢？

这时候，一个来自意大利热那亚的叫哥伦布的人像着了魔一样，花了好多时间去研究过去人们对地球的描写，这个贫穷、喜欢冒险而且有虚荣心的人心里有一个想法：如果一直向西行驶的话，能够到哪里呢？人们最终到达的应该是东方！地球是圆的！是一个球啊。一些古代的书里，就是这样写的。如果一直向西航行，走过了半个地球，那么就能到遥远的东方，到富裕的中国、童话般的印度，那里有黄金、象牙和罕见的香料。有了指南针，从海上航行要比穿越沙漠和高山到达东方容易得多。亚历山大大帝曾经那样做过，当时的商队也还是走陆路将丝绸从中国带到欧洲。哥伦布以为，走海上的新路肯定能在几天之内就到达印度，而不是像走老路那样需要几个月时间。他对所有的人讲了这个计划，但所有人都嘲笑他。一个傻瓜！但是他不为所动。“给我船，给我一条船，我就去尝试，去从仙境印度给你们带黄金回来！”

他向西班牙寻求帮助。在当时，也就是1479年，两个基督教王国的统治者利用联姻合二为一，通过艰苦的战斗将阿拉伯人（如你记得的，阿拉伯人曾统治西班牙长达七百多年了）从壮丽的首都格拉纳达（Granada）赶了出去，而且是从整个国家赶了出去。虽然在葡萄牙和西班牙的王宫里，哥伦布根本找不到有人对他的主意感到兴奋，但还是有人让萨拉曼卡大学来审查他的计划，这些人给出的结论是：不可行。在绝望的七年中，他一直在等待、乞求着："给我条船吧！"最后，他决定离开西班牙去法国。在路上，他偶然遇到一位教士，是西班牙女王伊莎贝拉·冯·卡斯蒂亚的忏悔神父。哥伦布的想法，让这位神父感到眼前一亮。他给女王讲述了这些想法后，女王终于又召见了哥伦布。但这次他差一点又把事情弄砸了，因为如果能成功的话，他要求女王给他的回报可不是小事：他要被晋升为贵族，成为所有被发现的印度土地上的国王代表人，要成为海军上将，在所发现之地上税收的十分之一也要归他所有，此外还有一些其他条件。当被拒绝时，他转身离开，去了法国。但那样的话，他所发现的地方就会成为法国国王的臣属之地。西班牙人对此心存恐惧，于是又把他召回来，同意了他的要求。人们给了他两条破帆船：哪怕船沉了，也没损失多少。他自己租了第三条船。

就这样，他从大洋上出发一路向西，想要到达东方的印度。1492年8月3日，哥伦布从西班牙出发了。途中，他为了修船，不得不在一个岛上停留了好长时间。接下来，他继续向西航行，但是仍然没有达到印度！他手下的人渐渐失去了耐心，开始感到绝望。他们想要返航。但哥伦布不让这些人知道他们真正离开家乡已经有多远，就对他们撒谎。终于，在 1492 年的 10 月 11 日夜里两点，他的一条船一声炮响发出信号：发现陆地了！

哥伦布感到无比欢欣和骄傲。印度！他在沙滩上发现的那些性情温和的人们，是印地人，或者说，是印第安人！现在你知道，那是一个错误的看法。哥伦布所到达的，根本不是印度，而是美洲附近的一个岛屿。直到今天，人们还将美洲的原住民称为印第安人。为了纪念他的这个错误看法，人们又将他最先到达的那个岛屿命名为西印度群岛。但是，真正的印度离这里还无比遥远。前面还需要走的路，比这里到西班牙的距离还要远得多。要想到达真正的印度，哥伦布和他的船员们至少还要航行两个月，那样的话，他们都得悲惨死去，没法到达真正的印度。但是，当时哥伦布倒真相信自己到了印度，并以西班牙国王的名义占领了这里的土地。而且后来他接着航行时，也一直认为自己发现的是印度。他绝不会承认，当初占据他头脑的伟大想法是不正确的，地球比他设想的要大得多，从陆路到印度要比从海路穿越整个大西洋和印度洋要近得多。他只想成为印度——他的梦想之国——的总督。

也许你知道，人们将这一年——哥伦布在他了不起的冒险航行中途偶然发现了美洲大陆的 1492 年——看成了新时代

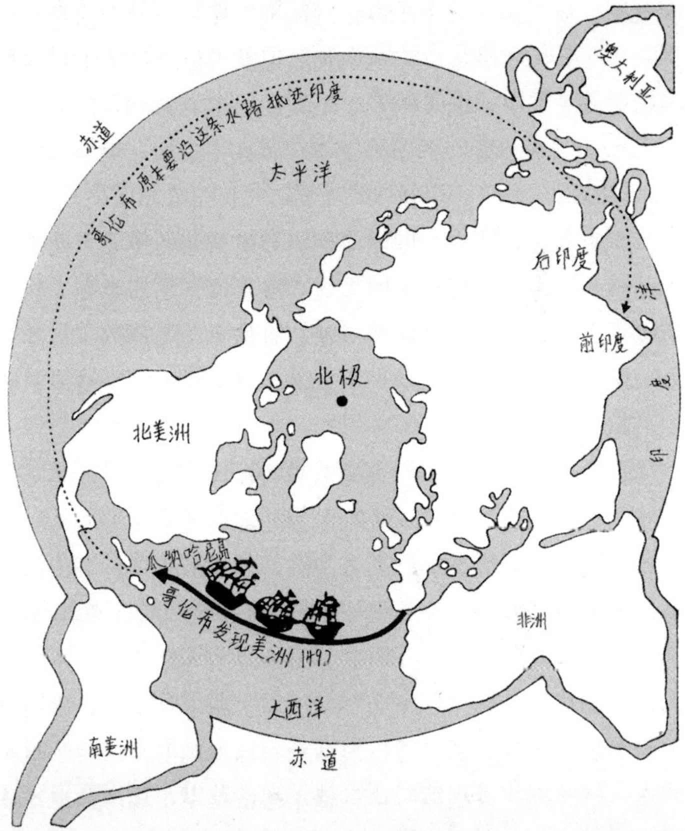

哥伦布那个重大而大胆的海上航行，与这位发现者原本计划的航行相比，只是非常短的一段距离。如果从北部仔细看那个位置上的环球距离，这就显得尤为引人注目。

的开始。这比把476年作为中世纪的开始，更具偶然性。毕竟，在476年，西罗马帝国最后一个名叫罗慕路斯·奥古斯都路斯的皇帝的确被废黜了，但在1492年，包括哥伦布自己在内还没有人知道，这次航海的意义远不止于在陌生之国发现新黄金这么简单。回到西班牙后，哥伦布受到隆重的欢迎。但是没多久，他在后来的航海中因为野心和骄傲、贪婪和乖张，越来越不受人待见，国王让人将这位总督和海军上将用铁链锁上，从西印度带回西班牙。哥伦布一生都留着这条铁链，即便后来他又重新获得了宽恕，有了荣誉和财富后，他都不能也不愿意忘掉这样的羞辱。

哥伦布和他的同伴们乘坐的第一批西班牙船只，只发现了一个居住着性情淳朴、贫穷而简单的印第安人的岛屿。西班牙的冒险者们想从他们那里知道的唯一的事情是，他们佩戴的黄金饰物——有些人是戴在鼻子上的——是从哪里来的。他们指向西方。这样，人们才到了真正的美洲。因为西班牙人真正寻找的是这个黄金之国。他们对那里有着令人难以置信的想象，期待着城市的屋顶都是用黄金做成的。一些粗野的人，从西班牙来到这些还没被发现的地方，要为西班牙国王来占领它们、劫掠财物。他们实际上是残忍的强盗头子，对当地人冷酷无情，极其虚伪狡诈，被种种狂野的贪欲向前驱使，进行着越来越乖张的冒险。在他们眼里，只要能够得到金子，没有哪种冒险是不能实现的，没有哪种手段是太糟糕的。他们勇敢得不可思议，却也没人性到不可思议。最令人感到悲哀的是，这些人不光自称为基督徒，还一直强调，他们是为了基督教才对非基督徒做出所有这些暴行的。

其中的一位征服者，当时还是一位大学生，费尔南多·科尔特兹（Fernando Cortez），充满了无尽野心。他想要进入腹地，获取那些传说中的珍宝。1519 年，他带着一百五十名西班牙士兵、十三名骑兵和几门大炮从海岸出发。印第安人以前还从来没有看到过白人，也没有看见过马，大炮更让他们感到万分恐惧。在他们的眼里，这些西班牙强盗如果不是神的话，也是法力无边的魔法师了。尽管如此，他们还是英勇抵抗，白天袭击骑兵队伍，晚上袭击营地。但是，科尔特兹从一开始就进行可怕的报复，点燃印第安人的村庄，杀死了几千人。

不久以后，一位强大的、远方的国王派使节来到这里，带来了黄金和彩色羽毛等华贵的礼物。使节们请科尔特兹返回。但是，这些华贵的礼物只是让科尔特兹变得更加好奇，更有抢劫的欲望。于是，他极尽冒险之能事继续前进，还像很多的征服者经常做的那样，强迫印第安人与他同行。终于，他们来到了那位曾经派出使节、给他送去礼物的强大国王的所在国：这位国王叫蒙特祖玛（Montezuma），他的国家和这个国家的首都都叫墨西哥。蒙特祖玛充满敬意地在城门外迎接了科尔特兹和他的小部队，这座城市位于湖泊之间。当西班牙人经由长长的堤岸走进城里时，他们对这座都城里到处可见的奢华、美丽和强大感到惊诧不已，城市之大可与他们在欧洲所见过的最大城市媲美。这里有笔直的街道，许多河道和桥梁、广场和大市场，每天都有上万人来做买卖。

科尔特兹在给西班牙国王的报告中这样写道："在这里，人们用各种不同的东西来交换食物，用小块的金、银、铁皮、黄铜、兽骨、贝壳、龙虾壳和羽毛，用雕凿和未雕凿过的石料、石灰岩和砖块，用加工和没有加工过的建筑木料。"他写道，某些街道上满是各种鸟类和动物，有些街上还有各种不同植物在出售，有药店、理发店、客栈，有罕见的园艺植物和水果，有颜料、器皿和各种烘烤食品。在市场上，一直有十个法官坐在那里，一有纠纷就马上作出裁决。他还描述了城市里的巨大神庙，神庙本身差不多就和很多城市一样大，有高高的塔楼和五颜六色的厦屋，厦屋里有让人畏惧的巨大神像，人们还要用人牲向它们献祭。他也不胜赞叹地描述了城市里的高大房屋，这些房屋带着宽敞的厅堂和漂亮的花园，有供水管道，有守卫人员，也有通关官员。

蒙特祖玛的王宫给他留下了特别的印象。他说，西班牙没有可与之类比的建筑。那里有一个非常漂亮的花园，在花园上方的庭柱和碧玉平台上是多层建筑，在上面可以获得很宽广的视野；那里有宽敞的大厅，有鸟池，也有一个巨大的动物园，各种动物都被养在笼子里。蒙特祖玛被一批衣着华丽的高级宫廷官员簇拥着，他们都对他显示出最高的尊崇。蒙特祖玛本人每天换穿四种不同的服饰，每次都是新的衣服，他的衣服从来不会穿第二次。走近他的人得低着头，如果他

科尔特兹和他的战斗队翻过石砌大堤进入辉煌的墨西哥城。国王蒙特祖马在城门迎接他。

坐在轿子里被抬着走过墨西哥的街道时，他的子民都得趴在地上，不可以抬头看他。

这位权势强大的统治者被科尔特兹施以诡计俘获了。面对这么多的奸诈和恶行，蒙特祖玛不知所措，不敢对白人入侵者做任何抵抗行动，因为在墨西哥有一个古老的传说讲，总有一天太阳之子们和白色诸神要从东方过来接管这块土地。人们将西班牙人当成了白色神。不过，说他们是白色鬼可能更合适些，因为西班牙人在一个神庙庆典上袭击了所有墨西哥高层人物，谋杀了那些没有抵抗能力的人。当一场可怕的暴动爆发时，科尔特兹强迫蒙特祖玛从他的宫殿顶上命令民众保持安静。但是这些民众不再听话了。他们将石头抛向自己的国王，蒙特祖玛被击中后，倒地而死。当时的场面就是可怕的残杀，科尔特兹在这时显示出了非凡的勇敢。那么一小队西班牙人能够从这座愤怒的城市中逃出来，带着全部的伤病人员穿过对他们充满敌意的国家到达海岸，的确是个奇迹。当然，不久以后他又带着新的士兵来到这里，摧毁并焚烧了这座繁荣的城市。从那里开始，西班牙人对美洲其他地区古老文明的印第安人以最残忍的方式进行了灭绝。人类历史上的这一章让我们欧洲人感到如此震惊、羞愧，我还是对此保持沉默为好。

在此期间，葡萄牙人找到了通往印度的真正海路。他们在那里所做的事情，并不比西班牙人对印第安人做的好到哪里。古代印度人的智慧对他们来说无所谓，他们想要的除了黄金，还是黄金。由于这些来自印度和美洲的黄金涌入欧洲，市民变得越来越富裕，骑士和土地占有者却变得越来越贫穷。众多的船只驶向西方或者从西方而来，因此欧洲西部的港口变得越来越强大，越来越重要。这种情况不光发生在西班牙，也发生在法国、英国和荷兰。德国对于占领海外之地没有参与，当时内部争端已经让他们应接不暇了。

第二十八章　一个新信仰

就像你还记得的那样，1500 年以后，统治罗马的教皇将奢华和权力看得比教义还重要，他们让最著名的艺术家来建造华丽的教堂，尤其是当美第奇家族——他们在佛罗伦萨时就非常看重艺术和奢华——有两人成为教皇后，罗马就有最出色的巨大建筑伸向空中。那座旧彼得教堂——康斯坦丁大帝所建、卡尔大帝曾经在里面被加冕为皇帝——在他们看来还是不够豪华壮丽。他们准备修建一座新教堂，其规模之大和设施之美都将是前所未见的。可是，这需要花很多钱。当时的教皇们，更在意的是能得到这笔钱把教堂修起来，而不在意这笔钱是从哪里来。于是，为了让教皇高兴，有些神父和僧侣的敛钱方式甚至与教会的教义不相符合。他们让信徒为获得上帝对罪行的宽恕而付钱，人们称之为“赎罪券”。尽管教会的学说认为，只有悔过的罪人才能获得赦免，但是这些“赎罪券”贩子可不听这一套。

当时在德国的维滕堡（Wittenberg）有一位奥古斯丁教派的僧侣，叫马丁 · 路德（Martin Luther）。当一位发放赎罪券的人于1517年来到维滕堡为新彼得教堂敛钱时——就在这一年新教堂开工，由世界上最有名的画家拉斐尔（Raffael）主持——马丁 · 路德想让人们注意到这种不符合教会规定的权力滥用。他在教堂大门上钉上了一块告示板，上面有九十五条论纲，痛斥这种与上帝的救赎恩典做交易的行为。对路德来说，最可怕的事情是人可以用钱来获得上帝宽恕罪行的恩典。他一直觉得自己是个罪人，要像每一个罪人一样，必须对上帝的愤怒感到恐惧。他感觉到只有一样东西能将人从上帝的惩罚中解救出来，那就是上帝无尽的恩典。而上帝的恩典，在路德看来是无法用钱买来的。要是能用钱买的话，那就不再是上帝的恩典了。即便是一个好人，在全知全能的上帝面前也是一个罪人，也理应受到惩罚。他只有对上帝赐予的恩典有真正的信仰，才会因此得救。除此以外，别无他途。

现在，在这场围绕着赎罪和对它的滥用引发的激烈争论中，路德很快就将他的观点强调得更为清晰、更无条件了。他写下来教导别人的观点是：除信仰以外，一切都是多余的。包括那些在对上帝的礼拜中让信众分享上帝恩典的神职人员和教会，也都是多余的。上帝的恩典不能由中间人分派。只有坚定的信任和个人对上帝的信仰才能让一个人得救。要有对教义之大秘密的信仰：在圣餐中我们吃的是耶稣基督的肉，从圣杯中喝的是他的血。没有人能够帮助他人获得上帝的恩典。每一个信仰者可以说是他自己的牧师。教会的牧师无非是一位教师或助手。因此，牧师也可以像所有其他人一样生活，可以结婚。信众不必非得接受教会的教义。他必须在《圣经》中自己研读上帝的看法。按照路德的看法，只有《圣经》里的内容才算数。

路德不是第一个有这样想法的人。一百年以前，已经有一个叫胡斯（Hus）的人在布拉格传播类似的学说。他被召唤到在康斯坦茨举行的教会大会后，尽管有皇帝的安全允诺，但还是在1415年被作为异端烧死了。他的许多追随者在血腥和野蛮的战争中被铲除了，半个波希米亚被夷为平地。

路德和他的追随者可能也会遭受到同样的命运，但是时代不同了。因为有了印刷术的发明，世界不一样了。路德的著作写得非常激烈、有煽动性，当然也经常很粗俗。在德国，到处都在卖他的书，人们也都在阅读他的著作。许多人非常同意他的看法。教皇获知此事后，威胁要将路德逐出教门。可是，路德已经有了很多追随者，所以对教皇的恐吓根本不在意。他公开烧毁了教皇的信之后，真的被逐出了教门。这时他和他的追随者就完全与教会脱钩了。当时这在德国引起很大的不安，很多人站在他这边，因为喜欢华丽和财富的教皇在德国并不受爱戴。德国一些公爵也不反对接过主教和大主教们手中的权力，让教会拥有的土地转到他们手中。于是他们也加入了“宗教改革”——人们用这个词来指称路德所做的尝试，即重新唤回古老的基督教信仰。

1519 年，“最后的骑士”马克西米利安皇帝去世，他的孙子哈布斯堡的卡尔五世成了德国皇帝。这个人也是西班牙国王伊莎贝拉·冯·卡斯蒂亚的孙子，当时十九岁，从来没在德国住过，一直待在比利时、荷兰和西班牙，因为那里也属于他的继承国。作为西班牙国王，他现在还统治着新发现的美洲大陆，科尔特兹刚刚出发去征服那里。因此奉承他的人可以说，他在统治着一个日不落帝国。因为我们这里是黑夜的时候，美洲正好是白天。的确，他的大帝国包括了哈布斯堡的世袭国奥地利、勃艮第的“无畏者卡尔”的遗产（荷兰），还有西班牙，最后还有德国，它在欧洲的真正对手只有法国。法国虽然远不如卡尔五世的帝国那么大，但是在能干的国王弗朗西斯一世的统治之下，成了统一、富裕而稳固的国家。这两位国王为争夺对欧洲最富裕国家意大利的统治，进行了混乱不堪的长期斗争。教皇们一会儿支持这个，一会支持那个。1527 年，罗马终于遭到了皇帝雇佣兵的掠夺，意大利的财富被销毁殆尽。

当卡尔五世于 1519 年即位之时，他还是一位与教皇交好的非常虔敬的年轻人。在亚琛被加冕之后，他想尽快将异端分子路德的事情做个了结。他最愿意做的，便是干脆将路德逮捕，但是，路德所在的城市维滕堡归萨克森公爵管辖。这位公爵被人们称为“智者腓特烈”，他不允许逮捕路德。他后来也成了路德最大的保护者，保护他不被人加害。

僧侣马丁·路德现身于沃姆斯的参议会，在皇帝卡尔五世主持的集会上陈述自己的观点。

现在，卡尔五世让人将这个反叛的僧侣带到在德国召开的帝国参议大会上。这次隆重而庄严的集会于 1521 年在沃姆斯（Worms）召开，帝国内的公爵和重要人物都出席了。在这样的集会者面前，路德穿着他的僧侣修行服出现了。他事先已经声明，如果能用《圣经》里的内容里证明他是错误的，那么他就推翻自己的学说。你知道，路德只承认《圣经》是上帝的话语。但是，帝国参议会上的公爵和贵族们可不想让这位博学而激情澎湃的博士和他们言语交锋。皇帝要求他收回自己的学说。路德请求给他一天的考虑时间。他下定决心要坚持自己的信仰，他给一位朋友写信说：“实际上，我不会推翻任何一个字，我相信基督。”第二天他出现在帝国参议会上，用拉丁语和德语发表了一个长篇演讲，在里面解释了自己的信仰，并且说，如果他在为信仰的激烈论战中伤害了什么人的话，他为此感到很抱歉，但是他不能推翻自己的学说。那位年轻的皇帝可能一句话也没有听懂，他让人告诉路德，应该给出一个简短扼要的答复。于是，路德再一次用有力的话语答复说，只有《圣经》上的理由才能强迫他收回自己的观点：“我的良心被上帝的言词所俘获，因此我不能、也不愿意推翻自己的任何观点，因为去对抗良心是危险的。愿上帝助我，阿门。”

于是，帝国参议会通过了一项法律，按照这项法律，路德被定为异端。这就意味着，任何人都不许给他提供食物、帮助他、给他提供住处。谁要是这样做的话，就会不受法律的保护。谁买他的书或者持有他的书，也一样有罪。任何人都可以将他杀死，而不会受到惩罚。他就如俗语所说的那样，“像鸟一样自由”。他的保护者、萨克森的“智者腓特烈”让人偷偷地将他抓起来，带到了自己的城堡“瓦特堡”（Wartburg），把他乔装打扮成另外一个人，开始用假名字生活。在那里，在这种自愿的囚徒生活中，路德将《圣经》翻译成了德语，以便让每个人都能读到它，都能对它有所思考。这可并不容易，因为路德想让所有的人都能够读懂《圣经》，但当时还没有一种所有人懂的通用德语。巴伐利亚人写巴伐利亚的方言，萨克森人写萨克森的方言。路德现在要力图找到一种语言，一种所有德国人都能懂的语言。最终，他在翻译《圣经》时创造了一种语言，一种经过四百年之后仍然很少被改动的书面语言。

路德一直待在瓦特堡，直到了解到他的演说和文字所带来的效果让他感到不满意时才离开。当时，他的追随者成了比他更狂野的路德派，这些人将画像从教堂里扔出来，并告诉人们，给孩子受洗是不公正的，因为每个人都必须自己来决定是否要受洗。这些人被称为画像毁坏者或者“再受洗者”。路德的学说给农民带来了特别深刻的印象，关于这个学说他们的头脑里有自己的理解。路德教导他们，每个人只需听从自己的良心，而不必听从任何人；一个人必须作为一个独立、单个、自由的人去争取上帝的仁慈恩典。这种关于自由人不从属于任何人的学说，让那些依附民和没有自由的农民感到，他们现在也可以自由了。于是，他们聚集在一起，以打谷棒和镰刀为武器，杀死农庄主，攻击修道院和城市。路德现在以他自己的布道和文字的全部力量来与这些画像毁坏者、再受洗者和农民斗争，就如同他在此前与教会的斗争一样，并协助制服和惩罚这些农民反抗者。正是新教教徒——人们这样称呼路德的追随者——内部的这些不一致，让大型、统一的天主教会有了一个巨大优势。

在那些年里，路德也不是唯一有这样想法和宣扬这种思想的人。在苏黎世，牧师茨温利（Zwingli）走了一条类似的路；在日内瓦，另外一位叫加尔文（Calvin）的学者也与教会分道扬镳。他们的学说彼此都大体相似，但他们的追随者却不能意见统一或者彼此相容。

现在对教皇来说，又有了一个新的重大损失。在当时，统治英国的亨利八世与卡尔五世的一位姑母结了婚。但是，他对这段婚姻感到不满意，而是更愿意与宫女安·波琳（Anne Boleyn）结婚。作为最高的神职人员，教皇不允许这样的事发生。于是，亨利八世在1533年让他的国家退出罗马教廷，成立了自己的教会，这个教会同意他离婚。不过，教皇仍然在迫害路德的追随者，但是罗马的天主教会永远地失去了英国。不久以后，亨利八世觉得安·波琳也单调无聊，所以就砍了她的头。十一天以后，他又一次结婚，不过这位女人没等到被他杀死就去世了。他后来又和自己的第四位妻子离婚，娶了第五位妻子，这位妻子同样被他斩首了。只有他的第六位妻子比他活得长。

卡尔五世皇帝在他的庞大帝国中并没有得到很多乐趣：这里一片混乱，以信仰为名义的斗争日趋激烈。他时而与德国的公爵们这些路德追随者作战，时而与教皇作战，还与法国和英国的国王作战，或者与1453年已经从东方过来占领了东罗马帝国首都君士坦丁堡的土耳其人作战。土耳其人扫荡了匈牙利，一直兵临维也纳城下，但在1529年对维也纳围城不得，终于徒劳而返。

这位王位上的统治者终于厌倦了那不肯落下的太阳，就让自己的兄弟斐迪南当了奥地利的统治者和德国皇帝，把西班牙和尼德兰给了他的儿子菲利普。他自己则作为一个年老而衰弱的人，于 1556 年进入了西班牙的圣尤斯特 (San Geronimo de Yuste) 修道院。据说，他在那里的任务是修理钟表和调整钟表。他想让这些钟表同时打点。当他没能办到时，据说他曾经说过："我甚至都无法让几个钟表步调一致，还想让我帝国里的人能走到一起，简直是太大的妄想啊。"他在孤独和失望中死去，而他先前帝国中的钟表敲打出来的钟点也越来越不同了。

第二十九章　争斗中的教会

在皇帝卡尔五世与法兰西国王弗朗西斯之间的一场战斗中，一位年轻的西班牙贵族受了重伤。他叫伊纳爵·冯·罗耀拉（Ignatius von Loyola）。他长期躺在病榻上，带着满身心的痛苦，对自己迄今为止作为一位年轻贵族的生活做了很多思考，也阅读了大量《圣经》和圣人的传说。于是，他产生了改变自己生活的想法。他还要像以前一样去当一个战斗者。但是，这次他要做的是保卫天主教会的战斗者，这个因为路德、茨温利、加尔文和亨利八世而陷入深深危险中的宗教。

等到终于恢复健康之后，他没有径直回到战争当中，加入路德教徒与天主教徒之间诸多战斗中的某一场，而是去了大学。他去学习、思考，然后再思考、再学习，为的是让自己为未来的战斗有更充分的准备。谁想要统治别人，就必须对自己有所掌控。他对此很清楚。就这样，他千方百计想使自己能够主宰自己，就像佛陀要求的那样。只是他的目的与佛陀有所不同。伊纳爵也想消灭自身的愿望，但是他的目标不是从人世的痛苦中解脱出来，而是让自己除了教会和教会的目标以外不再听从其他目标。经过多年的练习，他能做到禁止自己去想特定的某些东西，能够随时让某些想象的场景清晰地凸显出来，就好像他亲自看见了一样。这是他的准备阶段。对于他的朋友们，他要求他们修炼到同等的水平。等到大家都能这样来控制自己的想象时，他们一起成立了一个宗教教团，自称耶稣的军队。这就是耶稣会。

这一支经过精挑细选且受过训练的人组成的小队伍，非常愿意为教皇效劳，成为教会的保卫者。1540 年，教皇接受了他们的请求。从这时开始，他们如同一支深思熟虑而且强有力的军队一样，开始了自己的战斗。他们从铲除对天主教会权力的滥用开始——正是这种滥用导致了与路德教派的争端。在一个大型教会集会上——1545 至 1563 年间在南蒂罗尔的特里安（Trient）举行——他们提出了自己的咨询意见，从教会的权力到教会的荣誉，教会决定做很多改变和改进。神职人员应该再度成为神职人员，而不是豪华奢侈的公爵君主；教会应该更多地考虑穷人。他们尤其应该努力给民众提供受教育机会。在这个问题上，作为教师，耶稣会的人最能有所贡献。他们是有学问、受过培训的人，无条件地服务于教会。作为教师，他们可以将自己的想法在普通民众和高层人物当中传播开来。在高等院校里面，他们也有着一席之地。但是，他们不光是靠教师和信仰布道者的身份在远方的国家扩大他们的影响，其中也有很多人是国王宫廷里的忏悔神父，因为他们是聪明、有远见的人，是了解人灵魂的人，也知道如何从自己的角色出发，对强有力人物的决议和决定施加影响。

他们致力于通过不与天主教会分离而是对天主教会的改造而重新唤醒人类先前的虔敬之情，并以这种方式有效地铲除宗教改革，人们称之为“反宗教改革”。在这个宗教斗争的时代，人们都非常严肃，一丝不苟，几乎像伊纳爵 · 冯 · 罗耀拉本人那样。佛罗伦萨市民对权势煊赫的奢华人物的兴趣早已过去，人们重新开始看重一个人是否虔敬，是否想服务于教会。上层人物不再穿着色彩斑斓、面料飘逸的长衣。几乎所有的人看起来都如修士一般，穿着一丝不苟、有着白色领口的黑色紧身衣。因为留着细细的一绺尖胡须，他们的脸看上去严肃而阴沉。每个上层人物都佩戴着匕首短剑，谁要是侮辱了他们的荣誉，他们就会要求决斗。

这些人动作安静有节，客气得有些僵硬古板，而且几乎都是坚韧的战斗者。如果事关信仰，他们更会铁面无情。当时，不光是在德国有新教徒与天主教公爵之间的战争。最令人愤怒的情况是在法国，在那里新教徒被称为胡格诺派，1572 年，法国王后邀请所有胡格诺派的上层人物来宫廷参加一场婚礼庆典，然后在圣巴托罗缪之夜（Bartholomäusnacht）把他们全部杀死了。当时的斗争就是这么惨烈和残忍。

在所有天主教领袖人物当中，最严肃、一丝不苟和铁面无情的是西班牙国王菲利普二世，他是皇帝卡尔五世的儿子。在他的宫廷里，一切都僵化而隆重。所有事情都得按照规矩来：谁在国王面前行屈膝礼，谁甚至可以在国王在场时连帽子都不用摘下来，在宫廷宴会上吃饭要按照怎样的次序，上层人物去教堂做弥撒时应该有怎样的次序，都是有规定的。

菲利普国王是一位非常勤奋的统治者，每一封信、每一件事他都要亲自料理，每天从早到晚与他的顾问们一起工作，而这些顾问中就有不少教会里的神职人员。与任何一种“非信仰”（Unglauben）进行斗争，是他生活中最重要的事情。在他的国家里，几千人被作为异端烧死，不光是新教教徒，还有犹太人和秘密信奉伊斯兰教的人——伊斯兰教是在阿拉伯人统治西班牙时带过来的。他感觉自己是教会的保卫者和战斗者，就如同以前的德国皇帝一样。他与意大利的一支船队一起战胜了土耳其人——自从土耳其人攻占了君士坦丁堡以后，在海上也变得强大了。1571 年，他在勒班陀（Lepanto）战役中彻底击垮了土耳其人，摧毁了其整个船队，让他们从此再没能称霸海上。

在与新教徒的斗争中，他的情形不是很妙。在自己的国家西班牙，他把新教徒清除得一干二净了。但是在当时（如同他父亲的时代一样），尼德兰（比利时和荷兰）也属于他的帝国，而在其北方的富裕城市里，市民当中有很多新教教徒。他尽一切努力，让这些人因为自己的信仰而受苦，但他们还是不放弃。于是，他派出一位西班牙的贵族到那里去，这个

西班牙人处决一位尼德兰的贵族。

人比菲利普自己更激进、更严肃、更阴森、更坚决、更严厉。他叫阿尔巴公爵（Herzog Alba），是一位真正瘦弱、脸色苍白的斗士形象，有着细细的胡子，铁一样的脸，菲利普国王很希望自己是他这个样子。这位阿尔巴公爵冷血地将尼德兰市民和贵族斩首，最终尼德兰的民众忍无可忍，他们之间爆发了一场可怕又愤怒的战斗。战斗结束后，尼德兰的新教城市于1579年从西班牙的统治下解放出来，将西班牙的军队赶了出去。现在，他们成了自由、富裕、独立和以贸易为主的商业城市，开始在海外的印度和美洲寻找自己的好运。

但是，这还不是西班牙国王菲利普所遭受的最恼怒的失败，另外一个失败更惨。当时统治英国的是一位女性，她是国王亨利八世——那位结过很多次婚的国王——的女儿。伊丽莎白女王是一位充满激情的新教徒，她非常聪明、意志坚定，有明确的目标意识，但是也虚荣、残忍。对她来说，最重要的任务就是让这个国家不要落入天主教徒之手，因为在当时的英国，还有很多天主教徒。她毫不留情地迫害他们，让人将信奉天主教的苏格兰女王玛利亚·斯图亚特——一位非常漂亮优雅的女人，认为自己也有统治英格兰的权利——囚禁并处死。伊丽莎白女王也帮助尼德兰的新教徒反抗菲利普。这种对天主教会的敌意让菲利普非常愤怒，于是他决定为了天主教去占领或毁灭英格兰。

他花了无数钱财武装起一支船队：一百三十艘帆船，超过两千门大炮和两万名西班牙士兵。这读起来很快。但是你想象一下，在海上有一百三十条船会是什么样的情景。这个大型的战争船队叫“无敌舰队”（Armada），带着所有的士兵、各种武器和六个月的供给，于1588年驶离西班牙。看起来，那么一个小小的岛国英格兰几乎无法抗拒如此强大的力量，无法来保卫自己了。

这次战争与波斯战争时期的情形没有什么两样。这些负载过多的庞大战船在战斗中不灵便，太笨重。英格兰人根本没有让他们进入一场真正的海战。他们驾着自己轻快的小船靠过来，向船队开炮，然后立即就跑掉了。接着，他们把没人驾驶的船烧着，让它们驶向西班牙的船队，这些挤在一起的船队乱作一团，西班牙人在英格兰附近的陌生海域里迷了航向，

一场大风暴让西班牙人的战舰陷入海难之中，燃烧着的英国空船驶向西班牙战船，让“无敌舰队”彻底毁灭。

四下散开，大部分船在巨大的风暴中被摧毁了。最后，回到西班牙的船只有不到原来数量的一半，而这些船也根本没能在英格兰登陆。菲利普国王一点儿没让他的失望流露出任何痕迹。据说，他很友好地感谢了舰队的总指挥，并对他说：“我派你出去时，想着你的对手是人，而不是狂风巨浪。”

英格兰人现在不光在自己的水域里追击西班牙船队，也开始在美洲和印度的海岸攻击西班牙商船。没过多久，英格兰人与荷兰人就将西班牙人从印度和美洲的许多富裕港口中赶了出去，并开始在西班牙殖民地的北部和北美洲建立商业据点，一个接着一个，就如同当年的腓尼基人一样。许多在宗教斗争中受到迫害或者遭到驱逐的英国人也去了那里，开始过上自由的生活。

统治印度港口和聚居区的，不是英国与荷兰的王室或政府，而是英国与荷兰的商人。他们联手进行贸易活动，将印度的财富运到欧洲。人们称这些商人组织为商业公司。他们雇佣士兵，哪里的印度人对他们不友好，或者当地物品卖出的价格不够便宜，这些士兵就会开进到那个地区去“惩罚”当地人。这与西班牙人在印第安人的美洲所做的事情相比，好不到哪里。在印度，英国和荷兰商人占领海岸同样轻而易举，因为印度的王公们并不团结。很快，人们在北美洲和印度使用的语言便成了法国西北方向上那个小岛的语言——英语。一个新的世界帝国形成了。如同在罗马帝国时代的拉丁语一样，英语成了如今的世界语言。

第三十章　一个令人震惊的时代

如果我愿意的话，关于天主教与新教之间的斗争还可以写很多章。但是，我不愿意。那是一个令人震惊的时代。当时的状态极其混乱，没过多久，人们就根本记不起他们原本是为了什么或者是因为反对什么才开战的。来自哈布斯堡家族的德国皇帝，有时候在布拉格，有时候在维也纳行使他们的统治权，但实际上只有在奥地利和匈牙利的一部分地区才有真正的权力。他们都是虔诚之人，想在帝国范围内重新确立天主教的地位。一开始他们还允许新教徒做礼拜仪式，但是很快在波希米亚就打了起来。

心怀不满的新教徒在 1618 年将皇帝派来的三个代表从布拉格城堡的窗户里扔了出去。这几个人掉到了粪堆上，当中的两个人什么事也没有，但尽管如此，这还是引发了一场长达三十年之久的可怕战争。三十年，你想象一下！如果一个人知道坠窗事件时才十岁的话，等到和平终于来到时，他已经四十岁了，而且是假定他能活到那时候！因为很快，那就算不上是战争了，而成了一场由各国报酬极低而且野蛮无比的雇佣兵进行的残忍祸害，他们最主要的目的是做强盗和抢劫。这些人由各个地区最残忍、最粗鲁的家伙组成，他们形成的队伍以获取最多的战利品为目标，信仰早被忘到了一边。新教徒加入天主教的队伍，天主教徒加入新教的队伍。对他们的敌国来说，这些人是一群可怕之徒，对于那些他们号称为之作战的国家，这些人也一样可怕。无论在哪里，只要他们一支好营帐，就立即到附近农民那里去拿吃的喝的和其他东西。农民要是不心甘情愿地拿出来，他们就会强迫他或者杀死他。这些士兵身穿各种花花绿绿的服装，带着羽毛饰物，斜挎佩剑，手里拿着火枪，骑着马在各地烧杀抢掠，纯粹出于恶毒和野蛮的心态去折磨那些没有任何防卫能力的人。没

只要有人出钱，雇佣兵可以为任何人所驱使，他们身着各种稀奇古怪的服装。

有什么能阻挡他们。如果一个头领能够获得他们爱戴的话，这些人就会盲目地去追随他。

皇帝这边的统帅华伦斯坦（Wallenstein）就是一位这样的人物，他是一位贫穷的乡下贵族，有着无与伦比的意志和智慧。为了夺取那里新教徒的城市，他带着军队一直打到了德国北部。凭着他的战略战术以及机巧，皇帝和天主教会几乎赢了这场战争。但这时候，有一个新的国家卷入了战斗，就是瑞典，它的国王是权势很大而且虔信新教的古斯塔夫·阿道夫（Gustav Adolf）。他想要拯救新教，要以瑞典为首领成立一个信仰基督新教的大帝国。当古斯塔夫·阿道夫于1632年（这已经是这场可怕战争的第十四年）去世时，瑞典人确实夺回了德国北部，并与奥地利作战，一些瑞典的军队甚至打到了维也纳附近，在那里进行可怕的劫掠。

法国当时也加入了这场战争。现在你可能会以为，作为天主教徒的法国人在这场宗教战争中会站在皇帝这边，跟德国北部和瑞典的新教徒作战。可是，这场战争早就不再是宗教战争了，每个国家在这种一片混乱中都力图为自己捞到好处。因为德国和西班牙是欧洲最强大的，所以法国在它睿智的大臣、红衣主教黎塞留（Richelieu）的带领下，想趁机削弱德国和西班牙的力量，让法国变成欧洲的强国。因此，法国的士兵也与皇帝的士兵作战。

在此期间，作为皇帝军队统帅的华伦斯坦变得特别强大。军队非常尊崇他，士兵们会为了他和他的计划而战。对于这个野蛮的队伍来说，皇帝根本无所谓。天主教的信仰也无所谓。这样的话，华伦斯坦肯定总是感觉自己才是真正的统治者。没有他和他的军队，皇帝就一筹莫展。于是，他开始自作主张与敌人谈判和平停战的可能性，不再听从皇帝的指令。但皇帝还没来得及让人逮捕他，华伦斯坦在1634年就被自己从前的一位好友给谋害了。

此后，战争继续打了整整十四年，更加疯狂混乱。村庄被焚毁，城市被洗劫，妇女和儿童遭到屠杀，到处是抢劫和偷窃，似乎一切都看不到尽头。士兵将农民的牲畜赶走，践踏农田；哀鸿遍野，可怕的传染病在流行，成群的野狼游荡在德国，大片地区变得荒无人烟。在经历了这些骇人听闻的灾难之后，各国统治者的使节经过长时间的复杂讨论，终于达成了一项和平协议：基本上一切都恢复到三十年战争之前的状态。原本属于新教的地区，继续保持下去；原本属于皇帝的权力地区——奥地利、匈牙利和波希米亚，仍然保持天主教信仰。在古斯塔夫·阿道夫去世以后，瑞典几乎失去了全部影响力，仅保留了德国北部的一些地方和波罗的海沿岸占领的地区。只有法国大臣黎塞留的使节成功地让法国得到了莱茵河附近的德国要塞和城市。在这场原本与法国不相干的战争中，法国成了真正的胜利者。

德国几乎成了一片荒漠，只有不到一半的人口还活着，而且生活在可怕的苦难之中。有些人移民去了美洲，有些试图去加入外国的军队，因为除了打仗以外，他们什么也不会。

在三十年战争期间，雇佣兵在村子里为非作歹。

在所有这些不幸与绝望之外，还有一种更为令人震惊的疯狂，当时越来越多的人被卷入其中，那就是对恶毒魔法、巫术和巫师的恐惧。你知道，中世纪的人们是迷信的，相信各种可能的鬼神。但是，当时情况还没有那么糟糕。

到了教皇迷恋权势和奢华的时代，也就是我们称之为文艺复兴的时代，从修建新彼得教堂和发行赎罪券的1500年左右开始，情况就变糟了。教皇们不再虔信基督教，但也正因为如此，他们变得更加迷信，开始害怕魔鬼，尤其是各种可能的魔法。1500年前后因精美的艺术品而名声远播后世的教皇中，每一个人都发布过令人发指的命令，非常狂热和极端地迫害魔法师和巫师，尤其是在德国。

也许你会问，怎么可以去迫害那些根本不存在的人呢？这恰好是最令人震惊的地方。如果村子里的某位妇女不受欢迎，让人们感到不舒服不愉快，那么就会有人突然说：“她是一个巫婆！她对天上下雹子负有责任！”或者说：“是她让村长的脊背疼起来的。”一直到今天，人们还将脊背疼这种病称为“（被）巫婆击中”（Hexenschuß）。人们就会将她抓起来，问她是否与魔鬼结盟了。她当然会惊恐万分地说没有。然后，他们就用各种最可怕最残忍的方式折磨她很长时间，直到她痛不欲生，无奈地承认一切指控她的罪名。这样算是了结了，因为她现在承认了自己是一个巫婆。随后，她就被活活烧死。一般来说，在刑讯拷打的过程中，她还会被问是否知道村子里还有其他的巫婆和她一起施行魔法。有些人因为软弱，想让刑讯者停止对她的折磨，就随便供出来一个人的名字。这样，更多的人被逮捕、逼迫招供，然后被活活烧死。三十年战争之后的可怕岁月，也是对魔鬼和巫术的恐惧最为严重的时代。在全国各地，无论是天主教地区还是新教地区，成百上千的巫婆被活活烧死。有些耶稣会的神父警告人们不要陷入这种癫狂，但也于事无补。当时人们心中对不为人知的魔法力量和魔鬼技艺有一种令人震惊的持续恐惧。只有明白人们的这种恐惧，我们才能理解为什么他们对成千上万的无辜生命犯下那么令人发指的罪行。

最引人注目的是，就在民众特别迷信的时期，也还有一些人并没有忘记列奥纳多·达·芬奇和其他伟大的佛罗伦萨人的思想。他们继续努力睁开眼睛去了解世界的真面目。这些人发现了真正的魔法手段，人们用这些手段可以知道世界会是什么样子，曾经是什么样子；用这些手段，可以知道一颗距离我们几亿公里的恒星由什么组成，或者在哪个准确的时间出现日食，在地球上的什么地方能够看到这些日食。

这个魔法手段就是计算。不是这些人发明了计算，商人们早就会计算了。但是，这些人越来越清楚地弄明白了大自然中有多少事物是可以被计算出来的。比如，一个 98.1 厘米长的摆锤摆动一次为什么正好需要一秒钟，以及这和哪些因素有关联。人们称这些为自然规律。列奥纳多 · 达 · 芬奇已经知道 :“大自然不会违背它的规律。”这样人们就肯定地知道了，每一种人们能够准确测量和描述的自然现象，总会同样重复发生，不会有不同的过程。这是一个至高无上的发现，一个比人们归结在巫师身上的一切魔法都更为高超的魔法。从现在开始，自然界的一切，无论是星辰还是水滴，无论是正在下落的石头还是小提琴上正在颤动的琴弦都不再是野性、无从解释、只能让人感到恐惧的混乱。谁知晓正确的计算公式，就有了对一切事物有效的魔法公式。他可以对小提琴的琴弦说 :“如果你想奏出一个 a 调，你就必须在一秒钟来回振荡 435 次，必须得是这么长，得这样绷着才行。”琴弦就只能照办。

最早认识到在对大自然的计算中掩藏着至高无上的魔法力量的，是一位意大利人 : 伽里莱 · 伽利略。他花了很多年研究、检验和描述这些东西，突然之间有人指给他看说，在他的笔记当中也出现了一个句子，就是列奥纳多 · 达 · 芬奇也曾写下却没有给出任何解释的一个句子 : 太阳不动，地球和行星围绕着太阳转动。在列奥纳多 1543 年去世后不久，一位波兰学者哥白尼经过多年的计算，在弥留之际发表了这样的看法。但是，无论是天主教还是新教的神父都把这个学说谴责为不符合基督教教义的异端。在《旧约》中有一个地方提到，伟大的斗士约书亚曾经祈求上帝，在他将敌人彻底消灭之前，请不要让夜晚降临。《圣经》里说，因为这个祈求，太阳和月亮都停止不动，直到约书亚将全部的敌人杀死或者俘获为止。因为《圣经》里面说了祈求太阳停止不动，人们就认为，平时太阳肯定是动的。因此，一个认为太阳一直静止不动的学说肯定是异端，违反了《圣经》的教义。就这样，在 1632 年，伽利略在经历多年的研究生涯之后，在将近七十岁时站在了宗教法庭面前。他面对两种选择：或者作为异端被处以火刑，或者放弃地球围绕太阳运行这一看法。于是他就签字认可了自己是一位可怜的罪人，因为他传播过地球绕太阳转动的学说。就这样，他才没有像 些前辈那样被烧死。据说他在文件上签名以后，曾小声地说："它（地球）确实是动的呀。"

实际上，所有那些循规蹈矩的观点都无法阻止伽利略的思想、工作方式、研究成果和研究设想让越来越多的人感到震撼。当我们今天通过计算公式来让大自然屈服，来做我们想要做的事情，当我们今天有了飞机、火箭，有了收音机以及各种技术时，我们要感谢像伽利略这样的人：在那个时代去研究大自然可以计算的规律，他们所面对的风险，不亚于在尼禄时代一个基督徒所面临的威胁。

第三十一章　一位不幸的国王和一位幸运的国王

在欧洲大国之中，英国是唯一没有卷入三十年战争的国家。你会说：英国人真走运。但是，他们也经历了野蛮时代，只是其结局不像德国人那么可怕而已。也许你还能记得，英国国王约翰在1215年不得不在《大宪章》里隆重地对贵族们承诺，他和他的继任者在取得显贵和公爵们的同意之前绝不会擅自行动。在大约四百年的时间里，英国的国王们的确遵守了这一规则。但是，后来的一位国王查理一世，也就是被斩首的玛利亚·斯图亚特的孙子，不想再遵守这个规矩了。他不再询问贵族以及那些在议会集合的市民们的意见了。他更想按照自己的意愿去统治，尤其是随心所欲地花钱。

英国的民众不买账了。那里有很多严厉而虔敬、被称为清教徒的新教徒，他们从一开始就憎恨各种繁华和舒适的生活。在与国王进行的斗争中，他们的领袖人物是一个叫奥利佛·克伦威尔（Oliver Cromwell）的贫穷贵族，他是一位不同寻常而且虔诚勇敢的斗士，有特别强大的意志力，也无所顾忌。他带领经过严格训练、虔信宗教的军队，经过长时间的战斗俘获了国王查理一世，把他送上了军事法庭判处了死刑，并于1649年砍了他的头，理由是他没有严守国王的承诺并滥用了他的权力。从那以后，克伦威尔统治了英国，但不是作为国王，而是作为“护国公”——他是这样给自己命名的。他不光这么自称，也的确配得上这个角色。伊丽莎白时代开始的所有一切——英国在美洲的殖民地、在印度的贸易公司、强大的舰队和巨大的海上贸易——对他来说都是极为重要的事情。他将自己最为敏锐的感觉和意志力都用在一切加强英国力量的事务上，尽可能去削弱邻国荷兰。在他去世后不久，国王又成了英国的统治者（自1688年以后是一个荷兰的王室），不过这时统治已经不那么困难了。一切都变得越来越好。但是，直到今天，都再没有一个国王敢于打破《大宪章》的承诺。

法国国王们的日子就好过多了。法国没有《大宪章》，他们也有一个人口众多的富裕国家来统治，甚至那个可怕的宗教战争也没能让这个国家完全毁掉。这主要是因为在三十年战争时期，那位出色睿智的大臣、红衣主教黎塞留是法国的真正统治者，他对法国作出的贡献至少与克伦威尔为英国作出的贡献不相上下，甚至还更多。他知道利用每一个可能的机会去清除骑士和显贵人物们的话语权。通过他的机巧和睿智，他让权力从这个国家最大的权势者手中一点点滑落出来。他像一个好的棋手，知道利用每一步棋，从一个小小的优势中获取一个个更大的优势。这样，他慢慢把所有的权力都聚集了过来，正如你所看到的，最终让法国在欧洲获得了大权。由于法国在三十年战争期间战胜了德国皇帝，西班牙变穷了，意大利被分割了，英国还没有那么强大，所以当黎塞留去世时，法国成为唯一一个有实力的国家。在他去世不久的1643年，国王路易十四成了统治者。当时他才五岁。直到今天他还是统治时间最长的世界纪录保持者，前后在位长达七十二年，一直到1715年。而且，他也的确是在统治——当然，在孩童时代没有。但是，当他还没未及成年时，红衣主教马萨林（Mazarin）——一位以黎塞留的方式继续统治法国的人——去世了，于是他决定亲政。他下了命令，如果没有他本人的同意，不能给任何一个法国人发旅行许可。整个宫廷都笑了，认为这个年轻的统治者一时心血来潮，肯定很快就会放弃的。但是，他没有。对他来说，做国王不光是偶然出生在王室带来的命运，而要像一场大戏剧当中的主角一样，一生都得演下去。在他之前和之后，几乎还没有哪一个人像他这样仔细研究过这个角色，带着这样的尊荣和华贵一直乐此不疲地演到最后。

从黎塞留到马萨林的大臣所拥有的权力，路易十四都收回自己的手里。贵族们除了可以观看他如何出演自己的角色外，没有任何其他权利。这场庄严的戏剧在早晨八点，也就是他休息好后起床时，开始上演。这时，王子们带着仆人和医生来到他的卧室，隆重地跪在地上递给他两个大大的扑过粉的假发，它们看起来就像是飘垂的鬃毛一样。他根据兴之所至，挑选其中的一个，然后穿上昂贵的睡衣，坐在床边。这时，最高级的贵族（公爵）可以进到卧室里来了，在国王刮胡子时，他的秘书、将军和其他官员也来了。接着门被打开，一群衣着华贵的体面人物、元帅、总督、高级神职人员、国王所宠爱的人物接踵而至，只为了在国王陛下穿衣服时，能亲眼看看这一庄严的行动。

这一切，哪怕是最小的细节，都是规定好的。最高的尊荣，是可以递给国王事先仔细预热过的衬衣。这个尊荣属于国王的弟弟，如果他不在的话，那就是级别低他一等的那个人。宫室仆人拿着一支袖子，一位公爵拿着另外一支袖子，让国王陛下钻进去。国王陛下的穿衣仪式以这样的方式一步步进行，直到他穿戴完毕站在那里：彩色的丝制长袜，短丝绸裤子，彩色的缎子紧身上衣，蓝色闪光的斜配绶带。他的短佩剑和领结镂花的刺绣外套，是由高级官员、国王陛下的领结保管者放在银托盘上递给他的。之后，国王头戴有羽饰的帽子，拿着手杖，微笑着步履轻盈地从卧室走向大厅，对每个人都显出一副无可挑剔的友好态度，而众人则或惊异或谦卑地用矫揉造作的词语来表示，他今天比希腊的太阳神阿波罗还要美，比希腊英雄赫拉克勒斯还更强健。是的，他本人就像太阳神一样，世间万物因他的光芒和光彩而获得生

宫廷里最高贵的人物充满敬畏和兴奋地观看法国路易十四国王陛下如何让人给自己穿衣服。

命。你看，这差不多都和太阳的儿子法老一样了，唯一重大的区别就是，古代埃及人的确相信这个，而在路易十四这里，这只是一场戏，他自己和别人都知道这只不过是一场精心准备、令人赏心悦目的隆重演出而已。

做完晨祷以后，国王会在接待室里宣布这一天的日程。这一工作日程里的确有好几个小时的国家治理工作，而他自己也严守这一计划，因为他要亲自过问这个国家里的一切事务。但除此以外，就是很多狩猎、舞会、伟大的诗人和演员的剧作演出了，他的宫廷人员乐在其中，而他本人也总会出现在那里。他的每次进餐也和起床一样费事而隆重，甚至连就寝也成了一场舞会一般的复杂表演，夸张到有些滑稽，比

在面朝花园的王宫阳台上，宫廷里打扮豪华的先生太太们用精致的语言谈话。

如每个人在国王的床前都得低下头去，如同一个虔信的人面对圣坛一样，哪怕国王陛下本人根本不在那里。而如果国王在打牌或者说话时，总有一群人心怀敬畏地站在不远处，偷听他那聪明、思想丰富的谈话，好像是神启一样。

像国王陛下那样穿戴、用他的方式拿手杖和戴帽子，像他那样端坐和走路，是宫廷里所有男人的目标；博得国王陛下的欢心是所有女人的目标。他们也戴镂空花边的领口，穿豪华布料做成的华丽而宽松的长衣。在人们前所未见的宫殿里，这样的生活日日上演着。建造宫殿是路易十四的一个爱好。他在巴黎之外还建造了凡尔赛宫，宫殿本身差不多像一个城市那么大，那里有无数个金碧辉煌的大厅，有水晶的枝形吊灯，有无数个镜子，有线条动感的家具，有天鹅绒和丝绸的装饰，有光彩夺目的油画作品，上面总是画着路易国王，好像他是阿波罗一样被欧洲人民簇拥着。不过，最了不起的还不是宫殿本身，而是园林。凡尔赛宫的园林就如同那里的生活一样那么庄严、那么有规矩、那么轻松愉快。没有哪一棵树可以随便乱长；没有哪一丛灌木可以保持其自然姿态。所有的绿色植物都被修剪得整整齐齐，成了笔直的树墙和圆形的篱笆，或是带有涡形花坛的宽敞草地，以及带有圆形广场、雕像、池塘和喷泉的林荫道。在那里，当时有权有势的公爵和贵妇们在白色的石子路上来回散步，用表达优美的精巧句子来谈论最近瑞典使节鞠躬的样子，或者类似的话题。

你可以想象出来，这样的宫殿和生活会带来怎样的花费。国王本人有两百个仆人，他们的生活方式大体上都是这样的风格。但是，路易十四有睿智的大臣，他们大多出身贫寒，因为出色的能力被赋予了权力。他们知道如何攫取钱财，尤其看重与外国的贸易，尽可能优先关照法国的手工业和技艺。不过，当时的农民却因为苛捐杂税受到可怕的盘剥，当宫廷宴会上用金银餐具消费精挑细选的佳肴美味时，农民们却实实在在地靠垃圾和野菜生活。

不过，宫廷的生活还不是最费钱的。最费钱的是那些路易十四一个不落卷入的战争，只是为了让他的权力扩大，或者将邻国据为己有，别无其他理由。他用装备精良的庞大军队，去攻打荷兰或者德国，比如他连个借口也不找，就将德国的斯特拉斯堡抢走了。他把自己当成了欧洲的主人。在某种意义上，这也是实情。所有的大人物都在效仿他。不久以后，每一个德国公爵——哪怕只统治着一小块贫穷的土地——都有一个像凡尔赛那样金碧辉煌的宫殿，园林里有修剪齐整的林荫道，里面走着穿着华贵长袍、戴着大大假发的男人和扑着粉的女人，以及谄媚和善于言辞的巧言令色之徒。

欧洲的王公们在一切方面都模仿他。但是，有一点不一样：光彩照人、有点奇怪矫情的玩偶国王形象，在路易十四那里是表演出来的样子，但在其他王公那里，却是真实的样子。路易十四本人比这个外在的样子有内涵多了。为了证明这种看法的可信性，我在这里重复几句他在信中写给孙子的话——当时他的孙子正要动身去西班牙做国王——“永远不要宠信最能谄媚你的人，而是要看重那些出于好意敢于让你不高兴的人。从来不要因为享乐而忽视正事，设计出一种生活的秩序来规划你的时间，休息与消闲也应该是其中的一部分。将你的注意力全身心地投入国家治理事务。在作决定之前，一开始要尽量多地听取情况。尽你最大的努力去深入了解那些出色的人，以便在你需要的时候能够用上他们。对每个人都要友好，不要对任何人说出伤人心的话。”这些的确是法国国王路易十四的基本准则，这个集虚荣、优雅、奢侈、尊荣、无所顾忌、享乐和勤奋于一身的非凡人物。

第三十二章　当时在东欧发生了什么

当路易十四在巴黎和凡尔赛驻足时，一场新的不幸又降临到德国头上：土耳其人。你知道，他们在两百年以前（1453年）已经攻占了君士坦丁堡，现在他们建成了一个强大的帝国，埃及、巴勒斯坦、美索不达米亚、小亚细亚和希腊都属于这个帝国。昔日东罗马帝国的光彩与繁华，只剩下了残存。接下来，他们沿多瑙河而上，侵入匈牙利，在1526年击败了该国军队。几乎全部的匈牙利贵族，包括国王都阵亡了。土耳其人占领了匈牙利的绝大部分后，还曾经试图去攻占维也纳，但是不久以后就撤出去了。你可能还记得，土耳其人的海上力量于1517年被西班牙国王菲利普二世及其盟友威尼斯给消灭了，但它仍然是一个强大国家，在布达佩斯有一位土耳其的帕夏（奥斯曼帝国对高级文武官员的称呼）执政。许多匈牙利人在国王战死后处于皇帝的统治之下，但他们是新教徒，在宗教战争中对抗的是皇帝。在三十年战争结束之后，匈牙利贵族多次发动起义，最后他们向土耳其邻居求援。

苏丹——这是土耳其君主的称号——很仁慈地接受了他们的援助请求。他早就希望有一场战争，因为他的士兵和武士在家里已经变得势力太强大了。他害怕自己的势力被压过，所以非常高兴能把他们派出去。要是他们胜利了，更好；要是他们阵亡了，至少也算摆脱了他们。你看，他是一位好说话的君主。在 1683 年，他从帝国各个部分调集了一支巨大的军队。美索不达米亚和埃及的帕夏带来了他们的士兵，塔塔尔人、阿拉伯人，还有希腊人、匈牙利人、罗马尼亚人聚集在君士坦丁堡，在最高统帅卡拉·穆斯塔法（Kara Mustafa）的率领下进攻奥地利。一共有二十万人，装备精良，身着多彩的各地传统服装，头上有缠头，旗帜上可以看到他们的标志——半个月亮。

匈牙利皇帝的军队无法抵挡这股潮水般的大军。他们撤了回去，让土耳其人一直来到了维也纳城下。当时的维也纳和许多城市一样，也有自己的防卫工事。这些工事被紧急检修好，大炮和食品也被运了进来，两万名士兵死守着城池，一直等到皇帝和他的盟友赶来救援。皇帝本人和他的宫廷急急赶往林茨（Linz），然后回到帕绍（Passau）。当维也纳人远远看到被土耳其人点燃的村庄和城郊时，大约有六万人逃离了城市，路上的普通马车和豪华马车望不到尽头。

土耳其的骑兵已经兵临城下。这支巨大的军队包围了

土耳其军队的一位“帕夏”带着他的东方警卫在维也纳城外。

维也纳，开始用大炮轰击城墙或者从下面爆破。维也纳人全力来守城，他们知道这意味着什么。可是一个月过去了，土耳其人不断地发起冲锋、他们的爆破让城墙上有越来越多危险的缺口之后，救援仍然没有来到。最可怕的是传染性瘟疫开始在城市里流行起来，死于瘟疫的人比死于土耳其人枪弹的还要多。食品的缺口也越来越大，尽管军队不时也幸运地把几头牛带进城里。到了最后，维也纳城里一只猫的要价是二三十个十字币，而人们花这么大一笔钱，只是为了吃一顿不那么好吃的烤肉。这时，皇帝的援军终于到了。维也纳人松了一口气！不光有来自奥地利和德意志皇帝的军队来驰援，还有波兰国王约翰 · 索别斯基（Johann Sobieski）。他与皇帝在此前已经缔结了反对土耳其人的联盟，这次在皇帝做出很大让步的前提下，表示愿意在战斗中提供帮助。不过他希望获得最高统帅的荣誉，而皇帝却想把这份荣誉留给自己，这场谈判耗费了很多宝贵时间。终于，军队在索别斯基的指挥下，于维也纳的高地上摆开阵势，要向土耳其人发动进攻。在艰苦的战斗之后，土耳其人连营帐都没来得及拆就逃跑了。现在，皇帝的军队可以好好地打劫一番了，那里有四万顶营帐，是一个真正的小城，有笔直的巷子，看起来非常富丽。

土耳其人后退得越来越远。要是他们当初打了胜仗，占领维也纳，情况就会和伊斯兰教的阿拉伯人在大约一千年以前攻下图尔和普瓦捷时差不多，当初是卡尔·马特尔把他们打回去了。

现在，皇帝的军队一直在追击土耳其的军队，索别斯基的人马班师回朝。一位出色的法国统帅——因为其貌不扬没有被路易十四接纳进入法国军队——成为奥地利军队的著名领导者：他就是欧根·冯·萨伏依（Eugen von Savoyen）亲王。在接下来的几年里，他夺回的被土耳其人占领的地方越来越多。苏丹不得不将整个匈牙利让出来，随后匈牙利成了奥地利的一部分。维也纳的皇宫赢得了很多权势和金钱，人们开始在奥地利建造很多华丽的宫殿和一种新风格的教堂，这种光彩夺目的建筑被称为巴洛克风格。那时候，土耳其人的权势开始走下坡路，因为他们背后还有一个强大的敌人在卡着他们的脖子：俄国。

到现在为止，我们还没有提到过俄国。那是一片广阔但未开化的森林地带，北部是辽阔的草原。地主以残忍的手段统治着农民，而国王一有机会就以更残忍的手段来统治地主。1580年左右，有一个统治者名叫伊凡雷帝（Iwan der Schreckliche）。他也不枉担虚名，跟他比起来，尼禄还算是温和的。俄国人并不怎么关心欧洲以及欧洲正在发生的事情，他们内部的纷争就够多了，互相杀来杀去。俄国人虽然也是基督徒，但不隶属于罗马教皇，而是受东罗马帝国君士坦丁堡的主教或者牧首的领导。他们与西方没有什么关系。

1689年（土耳其人围困维也纳的六年之后），一个新的统治者上台了，他叫彼得，人称彼得大帝（Peter der Große）。在野蛮与残忍方面，他一点儿也不逊色于前任，一样爱酗酒，喜欢使用暴力。但是，他的头脑里有一个设想，就是让他的帝国变成一个国家，像西方的法国、英国或德意志帝国一样。他知道，达成目标需要的是货币、贸易和城市。他想要了解其他国家是怎样做到的，于是，就去各地旅行。他在荷兰看到了港口城市里停泊着巨大的船只，它们会航行到印度和美洲去经营贸易。他也想拥有这样的船，还想要知道船是怎样做成的，于是他没有犹豫太多，就在荷兰的一个造船厂当了造船工，真正地学会了这门手艺后，带着一群造船工匠回来了。

现在还缺少一个港口城市。他就命令建造一个港口城市，就像他在荷兰看到的那种海滨城市。在俄国北部沿海地区，只有荒凉的沼泽之地。这些地方本来属于彼得大帝正在与之交战的瑞典，但对他来说，一切都无所谓。彼得大帝把周围的农民圈到一起，将沼泽地晾干，在地里楔上木桩，让八万人在那里劳作，很快那里就建起了一座城市。他将这个城市命名为圣彼得堡。现在，俄国人也要成为真正的欧洲人了。他们不能再穿本土服装，留长头发、长胡子、穿长衫，他们要像法国人和德国人那样着装。谁要是对此表现出不满，对彼得大帝的革新说三道四，就会遭受鞭刑或被处决，即便这个人是他的儿子也不能幸免。彼得大帝不是一个和善的统治者，但是他达到了自己想达到的目的。俄国人虽然没有马上成为欧洲人，但是从那时开始，俄国也开始加入了欧洲血腥的权力争夺中。

彼得大帝参加欧洲的权力角逐的第一步，就是与瑞典开战。自古斯塔夫·阿道夫在三十年战争中的胜利以来，瑞典就成了欧洲北部最强大的国家。在彼得大帝的时代，统治瑞典的不是像古斯塔夫·阿道夫那样头脑清晰而虔诚的人，1697年以来，统治者是个有史以来非常罕见的年轻冒险者：国王卡尔十二世。他都可以去当卡尔·迈（Karl May）冒险小说中的主人公，或者出现在类似的精彩故事里了。他所做的，听起来都很不真实。他的莽撞与勇敢等量齐观，就已经能说明一些问题了。他的军队与彼得大帝的军队作战，战胜了超过自己兵力五倍的敌人。然后他占领了波兰，一直向俄国挺进，根本不等另外一支正在路上的瑞典支援军队。他越深入俄国，就越远离他的军队。他趟过河流，穿过沼泽，但是也没与俄

伟大的冒险者瑞典国王卡尔十二世，无畏而不停歇地穿越欧洲，直到他死在丹麦的边境上。

国的哥萨克迎面相遇。到了秋冬，俄国的严寒已至，可卡尔十二世仍然没有机会在敌人面前展示他的勇敢。终于，等他的军队几乎快要饿死、冻死、完全筋疲力尽时，俄国人出现了，并在 1709 年一举战胜了他。卡尔十二世不得不逃到了土耳其。在那里待着的五年中，他一直想鼓动土耳其与俄国作战，但不太走运。终于，在 1714 年，他听到了从家乡瑞典传来的消息：那里的人们已经不想再要他这个在土耳其冒险的国王了，帝国的大人物们要选一位新国王。

他换上了一套德国军官服，只带着一位陪同就出发了。他们白天骑马，晚上在邮政马车里睡觉，以难以想象的行进速度，冒着最大的风险穿越敌国，用了十六天的时间从土耳其边境到达了德国北部的施特拉尔松德（Stralsund），当时这里还属于瑞典，防守要塞的长官深夜被人叫醒，看到这位人们以为不知道在土耳其什么地方待着的国王突然站在自己面前，他几乎无法相信自己的眼睛。整个城市为这个勇敢的壮举激动万分，但卡尔十二世却直接躺倒在床上开始大睡，因为长时间骑马，他的脚严重肿胀，所以人们只好把他的靴子剪下来。但是，没有人再想要选新国王了。卡尔十二世一回到瑞典，就开始了新的战争冒险。英国、德国、挪威和丹麦都成了他的敌人。首先遭殃的是丹麦。1718 年围困丹麦要塞时他阵亡了，有人说，他是被一位手下杀害的，因为这个国家已经无法再承受这么多战争了。

这样一来，彼得大帝的对手就没有了，他的俄罗斯帝国——他自立为这个帝国的皇帝（或称沙皇）——的势力向各个方向扩展，指向欧洲和土耳其，还有波斯和亚洲各国。

第三十三章　真正的新时代

如果你和一个在土耳其人围城时代的人谈话，一定会感到特别吃惊，吃惊于他说话的方式、话中夹杂的那么多拉丁语和法语，吃惊于他讲话时那种造作和解释时的那种隐晦，吃惊于他鞠躬时腰会弯得那么深，还有，他一有机会就蹦出一段拉丁语引文，而你我却都不知道这引文出自何处。很有可能，你会有这样的感觉，这个假发下面的脑袋，应该沉湎于好吃好喝的东西，而他满身的镂空花边、刺绣和丝绸、香水之下——说得不客气些——散发出的却是一股臭味，因为他从来不洗澡。

但是，如果听他阐述下自己的看法，你会感到更吃惊：应该打孩子；在女孩差不多还是个小孩子时，就该把她嫁给一个她根本不认识的男人；农民就是为了干活才来到这世界上的，因此不可以歇着；应该公开鞭打乞丐和流浪者，把他们用铁链拴在广场上，嘲笑他们；小偷应该被吊死，杀人者应该当众被剁成碎块；应该将那些总是使用恶毒巫术的巫婆和魔法师们烧死，把信仰其他宗教的人驱逐或者扔到地牢里；人们最近在天上能清楚地看到彗星，这意味着会有糟糕日子出现；对付最新的瘟疫——这瘟疫在威尼斯已经夺去了很多生命——在手上系红线绳是个好办法；英国朋友某某某，好长时间以来在做一个了不起的生意：将非洲的黑人卖到美洲做奴隶；这真是个了不起的好主意，因为那些被俘获的印第安人不愿意干活了。

说这些话的人，可不一定是粗笨之人，而是各个国家里各个阶层中最聪明、最虔敬的人。只是到了 1700 年以后，情况才有所不同。令人悲哀的宗教战争，给欧洲带来了巨大苦难，也让许多人开始思考：一个人是否相信教义问答手册里面的话，真有那么重要吗？做一个体面的好人，难道不是更重要吗？如果不同观点、不同信仰的人能够彼此和睦相处，能够彼此尊重、容忍别人所坚信的东西，不是更好吗？这是当时人们说出来的第一个最重要的思想：宽容思想。当时提倡这些思想的人说，观点的不同，只能存在于宗教信仰中。$2 \times 2 = 4$，在这样的事情上，所有理性的人都该达成一致意见。因此，理性（人们也叫它“健全的理智”）能够也应该将人联结在一起。在理性王国里，人们可以据理力争去说服他人。对于别人的信仰，那些超越理性理由以外的东西，人们应该尊重和宽容。

理性，是这些人看重的第二样事物。那些关于人和自然清晰有意识的思考，又在很多古希腊和罗马、在文艺复兴时期佛罗伦萨的著作里被发掘出来。最为丰富的发现，是在那些探索大自然魔法计算公式的人，如伽利略这样勇气可嘉的人物的著作里。在这些问题上，没有信仰的差异，只有试验和证据。理性决定了自然是什么样子、星空怎样运行。对所有的人来说，无论贫富，无论白种人、黄种人、红种人，理性都一样存在。

理性属于所有的人，因此所有人从根本上是有同等价值的，人们沿着这条思路思考了下去。你知道，这在基督教的学说中已经出现过：上帝面前众生平等。但是，宽容与理性的倡导者还要走得更远：他们不光教导人们人在根本上是平等的，还要求人要受到平等对待。上帝创造的每一个理性生物的权利都不能、不允许被剥夺；每个人都有权利来决定自己的职业和生活；每个人要听从理性和良心的呼唤；对于孩子，不应该用棍棒教育，而应该用理性教育，让他们明白为什么这是好那是坏；即便犯了罪，人也还是人，他们虽然犯过错误，但是能够改好；最让人难以接受的是人做一次错事，就会被用烧红了的铁在额头或者面颊上烫上一个大家都能看到的永久烙印，这才是犯罪；让人有所谓人的尊严，就是禁止公开嘲笑别人。

所有在 1700 年以后出现的这些想法，首先在英国，随后在法国被传播开来，人们称之为“启蒙思想”，因为他们要用理性的清晰来抵制迷信的黑暗。

有些人会认为，这种“启蒙”教给人们的只是众所周知的道理，人们当时将许多大自然的秘密和这个世界想得太简单了。这是对的。但是你必须考虑到，这些众所周知的事情在当时并非理所当然；要想对人们提前说出来在今天是理所当然的事情，需要很大的勇气、牺牲和耐力。你也必须想到，理性当然不能解开所有的秘密，将来也不能，但是理性还是找到了通往秘密的许多线索。在“启蒙运动”以后的两百年里，人们对大自然秘密的了解和研究超过了过去的两千年。你尤其不要忘了，“启蒙运动”的三个信条——宽容、理性和人道，在生活中意味着什么。一个被怀疑犯了罪的人，不再仅仅因为被怀疑就遭受惨无人道的酷刑，被折磨到失去理智，承认别人想要他承认的一切事情；理性教会了我们，巫术不可能存在，也正因为如此，再没有巫婆会被烧死（德国最后一个被烧死的巫婆亡命于1749年，在瑞士甚至到1783年还有一个巫婆被烧死）；人们再也不用迷信手段，而是通过讲卫生以及对病因的科学研究来对付疾病；再没有依附农和奴隶了；在一个国家里，一切都要根据同样的法律来处理，妇女和男人有一样的权利。所有这些，都是那些勇敢的市民和作家的成果，是他们勇敢表达出了这些思想，因为这需要冒太大的风险。有时候他们的确在对抗旧事物、旧习俗方面显得毫不留情，也并不公正，但是，他们为了争取宽容、理性和人道的斗争，也真的是一场充满暴力的艰难斗争。

如果当时的欧洲没有那么几个站在启蒙理念最前沿的君主也积极与旧势力抗争的话，这场斗争还会持续更长，牺牲也会更惨重。最早的启蒙君主之一是普鲁士国王腓特烈大帝（Friedrich der Große）。

你知道，哈布斯堡家族继承的皇帝王位当时基本上是个荣誉头衔。实际上，哈布斯堡家族只统治了奥地利、匈牙利和波希米亚。在德国占据统治地位的是巴伐利亚、萨克森以及其他大大小小公国的地方公爵，尤其是在信仰新教的德国北部，自三十年战争以来，几乎没有人在意维也纳的天主教皇帝。在德国新教徒的公国里，最强大的是普鲁士。自从它的大公爵腓特烈·威廉一世（Friedrich Wilhelm I）——统治时间从1640年至1688年——开始，普鲁士将德国北部越来越多的地盘从瑞典人手里夺了过来。1701年，普鲁士公爵甚至自己加冕为国王。那是一个严格的军事国家，对那里的贵族来说，最荣耀的事情就是在国王那支了不起的军队中担任一名军官。

自1740年开始，统治普鲁士的是该国第三个国王腓特烈二世，霍亨索伦（Hohenzollern）家族。他被称为腓特烈大帝。实际上，他是同时代人中最有教养的人之一。他和许多在作品中传播启蒙思想的法国公民是朋友，他自己也用法语写了很多这样的作品。尽管身为普鲁士国王，他却很看不起德国的语言和风俗习惯。经过三十年战争这场不幸，德国文化的确衰颓不堪。但是他觉得有责任让德意志人的国家成为一个模范国家，来证明法国朋友的思想价值。如他经常说的那样，他深感自己是第一仆人，是服务于他的国家的人，而不是国家的占有者。作为这样的仆人，他事必躬亲，到处想要实现新想法。他的最早作为之一，便是废除酷刑。他还减轻了农民对采邑主的沉重劳役，并一直致力于让国家的所有人，从最贫穷的到最有权势的，在法庭面前都能受到同等对待。在当时，这可是很罕见的。

他最首要的目标是，让普鲁士成为德国最强大的国家，把奥地利那位皇帝从德国完全排挤出去。他倒认为这个不会很难，因为自 1740 年开始统治奥地利的是一位女性，女皇玛利亚·特蕾西娅（Maria Theresia）。当她在二十三岁登基后，腓特烈以为这是一个从她手中抢夺地盘的好机会，于是他带着自己精良的部队入侵了西里西亚省（Schlesien），想要占领

不再是乌合之众，而是受到严格训练的军队。腓特烈的普鲁士士兵冲上战场，就好像上演习场一样。

玛利亚·特蕾西娅可以被称为同时是家庭主母和国家主母。她生了 16 个孩子，其中 10 个存活下来。

那里。从那时开始，他几乎一生都在与这位奥地利的德国统治者打仗。他把军队看成最重要的东西，毫不松懈地训练着，要让它变成世界上最好的军队。

玛利亚·特蕾西娅这个对手，比他一开始设想的要强大。她不善于战争，而且是一个特别虔敬的人，一个有十六个孩子的真正的母亲。尽管腓特烈是她的对手，但她却以之为榜样，把他的一些改良政策引入到奥地利。她也废除酷刑，减轻农民的负担，建立起良好的教育体系。她真正感觉到自己成了这个国家的母亲，她没有不恰当的虚荣心，不觉得自己比别人懂得多。她让最能干的人做她的顾问，其中也不乏一些不光在战场上和长期战争中能与腓特烈比肩的人物。她还知道如何通过使节去争取欧洲的所有王室。甚至法国这个几个世纪以来只要有机会就与德国对抗的国家，也被她争取了过来。玛利亚·特蕾西娅将自己的女儿玛丽·安托瓦内特（Marie Antoinette）嫁给法国的王储，作为新友谊的象征。

现在，腓特烈周围都是敌人：奥地利、法国、瑞典，以及最强大、最辽阔的俄国。他不宣而战，直接占领了对他有敌意的萨克森，从此开始了七年的艰苦战争，这期间支持他的只有英国。因为出色的才干，他在对抗这些大的强权国家时竟然没有失败，对手只得将西里西亚交给他。

1765 年以后，玛利亚·特蕾西娅不再单独统治。他的儿子约瑟夫作为皇帝（约瑟夫二世）与她一起亲政，并在她去世后成为奥地利的统治者。他是一位比腓特烈和他母亲更热心拥护启蒙思想的斗士。宽容、理性、人道，这些成了他唯一真正关心的事情。他废除了死刑，还有农民的依附身份。他再度允许新教徒在奥地利做礼拜，甚至没收了几个天主教教堂的土地和财产，尽管他自己是一个虔诚的天主教徒。在得病后，他觉得自己统治时间将尽，所以做这些事情时都带着极大的热情、焦躁和急切。对于他的手下来说，一切都太快、太出其不意、太过分了。很多人欣赏他，但是普通民众对他的爱戴程度远不如对他那深思熟虑且虔诚的母亲那么高。

当启蒙思想在奥地利和德国取得胜利时，许多英国殖民地上的美国公民拒绝继续当英国的臣仆、向英国交税。争取独立斗争的领袖叫本杰明·富兰克林（Benjamin Franklin），他是一位普通的公民，对自然科学了解很多，还发明了避雷针。他是一位非同寻常且能从法律角度思考问题的人，但也是一个清醒、朴素的人。在他和另外一位美国人乔治·华盛顿的领导下，英国在美洲的殖民地和一些贸易城市结成了联邦。经过长时间的战斗，他们将英国军队从这个国家赶了出去。现在，他们要按照新的思想方向来生活了。1776年，他们宣布自由和平等神圣人权是这个新国家的基本法。但是在种植园里，他们还是一如既往地让黑人奴隶干活儿。

第三十四章　暴力带来的动荡

在所有的国家，启蒙的理念都被认为是正确的、好的，国家要按照这些理念来治理。甚至俄国女沙皇凯瑟琳大帝（Katharina die Große），也就是叶卡捷琳娜二世，一直与启蒙倡导者们有书信往来。只有法国国王对这些一无所知，好像一切都和他没关系似的。路易十五和路易十六都是无能之人，只会效仿那位伟大前任的外在样子，注重那些华而不实的奢靡之物，在宴会庆典和歌剧演出上耗财无数，不断建设新宫室和花园——里面有修剪整齐的树墙，有穿着丝绸和花边衣服的成群仆人和宫廷官员。至于钱是怎么来的，他们并不在意。骗子成了财务大臣，巧取豪夺无数金钱。农民们劳累到死，市民们被迫缴纳大量税款，而贵族们却在宫廷里伴着有趣无趣的谈话将这些钱财挥霍一空。

如果贵族庄园主从国王的宫廷回到了自己的领地，对农民来说更会雪上加霜，因为他们会带着随从仆人打猎，追击兔子和狐狸，他们的马会踩踏农民辛苦种植的田地。要是农民有怨言的话，那又是怎样的状况！要是那些庄园老爷肯亲自用马鞭抽他们的脸，还算他们走运呢。因为贵族的庄园主同时也是农民的法官，想怎么惩罚他们都行。如果一个庄园主在国王面前是红人的话，可以从国王那儿得到一张纸条，上面写着："某某某先生应该被投进监狱。签名：路易十五。"贵族自己可以将名字填上，这就是说不管出于什么原因，他不看惯谁，就能让谁消失。

在宫廷里，这些绅士们优雅光鲜，搽粉洒香水，身上的丝绸和花边簌簌作响。路易十四时代那种古板的奢华，他们觉得太麻烦。这些人更喜欢精致、不受拘束地享乐。这时期的人们也不再戴那种沉重的假发，换成了一种搽着白粉的轻便假发，后面有一个小辫子晃来晃去。这些绅士们的鞠躬跳舞姿势优美极了，女士们则有过之而无不及。贵妇们穿着紧身衣、大大的圆形裙子，看起来像铃铛一样。女士们和绅士们在国王宫殿的树墙林荫道上兴致勃勃地散步，不顾他们的庄园正破败荒芜，农民们正在忍饥挨饿。这种精致却不自然的生活经常会让他们感到单调无聊，所以他们当时发明了一些新玩意儿：玩"朴素和自然"游戏，也就是在王宫的花园里布置迷人的牧羊人小屋，自己住在里面，用希腊诗歌中虚构出来的牧羊人名字来彼此称呼。这些就是他们在天然与朴素方面达到的极致。

“洛可可”时代的一种舞蹈“男女牧羊人”。特别尊贵的观众是可以从舞台上看表演的。

在这片高雅的、精致的、过分雕琢的五光十色中，又有玛利亚·特蕾西娅的女儿玛丽·安托瓦内特加入其中。当她嫁给当时的王储、后来的国王路易十六时，还只是一位十四岁的女孩儿。她觉得自己所看到的一切，都是天经地义的。在所有魔幻般的假面庆典上，她都是最热心的参与者；她自己演出戏剧，扮演一个迷人的牧羊女，觉得法国王室里的生活美极了。她的哥哥约瑟夫二世，即玛利亚·特蕾西娅的长子，也和她的母亲一样告诫过她，要她简朴生活，不要让自己的轻率再给贫穷可怜的百姓雪上加霜。约瑟夫皇帝在1777年给她写了一封严肃的长信，里面有这样的句子：“这样的情况不可能长久持续下去，如果不能避免革命发生的话，会很可怕。”

这种日子还持续了十二年。也正因为积蓄了这么长时间，革命真正发生时才变得那么可怕。王室已将所有的钱花光，没有什么能支付每天的奢华生活了。于是，国王路易十六在1789年召集贵族、僧侣和市民三个等级的代表开会，也就是三级会议。他们要在一起商量，如何才能弄到钱。

由于代表们的建议和要求不符合国王的心意，国王就想让仪典官将这些人遣散。这时，一位聪明而有激情，名叫米拉波（Mirabeau）的人回答说："回去告诉您的主子，我们是由人民授权在这里集会的，谁也无法剥夺我们的权利，除非是用刺刀。"

在法国，还从来没有人这样对国王说过话。王室不知道应该怎么处置。在他们考虑对策时，三级会议上的贵族、僧侣和市民仍在商量如何减少经济上的混乱，没有人想要废黜国王，而希望能引入一些与邻国施行的政策类似的改良措施。但是国王不习惯有人对他说三道四，虽然他本人性格软弱、犹豫不决，最喜欢的活动是做手工，但在他眼里不违背他的意志是天经地义之事。于是他召集军队去解散由各阶层代表正在举行的会议，结果激怒了巴黎的民众，因为他们在这个三级会议中寄存了最后的希望。人们聚集在一起，冲击了国家监狱巴士底狱，那里以前曾经关押过启蒙理念的倡导者。人们以为，巴士底狱现在也关押着一群无辜之人。为了不让民众更加愤怒，国王没敢马上下令向他们开枪。所以监狱受到了民众的冲击，守卫人员被杀害，人们欢呼着，带着被放出来的犯人穿过巴黎的街道，陶醉在一片胜利中，尽管人们发现，这次被关在那里的是一群真正的罪犯。

在这期间，参加集会的代表们决定了一件了不起的事情：他们要实行启蒙的基本原则，尤其是作为理性的人，所有人是平等的，应该受到法律的平等对待。会议中的贵族代表们迈出了了不起的一步，他们在普遍的兴奋中放弃了所有特权。在法国，任何人都有资格得到任何职位；在这个国家里，每个人有平等的权利和责任，也就是人权。他们宣称，人民才是真正的统治者，国王只是人民的委托人。

你可以想一下，三级会议要说的是什么：统治者要服务于人民，而不是人民服务于统治者；统治者不可以滥用他们的权力。可是，那些在报纸上读到这些消息的巴黎人，对“人民的统治权”却有另外的理解。他们以为，现在大街上、市场上这些被称为“人民”的人应该去统治。所以当国王仍然不能理性行事，还在与外国王室协商如何帮助他对抗民众时，巴黎的商贩和小市民出发去了凡尔赛宫，杀死了守卫，冲进那些有华丽水晶枝形吊灯、镜子和锦缎墙纸的大厅，强行将国王和王后玛丽·安托瓦内特以及孩子和仆人带往巴黎。在那里，他们真正处于人民的监督之下。

有一次，国王曾经试图逃亡外国。但是因为他有太多讲究和形式，好像是去参加王室的假面庆典一样，结果在认出来后又被抓了回去。他和他的家庭被置于更加严密的监视之中。三级会议这时也改称为国民会议（因为等级被废除了），并且决定了很多新的改革内容。天主教会的地产以及因为害怕革命而逃亡国外的贵族的财产均被没收。国民会议决定，人民应该选举新代表，由这些代表来决定每一条法律。

1791 年，大量来自法国各地的青年聚集在巴黎开会。但是，外国王室和欧洲的君主们不愿意坐视不管，眼睁睁看着国王的权力不断被限制、粉碎。但是，他们也没有十分热心地支持路易十六，主要是出于两个原因：首先，他的作为并没有赢得很多的尊重；其次，这些外国王室也乐见法国的权势受到削弱。不过，普鲁士和奥地利还是派出了一些军队来保护法国国王。但这让法国的民众大为光火，全国都起来反对这些不请自来的外来干涉，尤其是人们现在觉得，每个贵族或者国王的追随者都有可能成为叛国者，与前来助战的外国王室狼狈为奸。成千上万的贵族在夜里被愤怒的民众从房间里拉出来，被关进监狱或者杀死。事态变得越来越糟糕，人们要将一切旧事物都铲除和消灭掉。

首先从服装开始。革命的追随者们不再戴假发，不再穿到膝盖的短裤和丝绸袜子。他们头戴红色尖顶帽，穿长筒裤，如我们今天穿的一样，又简单又便宜。他们走过大街，高声大喊："处死贵族！自由、平等、博爱！""博爱"这一条在雅各宾党人——所谓最狂野的党——那里，并不太被看重。他们要消灭的不光是贵族，还有那些和他们意见相左的人也不能幸免。他们要消灭谁，就将他的头砍下来。一种专门的机器——断头台——被发明后，砍头变得又简单又快速。他们也自己成立了一个"革命法庭"，每天都要宣判死刑，然后被宣判的人就死在了巴黎广场的断头台上。

领导这些群情激奋的民众的是一些奇特的人物。其中之一是丹东（Danton），他是一位充满激情的演讲者，大胆又无所顾忌，不断用自己有力的声音号召人民与国王的拥护者进行新的斗争。另外一位叫罗伯斯庇尔（Robespierre），正好与丹东相反，是一位僵化、清醒还有些干巴巴的律师。他没完没了地发表长长的演说，在这些演说里一定会出现古希腊和罗马时代的英雄。他还总是穿着规整，动作精准，如同一位让人心惊胆战的古怪教师站在国民大会的讲坛上。他不厌其烦地谈美德，谈小加图、地米斯托克利的美德，谈人心普遍所具有的美德，谈对压迫者的恨。因为人们应该痛恨压迫者，所以必须允许将法国的敌人砍头。这样一来，美德才能胜利。法国的敌人，就是所有和他意见不同的人。于是，他让人以人类心灵之美德的名义将数百名反对者杀死。你不要以为他是一位伪君子，他似乎真是这么想的。他不接受任何礼物贿赂，也不为任何眼泪所动。他是一位可怕的人，也想让恐惧播散开来，就像他所说的那样，在理性的敌人中播散恐惧。

国王路易十六在被送上人民的法庭后，被判死刑，罪名是向外国求救来镇压人民。不久以后，玛丽·安托瓦内特也被砍了头。在临死时，这两位身上显示出来的尊严和伟大要超过他们有生之年的表现。对于这个死刑判决，外国确实被震惊了。很多军队向巴黎进发。但是，人民不愿意自由再次被剥夺。这个国家的男人们被号召拿起武器，最终击退了德国军队。然而，在这期间令人恐惧的统治在巴黎，尤其是在外

“自由，平等，博爱！”是法国革命者的呼声，他们也毫不留情地将反对者送上断头台。

省的肆虐却越来越令人发指。

罗伯斯庇尔和议员们宣布基督教是一种古老的迷信，通过法律废除了上帝。人们应该向理性祈祷，而不是上帝。人们将一位印书人的新娘奉为理性女神，让她披上长衫，外罩蓝色的大衣，在隆重的音乐声中穿过城市。不久以后，这位新女神的美德在罗伯斯庇尔眼里也不够了。这时他们又通过了一条新法律：上帝是存在的，人的灵魂不死。现在，罗伯斯庇尔自己头戴羽毛装饰、手里拿着花束，作为这位“最高生物”——他们这样称呼上帝——的布道者出现了。在这样的隆重庆典上，他的样子肯定很滑稽，据说当时有很多人都在笑。不久以后，罗伯斯庇尔的大权就结束了。对于每天被砍下的人头，丹东已经受够，他转而要求慈悲与同情。但罗伯斯庇尔却说：“只有罪犯才要求对罪犯表示同情。”于是，丹东也被砍了头，这是罗伯斯庇尔的最后一次胜利。此后不久，他发表了一个冗长的演说，在演说里强调说，所谓的处决现在才刚刚开始，因为很多位置还被自由的敌人占据着，压迫者获得了胜利，祖国处于危险之中。但在演讲之后，人们却第一次没有鼓掌，只是一片死寂。几天以后，他也被砍了头。

法国的敌人被击垮，贵族被杀死、被驱逐或者自愿地成了平民；法律面前的平等实现了；教会和贵族的财产被分给那些从依附农身份中解放出来的农民；每一个法国人都可以从事任何职业，获得任何一种职位。人民已经疲于斗争，想要安静而有条不紊地享受胜利带来的丰厚果实。“革命法庭”被废除后，1795 年，一个由五人组成的政府内阁被选举出来，按照新的基本原则来管理这个国家。

在这期间，革命的理念越过法国，在邻国唤起了民众的巨大兴奋。比利时和瑞士也依照人权与平等的基本原则建立了共和国，而所有这些共和国都由法国政府派兵支持。在这些支持革命的士兵中，有一个特殊的士兵，他将比整个革命还更加强大。

第三十五章　最后的征服者

世界史最让我喜爱的地方是，它们都真实发生过，所有那些稀奇古怪的事情都曾经实实在在发生过，就像你我今天的情况一样。而且，这些真实发生的事情，比一切虚构出来的情节还要惊心动魄、值得赞叹。我现在要讲给你听的，是那些最惊心动魄、最值得赞叹的故事，或者说那些如你我的生活一样实实在在发生过的故事中的一个。这一切的发生，还没那么久远。我自己的祖父还亲自经历过，那时候他差不多像你们现在这么大。

事情的开始他当然没怎么经历过，具体情况是这样的：在意大利有一个阳光灿烂但贫穷、多山的岛屿，叫科西嘉（Korsika）。那里生活着一位律师和他的妻子以及八个孩子。他的意大利名字叫波拿巴（Buonaparte）。当他的第二个儿子拿破仑于1769年出生时，这个岛刚好被热那亚卖给了法国。

岛上的科西嘉人非常不满，与法国官员进行了无休止的斗争。年轻的拿破仑想当军官，于是在十岁时，被父亲送去上法国的军校。他很穷，父亲几乎给他提供不了什么经济上的帮助。他严肃而忧郁，从不和同学玩。他后来曾说："我在学校里找到一个角落，坐在那里，随心所欲梦想各种事情。当我的同学来争夺这个角落时，我会全力来保卫自己。我当时已经感觉到，我的意志一定能带来胜利；我喜欢的，也要得到。"

他学习勤奋，有着惊人的记忆力，十七岁时，就成了法国军队的少尉。由于他个子小，别人给他起了个外号叫"小个子班长"。他几乎经常忍饥挨饿，但仍然大量阅读，什么都要记住。三年以后的 1789 年，革命在法国爆发，科西嘉想从法国的统治下解放出来。拿破仑也回到那里和法国人作战，但没多久他又去了巴黎，因为"只有在巴黎才能有所成就"，他在当时的一封信里这样写道。他说得没错。他在巴黎成了事。凑巧的是，他的一个同乡是军队中职位比较高的军官，当他的部队被革命派派到有叛乱的省城土伦（Toulon）时，他带上了这位二十五岁的少尉，而且后来完全没有后悔，因为拿破仑给他提出了非常好的建议，告诉他在哪里如何架设大炮、必须向哪里射击，结果这座城市不久就被攻下了。随后，拿破仑被任命为将军。在这个混乱的年代，这还远远不是远大前程开始的标志，因为与一个党派为友就意味着与另外一个党派为敌。当任命他为将军的这个政府——都是罗伯斯庇尔的人——被推翻后，拿破仑也被逮捕了。虽然很快他就被放了出来，但因为与雅各宾派交好，他最终被撤职并逐出了军队。一贫如洗的拿破仑，不再抱任何希望，但没多久，又有一个熟人将他推荐给了巴黎的五人内阁，派他去镇压一个由年轻贵族组织的危险起义。拿破仑大肆向人群射击，最终把他们驱散了。出于对他的感激，内阁又将他任命为将军，不久以后还授权他指挥一支小小的部队。这支要开往意大利的部队，在那里如同在其他国家一样，准备将法国大革命的思想传播开来。

但是人们又觉得前景有些渺茫，因为当时军队的装备非常糟糕，法国也贫穷不堪，处于极度混乱之中。1796 年的出征之前，波拿巴将军——这时他已经用法语来拼写他的名字——向士兵们发表了一段讲话。他只说了这么几句："士兵们！你们衣不蔽体、食不果腹，政府欠你们很多，没法支付你们的军饷。现在，我要带领你们去这地球上最丰饶的平原，富裕的省份和大城市将落入你们的手中，在那里，你们会找到尊严、荣誉和财富。士兵们，你们现在还会缺少勇气和耐力吗？"他懂得如何激励士兵，如何用自己的聪明才智将敌人的超强力量击垮。他所到之处，战无不胜。出发几个星期后，他在给士兵们的命令中写道："士兵们！在过去的十四天里，你们取得了六场胜利，夺得了二十一面军旗，五十五门大炮。你们没有大炮却赢得了战役，在没有桥梁的情况下，你们渡过了河；在没有鞋穿的情况下，你们继续行军。你们也经常没有面包可吃，但我相信，你们当中的任何一个人，有一天回到家乡时，都可以满怀骄傲地说：我曾经在占领意大利的那支部队里。”

的确，他的军队在短时间内就占领了北意大利，并在那里成立了一个类似法国和比利时的共和国。遇到看上眼的意大利华美艺术品，他就派人将它们送往巴黎。然后他又向北进发，开往奥地利，因为皇帝在意大利北部与法国交战过。在施特里亚地区（Steiermark）的列奥本（Leoben）城，他与维也纳的皇帝使节迎面相逢。他的手下在会议室中为皇帝的使节准备了一把高一些的座椅。拿破仑说：“把那椅子拿走。我一看到王座，就想坐到上面去。”他强迫皇帝将莱茵河对岸的德国部分出让给了法国。然后，他便返回巴黎。但在巴黎，他没有什么事情可做，于是就向内阁提出了一个很冒险的建议。当时法国最大的敌人是英国，这个国家已经非常强大，在美洲、非洲、印度和澳大利亚有很多殖民地。去进攻英国本土，法国还太弱，而且也没有合适的船只装备。但是，去进攻英国的占领地，倒很可行。

拿破仑和他的军队被派往当时在英国统治之下的埃及。他想像亚历山大大帝一样占领整个东方，而且不光带上了士兵，还带上了那些想要一睹古代文化并研究它们的学者。到了埃及以后，他与埃及的穆斯林谈话，好像他是穆罕默德一样的先知。他隆重地向他们宣布，他知道他们内心最深处所想的一切，他的到来是在很多世纪以前已经被预言过的，早写在《古兰经》里了。“你们要知道，与我作对的任何人为努力都没有用。因为我所做的一切，都注定要成功的。”

一开始，事情看起来也似乎确实如此。他在 1798 年金字塔附近的几场大战役中击溃了埃及军队，此外还取得了几场胜利，因为他比任何人都知道如何在陆地上打仗。但在海战方面，还是英国人懂得更多一些，著名的英国海军上将纳尔逊（Nelson）将军在埃及的海岸阿布几尔（Abukir）几乎让法国海军全军覆没。这时，拿破仑的军队中爆发疫情，当他听到巴黎内阁无法达成一致的消息时，竟然撇下了士兵，一个人悄悄回到了法国。他以著名将军的身份回来后，所有的人都希望他在自己国家也能像在外国一样英勇善战。1799 年，他大胆地将大炮架在政府大楼前面，让士兵将被选举出来的民众代表从议会大厦中轰了出来，然后把最高权力授予了自己，并仿照古罗马将自己任命为执政官。

作为执政官的拿破仑住在法国王宫里，那里有着讲究的宫廷侍从。他将许多被流放的贵族召回来，还日日夜夜考虑如何给法国建立新的秩序。他所理解的秩序，就是事情要按照他的想法发生。他也真的做到了这一点。他按照新的基本原则制定了一部法典，用自己的名字将这部法典命名为《拿破仑法典》。他再次征战意大利时，还顺便击溃了奥地利的军队。他被士兵们神化，所有的法国人都敬仰他，因为他给这个国家带来了荣誉和征服。他们任命他为终身执政官。但拿破仑对此仍然不能满足。1804 年，他让自己成了皇帝，法国人的皇帝。教皇亲自前往巴黎给他加冕。不久以后，他又加封自己为意大利国王。其他国家开始对这位权势无边的新人感到害怕了。于是，英国、德国、奥地利、俄国和瑞典联合起来对抗他。可拿破仑满不在乎，无论对手的军队多强大，他都根本不害怕。他与他们迎面相遇，于 1805 年冬天在奥斯特里茨（Austerlitz）彻底击溃了反法联盟的军队。现在，拿破仑几乎成了整个欧洲的统治者。他送给每一个亲戚一个王国，作为小小纪念。他妻子的儿子、他的养子 * 得到了意大利，他的哥哥得到了那不勒斯，他的弟弟得到了荷兰，他的妹夫（Joachim Murat，1767—1815）得到了德国的一部分，他的姐妹们都成了意大利的女公爵。这就是这个科西嘉律师家庭的漂亮晋升线路。不到二十年前，他们一家人还在一个偏远的岛屿上围坐吃午饭，而桌子上只有最粗陋的食物。

在德国，拿破仑也获得了一切权力，因为德国的大公们现在与有权势的拿破仑结了盟，早就不再在乎维也纳的皇帝。于是，弗朗茨二世放弃了德意志皇帝的头衔。这个以卡尔大帝在罗马加冕开始的德意志神圣罗马帝国终于结束了。这些发生在 1806 年，哈布斯堡的弗朗茨二世的头衔只剩下了奥地利皇帝。

不久以后，拿破仑进攻了霍亨索伦家族，几天之内就完全击溃了普鲁士的军队。1806 年，他开进柏林，在那里向整

---

* 拿破仑的第一位妻子约瑟芬与前夫的儿子 Eugène-Rose de Beauharnais（1781—1824）。拿破仑后来从法律上收养了他。

个欧洲发号施令。他首先命令整个欧洲，任何人都不许与法国的敌人英国进行贸易活动。人们将这称为“大陆封锁令”。他要以这种方式彻底摧毁英国，因为他没有舰队，不可能从军事上战胜这个强大的国家。当欧洲国家开始反抗时，他再一次带兵开往德国，攻击与普鲁士结盟的俄国。结果就是，在 1807 年，他将德国的一部分作为王国送给了他最小的弟弟。

现在轮到了西班牙。拿破仑占领西班牙后，将它作为王国给了哥哥约瑟夫，而那不勒斯则给了他的妹夫。终于，民众们可不愿意再被当成家庭礼物来对待了。1808 年，西班牙成为第一个不愿意接受法国统治的国家。他们的战斗不是真正的打仗，而是整个民族一直处于抗争状态中。他们一直斗争不停，哪怕法国士兵做出了很多残忍暴行。奥地利的皇帝也同样不愿再忍受拿破仑。1809 年，新的战争又开始了。拿破仑带着他的军队向维也纳挺进。虽然在维也纳附近的阿斯帕恩（Aspern），拿破仑生平第一次被勇敢的陆军统帅卡尔大公爵击败，但是几天之后，他在瓦格拉姆（Wagram）彻底消灭了奥地利的军队，占领了维也纳，住进皇帝的王宫美泉宫（Schloß Schönbrunn），甚至还强迫弗朗茨二世皇帝将女儿嫁给他。对哈布斯堡皇室来说，这可不是一个容易的决定：这个家庭已经在维也纳统治了五百多年，而拿破仑没有任何欧洲贵族家庭的血统，不过是一个小小的中尉，只是因为自己超凡的天才才成了一个能对欧洲发号施令的人而已。

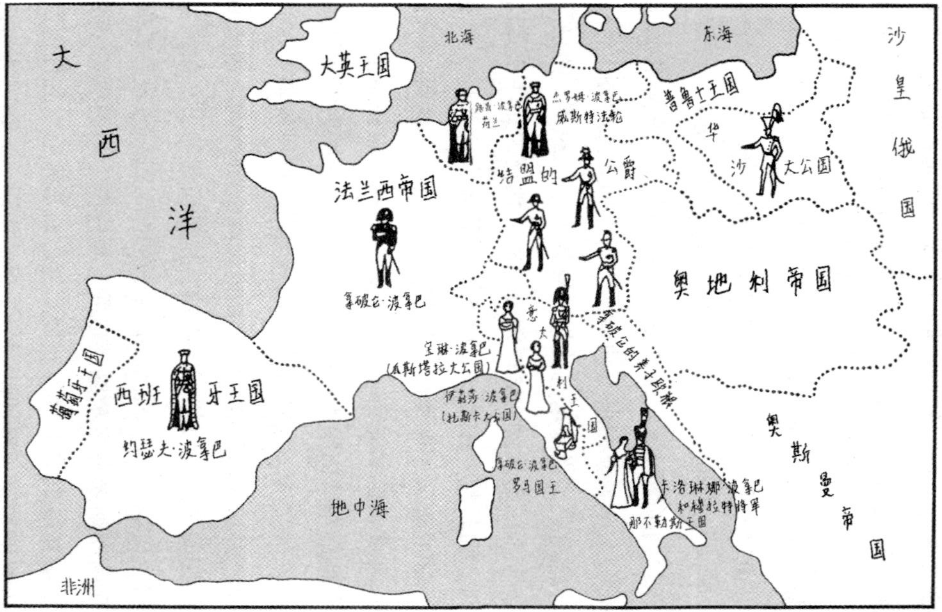

在这张地图上可以很清楚地看到这位来自科西嘉的小个子人物的权势，他派出的代表遍布欧洲各地，成为当地的统治者。

拿破仑于1810年封皇后路易莎*给他生的儿子为“罗马王”。他现在的帝国，甚至比卡尔大帝的帝国还要大。他的兄弟姐妹和将军们拥有的王国只是名义上的。如果他们的行为让他不高兴，他会给他们写很不客气的信。比如，他给他的弟弟、威斯特法伦国王这样写道：“我看到了你写给士兵的军令，这会让你受到来自德国、奥地利和法国的嘲笑。难道你身边没有一个可以对你说几句实话的朋友吗？在战争中，强调你是国王、是皇帝的弟弟，太滑稽了。在战争中，一个人必须是一位战士，永远是战士，不可以有幕僚、有使节、有奢华。你必须和先锋部队在营帐里过夜，日夜骑在马上，为了得到消息得与先锋部队一起行军。”这封信的结尾是：“见你的鬼！好好用点儿脑子，像点儿样子去写命令、去讲话！”拿破仑皇帝就是这样对待他的兄弟、欧洲的国王们的。普通百姓受到的对待，就更糟糕了。他们的所想所感，对他来说都无所谓，只要他们能给他提供金钱，尤其是士兵，就行。民众对此越来越不满。继西班牙之后，蒂罗尔地区的农民也起来反抗他。这一地区是拿破仑从奥地利皇帝手中拿过来送给巴伐利亚王国的。农民们奋勇抗击法国和巴伐利亚士兵，一直坚持到拿破仑将他们的领袖安德雷亚斯·霍夫（Andreas Hofer）俘获并枪毙。

---

* 弗朗茨皇帝的长女。1809年，拿破仑与约瑟芬离婚，理由是这个婚姻没有子嗣。为了获得欧洲王室的认可以及巩固与奥地利的联盟，他于1810年与弗朗茨皇帝的女儿缔结婚姻。

在德国，法国皇帝的专横和暴力也让整个民族怒不可遏。自从大部分公国被法国统治之后，他们在历史上第一次感觉到各自命运的共通之处：他们都是德国人，不是法国人。现在，首要的问题不是普鲁士国王与萨克森国王之间的关系如何，或者巴伐利亚的国王是否与拿破仑的兄弟结盟，现在最重要的是，所有德国人都有被外族统治的经历。现在，一个共同的意志在所有德意志人当中形成了：获得解放。于是，在世界历史上第一次出现了这样的情形：所有德意志人，大学生和诗人，农民和贵族，为了自身获得解放，违背了他们君主的意志，团结在了一起。不过这并不容易，因为拿破仑太强大了。德国最伟大的诗人歌德曾经说："晃晃你们的锁链就行了，对你们来说，这个人个子太高！"的确，面对拿破仑的暴力，在很长一段时间内，所有的英雄勇气和热情都无济于事。最终把他推倒的，是他那无以复加的野心。拿破仑觉得自己的权势不够大，认为一切不过是刚刚开始而已。现在该轮到俄国了，因为俄国没有遵守他不许与英国进行贸易的命令，必须受到惩罚！

拿破仑让士兵们从他庞大帝国的各个部分聚集到一起，组成了一支六十万人的军队。人类的历史上还从来没有出现过数量如此庞大的军队。1812 年，这支军队向俄国进发。他们深入俄国腹地，但没打过一场战役，因为俄国人一直在后退和回避，与对当时瑞典国王卡尔十二世一模一样。终于，在莫斯科城门前，庞大的俄国军队停了下来。拿破仑战胜了他们——我几乎都想加上“当然”这个词，因为对他来说，打一场仗就如同一位能干的解谜手揭开一道谜语一样。他一看敌人是怎样列队的，就已经知道如何把部队派过去包围或者击垮他们。就这样，他开进了莫斯科。但是他发现那里几乎是空城，大多数的居民都已经逃走。当时已近晚秋时节，拿破仑坐在昔日的皇宫克里姆林宫，等着俄国人来接受他的和平条件。但这时传来消息说，莫斯科郊外起火了。在当时的莫斯科，很多房子还是木头建造，大火波及的城市面积越

拿破仑的大军从烈火熊熊的莫斯科撤出，进入俄国寒冷的平原。队列之长不见首尾，其状况悲苦无比。

来越大。这把火可能是俄国人自己放的，目的就是让法国人陷入困境。所有准备灭火的努力都变成了徒劳。

如果莫斯科被烧掉，这六十万人该住到哪里？吃什么活命？于是拿破仑决定带着他的军队回家。但这时已经到了冬天，寒冷无比。在来的路上，拿破仑的军队早将沿途各种食品抢劫一空。于是，他们返回时要穿过广袤、寒冷、杳无人烟的俄国平原就成了一桩相当可怕的事情。回去的路上，越来越多的士兵因饥寒死去，几千匹马同样殒命。这时，俄国的骑兵哥萨克来了，从后面和侧翼攻击这支大军。而拿破仑的士兵们只能绝望地反抗，他们甚至还在可怕的暴风雪和哥萨克的包围中，渡过了一条大河——别列津纳河（Beresina），但是所有的力气都在慢慢消耗殆尽，到处都笼罩着绝望。每二十个士兵当中只有一个逃脱了这场可怕的失败，筋疲力尽、疾病缠身地回到德国边境。拿破仑最后乔装改扮，乘坐一架农民雪橇匆忙先回到了巴黎。

他回去做的第一件事，便是要求组建新军队。现在他的势力被削弱了，各地都开始起来反抗他。但他还是聚集起了一群由年轻人组成的大军，这些人是法国最后一批男人，法国的年轻人，现在拿破仑要派遣他们去对付那些被征服的民族。他向德国进发后，奥地利皇帝派出他的首相梅特涅（Metternich）去会见拿破仑，与他谈判和平协议。梅特涅当时与拿破仑谈了一整天，对他说："如果这支年轻的军队，您现在召集起来的军队被消灭掉了，那会怎么样呢？"拿破仑听到这话后勃然大怒，先是脸色苍白，然后血涌上来："您不是士兵，"他对梅特涅说，"您不知道一个士兵的灵魂是怎样的。我在战场上长大，像我这样的人，视百万生命如刍狗。"梅特涅后来讲述说，他这样大喊大叫着将帽子扔到了房间角落里。

梅特涅也不去帮他捡起帽子，而是非常安静地说："为什么您选择了我，关起门来对我说这些话？您把门打开，让您的话从这里响彻法国吧。"拿破仑不接受和平条件。他对梅特涅说自己一定要得胜，否则他不能继续当法国人的皇帝。在这之后的 1813 年，拿破仑的军队与反法联盟在莱比锡附近打了一仗。第一天拿破仑挺住了。可第二天，本来站在他这一边的巴伐利亚军队突然倒戈而去。拿破仑输掉了战争，不得不逃跑。在逃跑途中，他击败了一支追击他的巴伐利亚大军后，终于回到了巴黎。

他说对了。因为打了败仗，他被法国人废黜了。他们给了他一个叫厄尔巴（Elba）的小岛作为公国领地，让他退居到那里。打败他的那些公爵和国王，于 1814 年聚集在维也纳商量如何瓜分欧洲。在他们看来，启蒙的基本原则、关于人的自由的学说是造成一切混乱和导致法国大革命以及拿破仑的战争中无数人牺牲的原因。他们要让革命像没有发生过一样，尤其是梅特涅希望一切都恢复到革命发生以前的那个样子，不要再让推翻王位这样的事情发生。因此，他认为当务之急是，在奥地利，没有政府和皇帝的允许，就不许印刷和写作任何东西。

在法国，革命完全烟消云散了。被砍了头的路易十六的弟弟登上了王位，成为路易十八（人们将路易十六的儿子计算为路易十七，他在大革命期间已经去世）。这位新的路易国王和他的王室如从前一样统治法国，好像这二十六年的大革命和拿破仑称帝根本没发生过一样。和他那位不幸的哥哥一样，他也同样奢华、不懂政务。法国人对此非常不满意。当拿破仑听到这样的消息时，带着几个士兵，悄悄地离开厄尔巴岛回到法国。路易十八派出军队去拦截他，可是当士兵们看到拿破仑时，倒戈到了他那边。其他士兵也是如此，于是短短的几天之内，拿破仑在一片胜利欢呼之中又成了皇帝回到巴黎，而路易十八早逃跑了。

那些还在维也纳开会商议的王公们大为震惊。他们宣称拿破仑是人类公敌。在英国公爵威灵顿（Wellington）的总指挥下，各国军队聚集在比利时，其中以英国和德国军队为主。拿破仑很快去迎战他们，但在滑铁卢（Waterloo）这个地方，遭遇了一场可怕战役。拿破仑本来可能会再次获胜，可有一位将军没能领会他的命令，行军方向发生了错误。普鲁士的指挥官布吕歇尔（Blücher）将军将他那疲惫不堪的残兵败将聚集在一起，说："本来这是不行的；但是，现在必须行。"晚上，他带着这支队伍再次投入战斗。结果就是拿破仑最后一次被打败了。他又被废黜后，不得不离开法国。

这次他逃到了一艘英国的舰船上，主动把自己交给他从未战胜的宿敌。他寄希望于英国人的大度，表示说愿意遵循英国的法律，在那里完全退隐到私人生活当中。但是，拿破仑自己在生活中可没对别人大度过，因此英国人宣布他为俘虏，用那条他自愿登上的船把他送到了大洋中一个荒凉而寂寞的小岛——圣赫勒拿岛（St. Helena）上，让他再也无法从岛上逃走。在那里，他过了六年无权无势被离弃的生活，让人记录下了他的一切事迹和胜利的回忆，还一直与看守他的英国官员抗争，因为这些英国官员甚至不允许他在无人看守的情况下到岛上散步。这位个子矮小、面色苍白却有着一切君主当中最强大意志力、最清晰头脑的人，最后就落得个这样的结局。往昔那些大权在握的人，那些笃信基督教的王公家族，再度统治欧洲。那位神色严肃、一丝不苟、当初没有把拿破仑的帽子捡起来的梅特涅，现在坐镇维也纳，通过派遣使节左右着欧洲的命运，努力要回到一种大革命似乎从未发生的状态。

第三十六章　人与机器

梅特涅与虔信基督教的俄国、奥地利、法国和西班牙的统治者能够找回法国大革命前的形式，场面隆重的宫廷活动又出现了，拥有巨大影响力的贵族们胸前佩戴起了大大的勋章。市民们不可以谈论政治，对有些人来说，正合心意。他们专注于家庭生活和书籍中，尤其是音乐，那种以前仅仅用来给舞蹈和圣歌、唱诗伴奏的东西现在成了一种专门的艺术，成了人们最有话可谈的内容。但是，这种安宁和享受——人们称之为比德迈耶（Biedermeier）时代*——只是表面现象。梅特涅无法禁止启蒙思想，他也根本无意于此。让启蒙时代的人们感到无比欣喜的是伽利略等人从理性、计算的角度来

* “比德迈耶”是对一种艺术风格的笼统称呼，有一定的讽刺意味，指新兴起来的市民阶层力图追求高雅、有格调、有品位的生活方式，同时又无法摆脱市民阶层经济上的拮据所带来的庸俗和土气。

观察自然的理念。恰好是启蒙悄无声息的这一面，带来了许多影响更大的革命，更有力地打破了旧有的形式和机构，其作用要超过巴黎的雅各宾派用他们的断头台达到的效果。

因为通过对大自然的这些计算性把握，人们不光知道了事物如何运行，还从中知道了如何将这些力量为己所用。人驾驭了自然的力量，它们就得为人类工作了。

这些发明的历史，并不像人们通常想的那样简单。大多数东西经常是先有想法，接着由人们去尝试、试验，但这些想法常常会被搁置起来，之后才又被某个人重新拾起，这个人有足够的意志力和耐力，将一个主意坚持到底，让它最后能够为普通大众所用，这才有了所谓的发明者。那些改变了我们生活的机器，就是这样出现的，比如蒸汽机、蒸汽船、火车和电报，都是在梅特涅的时代才变得重要起来。

首先是蒸汽机的发明。法国学者帕潘（Dennis Papin）在1700年左右已经做过尝试。但是直到1769年，英国工人瓦特才真正注册了蒸汽机专利。一开始人们主要将其用于从矿井中往外抽水，但是不久以后就想到用它来驱动车船的可能性。早在1788年和1802年，有一名英国人已经尝试过制造蒸汽船，1803年，美国的机械师富尔顿建造了一艘蒸汽轮船。拿破仑当时曾经写道："如果这个项目成功，世界的面貌将因此改变。"1807年，第一艘带大桨轮的蒸汽船在哒哒的桨轮声、烟囱的黑雾和机器的嘈杂声中从纽约开往了相邻的城市。

差不多在同时，英国人也在尝试着用蒸汽来驱动车辆。

但是，一直等到 1802 年发明了铁轨以后，可用的机器才被制造出来。1814 年，英国人史蒂文森制造出第一台蒸汽机车；1821 年，英国两个城市之间开通了第一条铁路，十年以后，法国、德国、奥地利和俄国都有了火车。再过十年，几乎没有哪个欧洲国家境内没有大型铁路了。铁路线穿过高山、隧道，跨过大河，人们乘火车的旅行速度至少是当年乘邮政马车旅行速度的十倍。

类似的情况还有电报的发明。关于电报的可能性，也有一位学者在 1753 年想到了。1770 年以后，也有过很多尝试，但一直到 1837 年，美国画家莫尔斯（Morse）才最终给他的朋友们展示了一份简短的电报。而且十年时间不到，电报就被各国广泛使用了。

另外一些机器对世界的改变更大，那就是那些让自然力为人类所用、代替人类劳动的机器。你可以想想纺纱和织布，以前这些工作由手工业者来做。当人们对布料的需求开始增长时（大约是在路易十四时代），工厂已经出现了，但是里面都是很多学徒在用手工作。人们过了一段时间才意识到，关于自然的新知识其实能利用在这方面。纺纱机发明的年代与其他大发明的年代大体相近。人们从 1740 年就开始试着制造纺纱机，但到 1783 年才有所改进，到 1825 年以后，最终才算得上真正被全面使用。机械纺织时代几乎同时开始。这些机器又是首先在英国被生产和使用的。因为生产机器和建立工厂需要煤和铁，所以那些有煤和铁的国家才总能领先一步。

最初的火车试图去模仿邮政马车的形式，它在行驶时非常小心。尽管如此，当行人和马匹看到这冒着黑烟的庞然大物时仍然不免受到惊吓。

这些新发明给人类带来了巨大的震荡。人们被震撼得一团混乱，几乎没有什么事情能保持老样子。你想一想，在中世纪城市的行会中，一切都多么井井有条！行会一直在法国大革命以后好长时间内还存在。尽管在当时从学徒到成为师傅已经比中世纪时困难了，但是毕竟还有这样的希望和可能性。但现在一切都变了。有些人拥有了机器，而且不用学太多新技能，就可以操作机器：花几个小时看看别人怎么操作，自己就可以学会这些技能了。谁拥有一台这样的织机，就可以雇佣几个人（甚至可能是妇女和儿童），完成比从前几百个熟练织工所做的还要多的活儿。如果突然有这样的机器矗立在城市里，那这个城市的织工们该怎么办？他们不再被需要了，当学徒当伙计多年学来的技艺，现在也完全成了多余。机器工作速度更快、质量更好，还比从前便宜。机器不需要吃饭睡觉，它们从来不需要休息，那些可以让几百个织工过上幸福舒适的生活所需要的一切，现在工厂主都可以通过机器省下来了，或者他可以将这些费用花在自己的生活上。不过，他也需要操作机器的工人吧？当然，他需要。但是，第一，需要的数量很少；第二，这些工人也不必会纺织。

尤其是还有这样的事情发生：因为有机器在替他们工作，现在城市里上百织工都失业了，饭都吃不起。一个人眼看着自己和家人就要饿死时，当然不会坐以待毙，他会了为少得不能再少的钱去工作，只要这些钱还够活着，刚刚能让他有力气干活。于是，拥有机器的工厂主就可以让一百个挨饿的织工到他这里，对他们说："我需要五个人来操作我的机器，看护我的工厂。给多少钱你们会干？"也许有一个人会说："我要这么多，这样我才能像从前一样幸福地生活。"第二个可能会说："要是每天能买一个面包和一公斤的土豆，我就知足了。"第三个人眼看他最后的生存机会要被别人抢走了，于是说："我要半个面包试试看。"另外四个人说："我们也是。""好吧，"工厂主说，"那我就让你们试试看。你们想每天工作多长时间？""十个小时。"一个人说。"十二个。"第二个人说，好让这份工作机会不被人抢走。"我可以工作十六个小时。”第三个人喊道，因为这关乎生存。“好，”工厂主说，“那就要你好了。但是你睡觉时，我的机器怎么办？它可不能睡觉！”“那我把我八岁的儿子派过来。”织工绝望地说。“我要付给他多少？”“几角钱，买个黄油面包就行。”“黄油是多余的。”也许工厂主会这么说。事情就这么定下来了。但是，另外九十五个失业的织工就得挨饿了，或者看一看他们能不能被其他工厂主接受。

你不要以为，所有的工厂主都真的像这里描写的那样坏。但是，那些付工人最少钱的坏工厂主能把产品卖得最便宜，所以也会最成功。结果是其他好人也不得不以类似的方式对待工人，尽管他们良心不安，充满了同情。

人们绝望了。为什么要学习技艺，为什么要学那些漂亮、精细的手工？机器用百分之一的时间能做出同样的工作，而且还更均匀，还便宜一百倍。于是，从前的织工、铁匠、纺纱工、木匠陷入越来越悲惨的处境，他们从一个工厂跑到另外一个工厂，只为了看看能否为挣上几毛钱在那里工作。有时候他们对那些破坏了他们幸福的机器愤怒至极，就冲进工厂捣毁织机，但是这也不管用。1812 年在英国通过了一项法律，破坏机器会被判处死刑。后来，更新更好的机器出现了，不光是能干一百个人的活儿，甚至顶替五百个人，普遍性的悲苦变得更加严重了。

这时有人认为，不能继续这样了。如果一个人只是因为拥有机器——也许是他继承来的——就可以这样对待他人，甚至比当初贵族对待农民还要糟糕的话，就是不公平的。他们认为，拥有像工厂和机器这样的东西，就意味着拥有了掌握他人命运的巨大权力，所以这些东西不应该属于个人，而应该属于大家共同所有。这个观点叫社会主义。人们设想了很多可能性，如何能让这个事情形成秩序，以便通过"社会主义"的方式来消除饥饿中的工人所遭受的悲苦。人们想到，不一定按照工厂主确定的工资数额付工人工资，而是可以从工厂主的巨大赢利中分出一部分给他们。

这样的社会主义者在 1830 年左右的法国和英国有很多，其中有一位来自德国特里尔的学者尤为有名，他叫卡尔·马克思。他的观点有些不同，他教导人们说：光想着机器属于所有工人后会如何如何，这没有用；工人必须为自己斗争。工厂主永远也不会拱手将工厂送给工人。为了消灭这种情况，几个工人聚集在一起把一台已经发明出来的织机砸碎，没有一点儿用。所有人必须团结起来。如果一百个织工不是各自找工作，而是事先已经协调好，我们在工厂的工作时间不超过十个小时，发给每个人的工资不少于两个面包、两公斤土豆，那么工厂主就必须给。可是，光有这些可能还不够，因为操作那些纺织机器不需要有技艺的织工了，而是需要不计价格非要工作不可的人，因为他一无所有。那么，问题的关键就成了让所有人都团结在一起，马克思这样教导人们说。这样，到了最后工厂主就找不到任何人来接受便宜的工钱。也就是说，工人们必须团结在一起！不光是一个地区的工人，或者一个国家的工人，而是全世界的工人都应该联合起来。这样，他们就将会强大到不光可以说需要付给他们多少钱，最终也能让自己占有工厂和机器，来建成一个新世界，那里不存在有产者和无产者的区别。

马克思说，像现在的情况，根本不再有织工、鞋匠和铁匠之分。工人们根本没有必要知道，那个他每天要按两千次把手的机器在生产什么。他只知道，他每个星期都能拿到工资，这些工资刚好能让他不像那些不幸没找到工作的同行那样挨饿。机器的所有者也不必学过这个他赖以为生的行业，因为这已经不是手工业，而是一个机器业。所以马克思说，这已经不是原初意义上的职业了，而是两类或者两个阶级的人：有产者和无产者。或者如他所用的词汇——他喜欢用外来词——资本家和无产阶级。这两个阶级始终处于敌对状态，因为所有者想要尽可能多、尽可能便宜地生产，付给工人（无产阶级）尽可能少的工资。工人则一直要强迫资本家或者机器所有者尽量多地从利润中给他们分成。这两个阶级的斗争最后导致的必然结果是，多数的无产者会将少数有产者的财产拿走，不是占为己有，而是为了废除整个财产制度。此后，便不再有阶级。这是他的目标，他将这一目标的实现想象得相当简单，就在不远的未来。

当马克思在 1847 年向工人发出这一伟大号召时（他将其称为《共产党宣言》），情况还不像他所预见的那样。直到今天，有些情况也还是和他预想的有所不同。当时，并非到处都是机器的占有者在统治，更多的是那些胸前佩戴勋章的贵族处于统治地位，是梅特涅帮助他们找回了权力。这些贵族本身也是富裕市民和工厂主的反对者。他们想要的是一个固定有序的、有规则的国家，每个人有他古老的、由出身来决定的职业，如从前那样。比如，在当时的奥地利还有一些"承嗣性依附"的农民，他们得对土地主人唯命是从，一点儿也不亚于中世纪的依附农。关于手工业者，也有很多陈旧严格的规则，人们在一定程度上还按照旧有的行会规则对待这些新的工厂主。富裕起来的机器所有者、市民，不想再听命于贵族或者国家。他们想做自己喜欢的事情，认为这才对世界最有好处。人们必须要让那些能干的人自由发展，不被任何法律规则或者顾虑妨碍，那么，美好的世界就会慢慢出现。他们认为，世界会自行运转，不用人为干扰它的运行。于是，法国的市民在 1830 年推翻了王位，将路易十八的后继者从王位上赶走了。

1848 年，在巴黎和许多其他国家都发生了一场新的革命。在这场革命中，市民力图获得国家的全部权力，这样就不会有人再对他们说三道四。当时在维也纳，梅特涅被驱逐出去，执政的皇帝斐迪南（Ferdinand）不得不退位。旧时代终于结束了。男人们开始穿又长又丑陋的黑色筒裤，在僵硬的白衬衫领上打领带，几乎和今天人们必须穿的东西一样。到处都有工厂不受任何限制地建立起来，越来越多的货物则被火车从一个国家运到了另一个国家。

第三十七章　大洋彼岸

有了火车和蒸汽船，世界就变小了。乘船去印度或中国，不再是一件充满不确定的冒险举动。美洲差不多更是触手可及。自从 1800 年以来，人们就更不能用欧洲史来代替世界史了。我们必须得去瞧瞧，欧洲的新邻国，尤其是中国、日本和美国，到底是什么样子。在 1800 年以前，当时的中国几乎是与耶稣诞生前后的汉朝和公元 800 年左右有过很多大诗人的唐朝一样的国家：强大、有序、骄傲、人口众多、爱好和平，有勤劳的农民、市民、伟大的学者、诗人和思想家。我们在欧洲所经历的起义、宗教战争和无休止的运动，对于当时的中国人来说非常陌生、野蛮、不可理喻。尽管这时有满族皇帝在统治这个国家，作为臣服的标志，所有的中国人都被迫梳了一根辫子，但是这个同样来自亚洲的统治者家族——满族人——也有着中国人的全部思想和感觉，接受并学会了孔夫子的基本原则，使得这个国家日渐繁荣起来。

有时候，耶稣会的学者会作为传道士去中国。他们大多数都受到友好的接待，因为中国的皇帝们想从他们那里学到欧洲的科学，尤其是星象学。欧洲的商人将瓷器从中国带回家乡，各地的人们都开始学着仿造这种无比精致的东西，但过了一个世纪也没能成功。当时那个有着数百万高度开化国民的中华帝国，究竟在多大程度上胜过欧洲，你可以从 1793 年中国皇帝写给英国国王的信中略见一斑。英国人向中国宫廷派出一位使节，请求允许英国人与中国贸易。乾隆皇帝——他是个著名学者，也是个贤明的统治者——以这样的句子来回答：

“噢，您这位生活在大洋彼岸的国王，您不顾万里之遥，提出谦卑的请求，要分享我们的文化福祉。您派来的使节，恭恭敬敬地呈上了您的信函。您虽然确信您对我们天朝皇室的尊崇，让您有了要学习我们文化的愿望，但是我们的风俗习惯与您所在之地的情形完全不同，您不可能让我们的文化在您的土地上生根发芽，哪怕您的使节能够学到我们文化中的一些基本理念，哪怕他这个学生再博学，也会无所收获。

“我统治的疆域辽阔，眼中只有一个目标：让朝政一无瑕疵，让国家尽职尽责。珍稀和贵重之物我并不在意。您国家的物品没有用处。我们的天朝物产丰富，四境之内万物充盈。因此，我们没有与外来蛮族交换物产的需求。由于天国所产的茶叶、丝绸和瓷器是欧洲人必需之物，因此有限制的贸易，迄今在广东省为我朝所允许，可以继续。我不会忘记您那座远隔重洋、地处远方的孤独小岛；我也不介意您对我们天朝一无所知——这可以原谅。您就浑身颤抖地听从我的命令吧。”*

中国皇帝就是这么给小岛上的英格兰国王写信的。但是，他低估了这个远方岛屿的居民身上所具有的野性，尤其是当他们几十年以后乘着蒸汽轮船到来时，早已不满意于广东的贸易限制。他们还发现了中国人特别喜欢的东西，是种危险的毒品：鸦片。如果点着它，吸进它的烟雾，在短时间内人们就会产生各种美妙幻觉，但是也会因此患上严重的病。一个人习惯了抽鸦片后，是无法停下来的，就像那些酒鬼一样，情况会越来越糟糕。英国人要向中国出售大量这种鸦片。中国当局看到，这对百姓来说有多么危险，于是在 1839 年强行禁止了鸦片贸易。

于是英国人又乘蒸汽轮船来了，这次上面还有大炮。他们沿河而上，向和平的城市开炮，让华美的宫殿变成了废墟和灰土。中国人不知所措，一筹莫展，不得不开始按照西方白人的命令办事，支付大量的赔款，并允许他们不受限制地进行鸦片和其他商品贸易。不久以后，中国爆发了由一位半癫狂的天王发起的“太平天国起义”，受到欧洲人的支持，法国人和英国人也开进中国，不断攻陷城市、侮辱王公。终于，

* 乾隆皇帝给英王乔治的信，原文参见中国第一历史档案馆编《英使马戛尔尼访华档案史料汇编》，北京：国际文化出版公司，1996 年，172—175 页。

他们在1860年攻入了中国首都北京。为了报复中国人的反抗，他们开进了华美无比、珍藏无数古代精美艺术品的皇帝夏宫（圆明园），大肆抢劫并放火烧毁。这个疆域辽阔、爱好和平、拥有千年历史的帝国完全陷入解体和混乱之中，不得不完全接受欧洲商人的摆布。中国人教会了欧洲人造纸的技术，使用指南针的方法，最可惜的还有教会了他们如何制造火药，但欧洲人却以这样的方式来回报中国人。

在日本岛国上，原本也会很快发生同样的事情。当时的日本，与中世纪欧洲非常相似。真正的权力都在贵族和武士手中，一个贵族家庭控制着天皇，差不多如同卡尔大帝的祖先控制墨洛温王室一样。几百年以来，日本人向中国人学会了绘画、建筑、诗词，他们自己也知道如何制造美好的东西。但是，日本不像中国那样是个和平、温顺、幅员辽阔国家。不同地区和岛屿上的权贵们彼此争斗，结下了武士间的血仇。他们当中的穷人，在1850年聚到了一起，要从国家的大人物手中夺权。这怎么可能呢？只有借助于天皇——这位没有权力的傀儡，必须每天在王位上坐好几个小时的人——的帮助。于是，这个国家的小贵族就以天皇的名义，反抗这个国家里最有权势的财产占有者，他们想要夺回自远古时代以来他们就应该拥有的权力。

正好这时，第一批欧洲使节又来到了这个岛国。在此前的两百年，这里是外国人的禁地。这些白人使节来到日本百万人口的都市，觉得这里很漂亮，但也有点奇怪：他们的

在建筑轻盈的日本房子的大厅里，几百年来雅致的生活都严格遵循规则。

房子是用竹子和纸做成的，有精致的花园，有挂着彩色三角旗的庙宇，还有梳着高高发髻的漂亮女人和庄严肃穆、举止有节的佩剑武士。白人们穿着在街上才穿的脏靴子，在宫殿的贵重垫子上走来走去，但日本人都光着脚。他们不认为自己有必要遵守这些被他们看成野蛮人的日本人的礼节，无论是在问候礼上还是茶道礼仪上。很快，他们就遭到日本人的痛恨。有一次，一个美国旅游团在路上遇到一位尊贵人物的轿子，没有按照当地习俗礼貌地闪到路边。仆从非常愤怒，打了美国人，并杀死了一位妇女。当然，马上就有英国舰船开过来炮击了这个城市。日本人看到自己也可能会遭受中国人的命运。在这期间，反抗权贵的革命已经成功。现在的天皇确实有了不受限制的权力。在睿智的顾问们的帮助下，他决定运用自己的权力来改革，让这个国家在将来面对外来者的高傲时，能有充分的准备。古老的文化并不一定要放弃，人们只需要学到欧洲最新的发明，于是，他一下子就让这个国家对外开放了。

他任命了德国军官建设现代军队，任命英国人建造现代的舰队，还派遣日本人到欧洲学习新的医疗知识和其他那些让欧洲在最近些年变得强大的科学知识。他以德国为榜样，引入了普遍教育制度，让国民作好战斗的准备。欧洲人大为吃惊。日本是一个理性的民族，却就这么开放了自己的国家，所以日本人要什么，他们都急匆匆地卖出去，把一切给日本人看。没过几十年，日本人学到了欧洲用于战争与和平的一切技艺。一切都学完了以后，他们还在门前客气地恭维欧洲人说：“你们所能做到的，我们也都能做到了。现在，我们的轮船要开出去进行贸易、去征服，如果有人敢侮辱日本人，我们也会用大炮轰击他们和平安宁的城市。”欧洲人直到今天还一直惊诧不已。在世界史上，日本人是最好的学生。

在日本开始开放的年头里，对面的美国也发生了重要的事情。你还记得吧，英国的贸易公司以及美洲东海岸的港口城市在1776年脱离了英国，成立了一个自由联邦。英国和西班牙的殖民者将印第安人的部落一步步地逼向西部。他们如何西进，农场主如何盖连排房子，他们如何烧毁茂密的森林，如何与印第安人战斗，牛仔如何看护巨大的牲畜群，淘金者和冒险者如何在荒蛮的西部定居下来，这些你也许从关于印第安人的书中已经知道。在这片土地上，越来越多的联邦州建立起来了，将印第安部落赶走了。你可以想象，这些人一开始可不是什么有教养的人。这些联邦州的情况也各不相同。那些处于南方热带气候的州，经济上靠的是种植棉花和甘蔗的大型农场和种植园。那些移民拥有巨大的地块，而劳动者都是从非洲买来的黑人奴隶，遭受着非人的待遇。

但北方却很不一样，那里不那么热，气候和我们这里差不多，也有农民和城市，与那些移民的老家英国一样，但那里不需要奴隶。人们自己工作，既容易也便宜。因此，北方各州的市民——多数都是虔诚的基督徒——认为，对于一个以人权为基本原则成立的美利坚合众国来说，像古代蛮族那样蓄奴是一种耻辱。南方各州立即宣布，他们需要黑人奴隶，没有奴隶他们无以为继；白人根本无法在这样的热天里干活；

在美国南方的棉花种植园中，成千上万黑奴在工头无情的皮鞭驱使下劳动。

黑人就不是为自由而生的等等。1820 年，美国人达成一项协议：在某一固定线以南，各州可以继续拥有奴隶，以北则不可以。

从长期来看，奴隶经济的耻辱肯定会让美国无法忍受，但当时似乎也没有什么办法来改变，因为拥有大种植园的南方各州比北方的农民地区权势大得多，也富裕得多，况且他们已经决定无论如何都不让步。不过北方的人还是找到了一个能解决问题的人，就是总统亚伯拉罕 · 林肯。他的命运不同寻常。林肯本人是在内地长大的普通农民，曾在 1832 年与印第安部落首领“黑鹰”打过仗，还在小城市里做过邮递员。业余时间，他钻研法律，成为律师和国会议员。以这样的身份反对奴隶制的林肯，引起了南方种植园主的憎恨。尽管如此，他还是于 1861 年当选为总统。对南方各州来说，这成了足以让他们脱离联邦，来建立允许蓄奴的国家的理由。

林肯的麾下很快就聚集了七万五千名志愿者。尽管如此，对北方来说，形势还是非常不利。更为糟糕的是，尽管英国早在几十年前就废除了殖民地上的奴隶制，也蔑视这种制度，但蓄奴各州还是受到了英国支持。于是，一场血雨腥风的内战开始了。最后，北方农民的勇敢和坚韧赢得了胜利，林肯在被解放了的奴隶们欢呼雀跃的簇拥下，于 1865 年来到了南方州首府。十一天以后，他在观看剧院演出时，被一个南方人给刺杀了。但是，他的杰作还是完成了。重新统一自由的美利坚合众国，不久就成了世界上最富有、最有权势的国家之一。看来，好像没有奴隶也能活下去。

第三十八章　欧洲的两个新帝国

我认识许多人，在他们的童年时代，德国和意大利还不存在。很让人吃惊，是不是？这些权力无比、担任着决定性角色的庞大帝国，其实并不古老。1848 年的市民革命之后，当欧洲到处都在修建铁路线、铺设电报线，当城市变成了一个不断扩张的大工厂，当许多农民涌进城市，当男人们头上戴着圆柱形的礼帽，使用拴着黑线的夹鼻眼镜时，我们的欧洲还像补丁缝缀出来的一样，由许多小公国、小王国、共和国组成。

如果我们撇开英国不谈——英国当时对美洲、印度和澳大利亚的殖民地的关心要超过与它相邻的欧洲大陆——这时的欧洲有三个国家非常重要，位于正中的是奥地利。自 1848 年以来，皇帝弗朗茨 · 约瑟夫（Franz Josef）在维也纳宫廷城堡里统治着这个国家。我自己是个小孩子时，还亲眼看到过

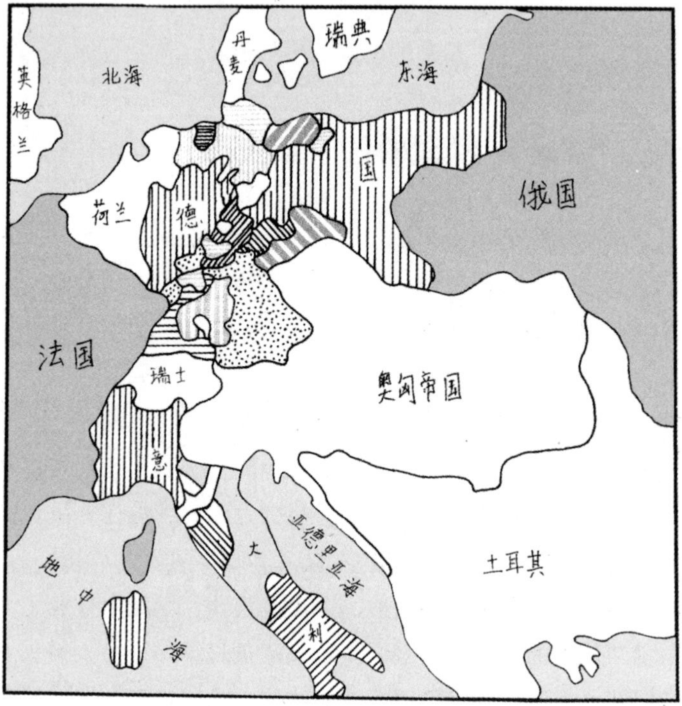

在意大利和德意志帝国成立之前，中欧地区的地图是这个样子的。在这些小国合并成大国的同时，土耳其大帝国却日渐分崩离析。

年老的他坐车从美泉宫的花园里驶过，还能记起来他那隆重的葬礼。他是一个真正传统意义上的皇帝，统治着不同的民族和国家。他是奥地利的皇帝，也是匈牙利的国王，被加爵为蒂罗尔的伯爵，还有许多其他过去的头衔，甚至是耶路撒冷国王和圣墓保护者，这还是十字军东征时期的头衔呢。意大利许多地区都由他来统治，其他的则被他的家族统治。此外，克罗地亚、塞尔维亚、捷克、斯洛文尼亚、斯洛伐克、波兰以及许多许多其他民族也都处于他的统治之下。因此，在当时奥地利钞票上，可以看到用这些民族的语言写的面值，比如十克朗。按照名分的话，奥地利皇帝在德国公国里也还有些权力，但是，这一点比较复杂。自从拿破仑在1806年将神圣罗马帝国最后一点残余彻底击垮以后，德意志帝国就不复存在了。讲德语的不同国家组成了德意志联盟（den Deutschen Bund），属于这个联盟的有普鲁士、巴伐利亚、萨克森、汉诺威、法兰克福、不伦瑞克等等，还有奥地利。这个德意志联盟是一个无法让人一目了然的奇怪存在。每个公国里都有一个公爵是统治者，都有自己的货币、邮票、官员制服。但这样的情况越来越不实际，尽管当时人们也可以花几天时间乘邮车从柏林前往慕尼黑，可现在有了火车，几乎都用不了一天时间，于是，这种各自为政的情况渐渐无法保持下去了。

德国、奥地利和意大利的左邻右舍与它们完全不同。人家的地图上没有这么多的补丁块。

德国西边是法国。在 1848 年市民革命之后不久，那里又成了一个帝国。伟大的拿破仑的后代知道如何唤醒人们对往昔荣耀的记忆，虽然自己并不是那么伟大的人物，但这个后代还是选举为共和国的总统，不久以后又成了法国人的皇帝，名号是拿破仑三世。尽管经历过那么多战争和革命，但法国还是当时最富裕、最有权势的国家，有很多工业城市。

德国东面是俄国。俄国沙皇在这个庞大的帝国并不受爱戴。你得知道，当时俄国很多城里人和市民在法国、德国上过大学，是一些非常具有新思想的现代人，但是俄罗斯帝国和官员还停留在中世纪的状态。想一想，他们那里一直到 1861 年才废除了农奴制——至少名义上如此——承诺让两千三百万农奴活得有人的尊严！但承诺和守信是两回事。整个俄国到处都是皮鞭，如果有人敢随便说一句话，哪怕是根本无害的话，也会被流放到西伯利亚去。其结果是，那些受到新型教育的大学生和市民特别憎恨沙皇，所以沙皇一直担心有刺客会对他行凶。而大多数沙皇也都被暗杀过，不管他有多少警卫的严密防范。

除了巨人俄国和权势极大、爱发动战争的法国以外，欧洲已没有哪个国家能说得上话。自 1810 年开始，西班牙在南美洲殖民地脱离它之后，也变得无足轻重起来。在报纸上，土耳其总是被称为“病夫”，因为它在欧洲占领的地方保不住了。每个从前在它统治下的基督教民族，首先是希腊，然后是保加利亚、罗马尼亚、阿尔巴尼亚，在欧洲兴高采烈的援助下，慢慢开始为自由而战。而俄国、法国和奥地利这时则在争夺土耳其的欧洲部分，争夺君士坦丁堡。这是土耳其的幸运，因为大国们都互不相让，所以，最后君士坦丁堡还是土耳其的。

当时（如同几个世纪以来一样）法国和奥地利在争夺在意大利的统治区。但时代不同了，意大利人也因为火车的出现而变得彼此接近，他们也像德国的市民一样自觉意识到，他们不光是佛罗伦萨人、威尼斯人、热那亚人、那不勒斯人，还是意大利人，他们要决定自己的命运。当时，在意大利北部有唯一一个自由而独立的小国家，这个国家位于一座山的山脚下，当年汉尼拔曾经在这里翻过阿尔卑斯山到达意大利平原地区，这片地区叫皮埃蒙特（Piemont），是“山脚下”的意思。皮埃蒙特和撒丁岛一起构成了一个强有力的小王国，国王是维克多 · 埃曼努尔（Viktor Emanuel），他手下那位睿智且退让有度的首相卡米洛 · 加富尔（Camillou Cavour）非常明白自己要什么：一个统一的意大利国家。这是所有意大利人的长久渴望，因为在 1848 年的革命之后，他们在鲁莽、没有规则、冒险的战斗中已经流了太多血。加富尔本人不是一个战士，也不相信那些秘密政变或者胆大妄为的袭击有什么用处。当时勇敢的幻想家加里波第（Garibaldi）和那些与他在一起的年轻战士们，想要用这种方式为这个国家争取来自由，但加富尔却在寻找另外一条道路，而且他真的找到了。

他成功说服了野心勃勃的法国皇帝拿破仑三世支持意大

利的自由和统一。这对法国只有好处，没有坏处。如果他支持原本不属于他的意大利获得自由，那么顶多能让拥有意大利的奥地利蒙受损失，但对法国皇帝来说不是什么坏事。但是，他会成为意大利人——欧洲一个大民族——眼中的一位英雄，因为他是自由的使者。皮埃蒙特和撒丁岛首相加富尔的巧妙斡旋，加之自由斗士加里波第及其追随者的无畏斗争，使得意大利人在付出巨大牺牲后，真的实现了自己的目标。在 1859 和 1866 年的两次对奥战争中，虽然奥地利的军队经常获胜，但最后在拿破仑三世的逼迫下，奥地利皇帝弗朗茨·约瑟夫不得不放弃他所拥有的米兰和威尼斯地区。在其他地区，进行的是全民公决，而所有地区的公决结果都表明，他们都愿意归属意大利。于是，各公爵纷纷逊位。1866 年，意大利统一了。不过，还缺一个地方：首都罗马。那里属于教皇管辖。拿破仑三世不想把罗马交给意大利，害怕与教皇闹翻，所以就派法国军队来保护罗马，抵抗加里波第志愿者们的各种攻击。

如果加富尔没有用他的睿智让奥地利在北方的敌人来牵制它的话，或许 1866 年奥地利与意大利的艰苦斗争未必会以失败而告终。那个北方的敌人便是普鲁士，当时的首相是俾斯麦，也和意大利一样在争取民族统一。

俾斯麦是德国北部的一个贵族庄园主，有着非同寻常的意志力、清晰的理智、坚定的信念和耐力，他一直瞄准自己的目标，也敢于将自己的想法和信念平静地告诉普鲁士国王威廉一世：让普鲁士变得强大起来，然后将补丁一般的德意志联盟统一成德意志帝国。在他看来，没有什么比一支强大有力的军队更有必要、更重要的了。他说过一句著名的话：大的历史问题不是通过决议来解决的，而是铁与血来决定的。是否的确是这样，我不知道。不过在他这里，他一直是这么做的。当 1862 年普鲁士的民选议员们没有通过他所希望的将巨额税款用于军队的提议时，他说服国王违背宪法、违背民选议会的决议来主政。国王害怕自己会因为没有保持承诺而遭遇英国国王查理一世的命运，或者成为第二个法国的路易十六，所以和俾斯麦一起乘坐火车时，国王对俾斯麦说："我都能提前看到会发生什么了。在歌剧院广场上，在我的窗户前，人们将你的头砍下来，稍后是我的。"俾斯麦问答说："然后会怎么样呢？""然后，我们就死了。"国王回答说。"对，"俾斯麦说，"然后我们就死了，但是我们还能死得更体面些吗？"结果就是，在违背民意的情况下，一支有很多机枪和大炮的强大军队被建立了起来。不久，这支军队就在对丹麦的战争证明了自己的实力。

靠着这支装备精良、训练有素的军队，俾斯麦于 1866 年按着加富尔的意愿、也按照他自己的计划，向奥地利进攻，而在同一时间，意大利人则攻击了奥地利南部。俾斯麦想把皇帝从德意志联盟当中驱赶出去，这样普鲁士就可以成为最强大的国家，处于德国的领军地位。果然，奥地利的军队在波希米亚的克尼西格雷茨（Königgrätz）喋血惨败，弗朗茨·约瑟夫皇帝不得不作出让步，从德意志联盟中撤出，除此以外，胜利的俾斯麦别无所求。虽然这让普鲁士的将军和军官们非常生气，但俾斯麦不为所动，因为他不想让奥地利成为他的敌人。不过他还是秘密与所有德意志国家签订了协议，确保它们在任何战争中支持普鲁士。没有人知道这些事。

在莱茵河的对岸，发展起了军事力量的普鲁士，让法国的拿破仑三世开始不安。法国的皇帝刚刚于 1867 年在墨西哥一场完全多余的战争中战败，所以很害怕这支装备良好的邻居。法国人从来就不愿意看到德国变得强大。拿破仑三世在 1870 年派使节去见当时正在埃姆斯（Ems）疗养的普鲁士国王威廉一世时，就用了最奇特的要求羞辱国王，让他以书面的形式声明他和他的家族放弃那些他尚未提出的权力要求。于是，在未经国王应允的情况下，俾斯麦抓住机会迫使拿破仑三世宣战。但法国人怎么也没有想到，所有的德意志公国都参加了战争，而且很快他们就看到，德国军队的装备好过法国，表现也好于法国。

德国军队迅速向巴黎进发，在色当（Sedan）俘获了一大批法军，拿破仑三世也在这支军队里。他们将防守坚固的巴黎围困了一个月。而由于法国的失败，那些保护教皇的军队不得不从罗马撤回，于是意大利的国王趁机占据了罗马。当时的各种关系就是这么复杂。围困巴黎的时候，普鲁士国王还住在凡尔赛宫，俾斯麦说服德国的各国王和公爵，让普鲁士国王获得了“德意志皇帝”（Deutscher Kaiser）这一称号。

接下来发生的事情更让人吃惊：国王威廉一世更愿意要“德国皇帝”（Kaiser von Deutschland）而不是“德意志皇帝”这个称号，让整个事情差点儿搞砸。但最后，他还是在凡尔赛的镜厅里隆重地成立了德意志帝国。当时，这位加冕的德皇威廉一世（Wilhelm I）因为没有得到他希望的称号，非常生气，便故意引人注目地当着所有人面在俾斯麦面前走过时，没有和这位德意志帝国的奠基者握手。不过尽管如此，俾斯麦还是继续伺候他，而且服务得还很好。

在巴黎遭受围困的时候，一场血腥的工人革命爆发，并被以更可怕、更血腥的方式镇压了下去。当时死掉的人数要超过整个法国大革命死掉的人数。法国在一段时间变得衰弱不堪，只好签订和平协议，必须将一块土地（阿尔萨斯和洛林）割让给德国，还要支付好大一笔钱。拿破仑三世这位将法国带往深渊的皇帝被迫退位后，法国成立了共和国。从那以后，人们彻底厌倦了皇帝和国王。

现在，俾斯麦成了这个统一德意志帝国的首相或者说总理，并用强权统治着它。他是马克思倡导的社会主义倾向的强力反对者，但是他也知道，当时工人的状况的确糟糕得惊人。所以，他坚持的观点是：只有通过缓解工人的悲惨处境，才能阻止马克思学说的传播，避免国家被推翻。所以，他成立了一些机构来帮助那些生病或者不幸遭遇工伤的工人，以前这些人只能无助地等死。他力图改善极端贫困的状况，但当时的工人还是不得不每天工作十二个小时，连星期天也不例外。

长着浓浓的眉毛、脸庞线条明晰、表情坚决的俾斯麦公爵，很快就成了欧洲最著名的人物之一，甚至他的敌人也承认他是个伟大的政治家。当欧洲各国想要瓜分变得越来越小的地球时，便于1878年聚集到了柏林，俾斯麦主持会议。威廉二世继位以后，和俾斯麦对很多问题的看法大相径庭，二人无法长期相处，于是就免除了他的职务。老年俾斯麦在他的祖产庄园里继续生活了几年，从那里警告德国政府的新领导人不要做欠考虑的事情。

第三十九章　瓜分世界

现在很快就要讲到我父母度过童年的时代了。这个时代我能给你讲得更详细一些。更多的家庭首先有了煤气，然后是电灯，接着有了电话，在城市里出现了通电的街灯，再往后汽车也出现了，工人集中的郊区快速发展起来，工厂里有上千工人在使用巨型机器工作，他们所完成的工作，在以前也许需要十万个手工业者。

现在布料、鞋子、罐头或者饭锅，这些工厂里每天成车成车生产出来的东西，该怎么办呢？它们当中的一部分当然可以在国内卖掉。那些有工作的人，很快就买得起更多的套装、更多的鞋子，比从前的一个手工业者所能消费的还多。这些东西便宜得跟以前没法比，但是也不是很耐用。于是，人们就不得不经常买新的东西。他们的工资当然还不能高到足以买下那些大机器生产出来的全部东西。但如果那些成车的布料或者皮革卖不出去，而工厂每天还要生产，那便失去了意义，就必须关门。如果工厂关门了，工人就失业了，他们就什么都不能买了，工厂就得一直关下去。这就是经济危机。为了避免这种情况发生，尽可能将许多工厂生产出来的产品卖出去，对很多国家来说就至关重要了。如果在自己的国家卖不出去，就到外国去试试，到那些还没工厂的地方，那儿的人们还没有衣服和鞋子可穿。

比如，可以去非洲。于是，突然间所有国家都开始了向荒蛮之地进军的竞赛，最野蛮的地方也就是最合适的地方。欧洲人需要他们，因为不光可以在那里把东西卖出去，那里也有很多本国缺少的东西，比如棉布工厂需要的棉花，以及用来提炼汽油的石油。从殖民地运往欧洲的“原材料”越多，工厂所能生产的东西就越多，他们就越想将这些大量生产的东西卖出去。谁在自己的国家找不到工作，就可以移民到外国。长话短说，对欧洲各国来说，拥有殖民地是很重要的事。至于当地人意愿如何，他们根本不管。你可以想象到，如果当地人要是用弓箭来向入侵军队射击的话，他们会受到怎样的对待。

在瓜分世界方面，英国人一马当先。几百年以来，他们已经占领了印度、澳大利亚和北美洲，在非洲也有殖民地，在那里（尤其是在埃及）有很大的影响。法国人也比较早开始物色自己的占领地，东南亚中南半岛的很大一部分都属于法国，还有非洲的部分地区，不过其中很大一部分是撒哈拉沙漠，并不是特别令人心仪。俄国在海外没有殖民地，但它自己就是一个庞大帝国，国内也还没有那么多的工厂，所以想要跨越大陆进入亚洲，一直扩张到海边，在那里做贸易。可是，突然有一位欧洲人的好学生——日本——站在那里说：站住！结果，1905 年爆发了一场残酷的日俄战争，庞大的沙俄帝国输给了新兴的小国日本，不得不往回撤。现在，日本人也开始建立越来越多的工厂，也要去占领其他国家，以便把东西卖掉，并将这个岛国上的人口安置出去。

在瓜分盛宴中，最后轮到的当然是新的国家：意大利和德国。它们在以前的分裂状态中没有机会夺取海外地盘。现在它们要补上几个世纪里错失掉的东西。经过了很多战斗后，意大利得到了非洲几个狭长地带。德国比较强大，有很多工厂，想要的更多。后来，俾斯麦成功地为德国争得了非洲几块比较大的地盘，以及太平洋上的一些岛屿。

不过问题的关键是，没有一个国家觉得知足。殖民地越多，他们建立的工厂就越多；工厂建得越多越好，生产的产品就越多，反过来又需要更多的殖民地。但这并不是贪恋权势或者统治欲过度，而是现实需要。现在，世界被瓜分了，为了获得新的殖民地，或者将邻国的老殖民地抢回来，各国就得战斗或者至少要威胁对方开战。这样，每个国家都在武装大型军队和舰队，随时准备说："你竟敢进攻我！"那些几百年来就实力庞大的国家，认为这是它们的权利。可是，有先进工厂的新兴德意志帝国也加入到了这场游戏中，建造起

第一次世界大战的毁灭之战，不再是人与人的搏斗，而是机器与机器的对抗。

庞大舰队，力图在亚洲和非洲获得更大影响，这么做的结果是，别的国家坐不住了。人们知道，一场可怕的碰撞即将来临，于是各国开始武装更大规模的陆军，着手建设更大的装甲战船。

最后战争爆发的原因，不是人们多年来设想的那样，比如因为在非洲或者亚洲某个地方发生的争端，而是由于那个在欧洲国家当中唯一没有殖民地的小国：奥地利。奥地利是个古老的多民族帝国，没有瓜分世界的野心。但是，它也需要那些购买自己工厂产品的人。于是，就像土耳其战争以来那样，它继续试图获取东边，也就是那些刚刚脱离了土耳其、自己还没有工厂的国家。东部这些新获自由的小国，如塞尔维亚，对这个大帝国心存恐惧，不愿意让它向东扩展。当奥地利的王储在1914年春天前往奥地利新占领的波斯尼亚地区时，在首都萨拉热窝被一个塞尔维亚人暗杀了。

当时奥地利的军队将领和政治首脑认为，与塞尔维亚的战争迟早会打，无法避免，所以他们应该马上为这场可怕的谋杀向塞尔维亚人复仇。这时，因为担心奥地利会向东方挺进太多，俄国也卷入进来；德国则与奥地利结盟，站在奥地利一边。因为德国卷入了战争，过去的敌人又重新出现了。德国要将它的老对手法国马上灭掉，派军队穿过和平的比利时，直抵巴黎。英国害怕德国会取得胜利，变成最强大的国家，因此也不得不介入。没多久，整个世界都与德国和奥地利打了起来。这两个“同盟国”被一大群“协约国”包围了。

俄国的大部队开过来没几个月就被迫停了下来。在世界史上，类似的战争还从来没有过。几百万人相互残杀，连非洲人和印度人也不得不参战。德国军队在离巴黎不远的马恩河（Fluß Marne）受阻。到了这个时候，已经很少有传统意义上的战役了，取而代之的是壕堑战，士兵们挖好战壕，在无边的战线上彼此对峙。然后，突然之间，几千门大炮射向敌人的战壕，人们穿过铁丝网，踏过一片焦土和死尸遍野的空地，进攻被炸开的壕堑。1915 年，原本是盟友的意大利也向奥地利宣战，在蒂罗尔山脉的冰川上打响了战斗。普通士兵在这里要付出的勇气和耐力如此巨大，相比之下，当年汉尼拔翻越阿尔卑斯山的军事壮举看起来就像儿童游戏似的。

人们不但开飞机在空中作战，将炮弹扔向和平的城市，将和平的船只击沉，还在海上和水下打了起来，就如同当年列奥纳多·达·芬奇所预见的那样。人们发明了各种可怕的武器，成千上万的人每天都被杀死或者致残，而其中最新最令人震惊的是毒气。吸进毒气的人，会在无法忍受的疼痛中死去。这种毒气或被风吹到敌军当中，或是通过投掷的毒气弹——在爆炸时，毒气会涌出来。人们建造了装甲车、坦克，可以缓慢但安全地越过战壕和墙壁，将一切推倒碾碎。

德国和奥地利国内陷入了可怕的困境。人们早就缺吃少穿，没有煤烧，点不起灯。为了能够得到一小块面包，几个半腐坏的土豆，妇女们不得不在寒冷中排上几个小时的队。同盟国还曾有过一点渺茫的希望。俄国在 1917 年爆发了革命。沙皇被迫退位，上台的“临时政府”要将战争继续下去，但是人民不愿意了，于是出现了第二次革命，工人们在领袖列宁的带领下取得了政权。他们给农民分了土地，没收了富人和贵族的财产，力图按照卡尔·马克思的基本原则来统治这个国家。外国介入后，在随后爆发的可怕战斗中，又有几百万人死于非命。列宁的继任者们统治了俄国很长时间。

德国人现在能够从东线撤出一些军队，但也于事无补，因为在西线，精神饱满的新军队，也就是美国人，终于介入了战争。尽管如此，德国和奥地利还是在不利情况下坚持了一年多，在最后的战斗中，两国孤注一掷，在西线用上了全部的军力，差点就赢了。但士兵们早已筋疲力尽，所以当美国总统威尔逊于 1918 年宣布，希望有一个公正的和平，让每个民族来决定自己的命运时，同盟国的一些军队直接投降了。

同盟国被迫签署停战协议。那些战场上的幸存者从前线回到家，回到了他们正在忍饥挨饿的家人身边。

现在，在这些疲弱不堪的国家发生了革命。德国皇帝和奥地利皇帝退位，奥地利帝国之内的各民族——捷克和斯洛伐克、匈牙利、波兰、南斯拉夫——独立出来，成立了自己的国家。当德国、奥地利和匈牙利的使节前往巴黎，去古老的皇宫凡尔赛宫、圣日耳曼宫和特里亚宫，像威尔逊所宣布的那样去谈判和平时，他们才知道，已经没有什么好谈的了。德国对战争负有主要责任，因此必须受到惩罚。结果，德国不光将它在1870年对法战争中夺得的殖民地还给了法国，还被迫每年向战胜国支付高额的战争赔款。此外，德国还隆重地签字承认，愿意承担全部战争罪责。奥地利和匈牙利的情况，也好不到哪里去。威尔逊就是这样来履行了他的承诺。

在这场战争中，一千一百万人死于非命，大片地区成为焦土，人类还从来没有见过这种方式的毁灭。令人惊骇的悲苦和绝望笼罩在世界上。

在征服大自然方面，人类走得很远。你在自己的房间里装部电话，就可以和身在地球另一端的澳大利亚人聊一些或聪明或愚蠢的话题；你可以在收音机里听来自伦敦酒店里的音乐，或者关于葡萄牙养鹅场的报告。

人们建造了高楼大厦，比金字塔和罗马彼得大教堂还要高；人们建造了大飞机，每一架都能比西班牙国王菲利普二世的“无敌舰队”杀伤更多人；人们找到了对付可怕疾病的办法。人们了解了很多事情。对于所有可能的自然现象，人们都找到了一些复杂的计算公式，虽然懂这些公式的人极少，但是其正确性无可置疑：星辰准确地运行着，和公式所预言的分毫不差。每天人们对大自然和人的了解都会多一点儿。但是，人类的困苦也依然巨大。数百万的人口在我们这个世界上找不到工作，每年有几百万人饿死。大家都在期待着一个更好的未来，它必定会到来！

你想象一下，我们乘坐飞机沿着时间的河流飞行。在最远处雾气蒙蒙的地方，你也许可以看到猛犸象猎人栖身的山洞，以及最早长出粮食的平原。远远地能看到的点是金字塔和巴别塔。在这块低地上，犹太人曾在这里放牧他们的畜群；在这片海面上，腓尼基人曾航行过。在水域之间发出闪光的白色星星，是雅典卫城，是希腊文化的标志。在地球的另外一端，是延展的黑色森林，里面有印度的苦修者，佛陀在那里大彻大悟。再往前是中国的长城，另外一端则是迦太基城冒着烟的废墟。罗马人将基督徒扔进了石头制成的漏斗里（圆形斗兽场），让野兽将他们撕碎。那里的地面上聚集的乌云，是族群大迁徙的风暴，在这片森林的河边，最早的僧侣让日耳曼人皈依了基督教，并教授给他们知识。在那边，阿拉伯人从沙漠里走出来征服世界；在这里，行使统治的是卡尔大帝。在这个山丘上还矗立着那座城堡，皇帝与教皇在那儿争夺对世界的统治权，想要一分高下。我们还看到了骑士城堡，离我们更近的，则是拥有壮丽教堂的城市，这里是佛罗伦萨，

你在这条时间河流上看到了什么？有些东西你能认出来。在地平线附近是埃及的大金字塔，那是在5000年前建造的。再往前是巴别塔，是雅典卫城，中国长城，罗马的凯旋门，一座骑士城堡，一门大炮，被土耳其人围困的维也纳，腓特烈大帝在波茨坦的宫殿，最早的火车，现代的摩天大楼。

那里是新彼得教堂，就是它引发了罗马教廷与路德的斗争。墨西哥城起了大火，“无敌舰队”在英国海岸折戟沉沙。那里升起团团烟雾，来自三十年战争中燃烧着的村庄和消灭异端的火刑架；大公园里的豪华宫殿是路易十四的凡尔赛宫。这里是土耳其人在维也纳城前扎起的营帐，附近还有腓特烈大王和玛利亚·特蕾西娅的简朴宫殿。远远地，我们听到了巴黎街头上呼唤自由、平等、博爱的呐喊，看到了上空在燃烧的莫斯科，以及最后的征服者大军殒命的寒冬旷野。离我们很近的地方，工厂的烟囱冒着烟，火车长鸣。北京的圆明园成为一片废墟瓦砾，从日本的港口中驶出的战船，上面飘扬着冉冉升起的红日。这里有战争的大炮在轰响着，也有毒气掠过了大地。在观星台敞开的穹顶上，巨大的天文望远镜将研究者的目光引向无法想象的遥远星际。但是，在我们的身边以及前面还有无法看透的层层迷雾。我们只知道，这河流会继续流淌，永不止息，流向一个未知的大海。

现在，我们让飞机快点下降，离河流近一些。这时我们才注意到，这是一条真正的河流，它浪花翻滚，如同大海的波涛一样。一阵强风吹过，在浪涛的波峰中出现了白色的泡沫。你好好看一下，这数百万闪着光的白色小水泡，和波浪一起出现，一起消失，新旧更迭，与波浪一样有着均匀的节奏。它们在一瞬间出现在浪尖，然后便沉下去，不复存在。你看，我们当中的每一个人无非就是一个这样的闪光之物，是时间浪花中的一个小小水滴，在时间之流中流过，流入雾气蒙蒙且不确定的未来。我们浮上来，环顾四周，还没有来得及看清楚什么，便又消失了。在巨大的时间洪流中，根本看不到我们。一直有新的、更新的东西出现。我们称之为命运的东西，无非是为自己这颗水滴在浪花上的一次升落而进行的挣扎。但是，即便这只是一个瞬间，我们也想要利用好，因为它值得我们花费力气。

第四十章　回顾——我自己所经历的世界史

一个人从书本里学到的历史与自己经历的历史是完全不一样的。你还记得吧，我在前几页里，把对人类历史的观察，比喻为在高高翱翔的飞机上观察世界。我们在时间之流的岸边，只能看到一丁点儿细节。不过你也已经读到了，如果有一个波浪向我们扑面而来，从近处看时，这河流会显得大不相同。有些东西可以看得更清楚，有些则完全看不到。在我这里发生的情况就是如此。前面的一章是以 1914 到 1918 年可怕的世界大战结束的。我虽然经历过它，但战争结束时，我也才九岁。所以说，我写出来的，也都是我从书本里读来的历史。

在这最后的一章里，我很愿意描写一点儿自己真正经历过的事情。对此思考得越多，我就越觉得特殊。自从 1918 年以来，世界发生了太多变化，但是有些变化来得如此不动声色，对今天的我们来说，一切都好像自然而然发生似的。

比如，当时没有电视和电脑，没有宇宙飞船和核能。但是，最重要的变化人们往往特别容易忘记，那就是，今天地球上生活着的人口比我童年时可多多了。第一次世界大战结束时，地球上的人口大约是二十亿，现在则是这个数字的两倍还要多。这么大的数字，人们不容易形成概念。那么，我们来这样想一下：赤道的一周正好是四万公里，如果人们在一个窗口前排队的话，大约每米站两个人，那八千万耐心等待排队的人可以绕地球一圈。这就是说，当时的人口够绕地球二十二圈，现在全球人口有四十五亿，足够绕地球五十圈！

在人口增加的这些年里，我们生活的地球，在不经意之间变得越来越小。当然，不是真正意义上的变小，而是技术，尤其是飞行技术，将各地之间的距离缩短了。这是我自己亲身经历过的：当我在飞机场时，机场的广播接连播出飞往新德里、纽约、香港或者悉尼的航班信息，当看到成群的人准备登上这些飞机，我经常就会回想到自己的青少年时代。那时候，人们会指着一个人说“这个人去过美国”，或者“这个人去过印度”。

现在，这个地球上很少有什么地方是人们不能在几个小时内到达的。即便我们不会去某些遥远的国家，它们也比我青少年时代显得离我们更近了。如果世界上发生了什么重要的事情，我们会在第二天的报纸上读到，会在收音机里听到，会在电视新闻中看到。古代墨西哥的居民肯定不知道耶路撒冷曾经被摧毁，当时的中国人可能也不知道欧洲三十年宗教战争带来的后果。在第一次世界大战时，这种情况已经有所改变。人们称之为世界大战，就是因为那么多国家和民族都卷到战斗中去了。

当然我们不能说，这些到处都能到达的消息都是真的。我自己的经历就表明，不能对报纸上读到的内容都信以为真。我想举个例子：我自己经历过第一次世界大战，当时我以为人们讲给我听的内容都是可以相信的。也正因为如此，前面的“瓜分世界”这章并非像我自己希望的那样，完全没有倾向性，尤其是在最后写到美国总统威尔逊时，事情并非如我当时以为的那样。我描述的情形是，威尔逊似乎对德国和奥地利有所承诺，但之后并没有坚守承诺。我确信我的回忆是正确的，因为我当时就生活在这个世界上，我后来也只记录了人们普遍相信的东西。我本来应该去查验一下，尤其在写历史时，这是必须要做的事。简单地说，威尔逊总统在 1918 年初已经提出了和平建议，这没错。但是这件事情的关键是，德国、奥地利和它们的盟友当时还寄希望于打赢战争，因此完全忽略了这个和平呼吁。直到十个月以后，当他们付出重大代价，快要输掉战争时，才想到去接受那个和平建议，可惜为时已晚。

我的错误有多么严重，多么令人感到遗憾，是显而易见的。尽管我当时根本没有想到，在战败国的民众当中，人们普遍相信是因为一场骗局让他们坠入了悲苦之中，带有野心的煽动总是特别容易将失望转化成愤怒和复仇的渴望。我不太愿意点出这个煽动者的名字，但是每个人都知道，我在这里首先想到的名字，是阿道夫·希特勒。在第一次世界大战中，希特勒曾是一名士兵，他也确信，如果没有这个恶意欺骗的话，德国军队不会失败。不光是威尔逊本人，整个敌人的宣传都让留在家乡的德国人和奥地利人最终对前线的士兵置之不顾。希特勒认为，人们应该做的，是在宣传上胜出敌人一筹。他是一个极具煽动性的公众演说者，大众蜂拥着朝他涌去。他尤其懂得在鼓动大众方面，最有效的莫过于将一头应该为他们的苦难负责的替罪羊牵到大众面前，而这头替罪羊就是犹太人。

关于这个古老民族的命运，我在这本书里曾几次提到：他们自愿出走；他们在耶路撒冷被毁掉以后，无家可归；在中世纪欧洲又遭受到迫害。尽管我自己就来自一个犹太人家族，但我从来没有想到，在我的有生之年，这种恐怖还能再度发生。

在这里，我还必须公开承认自己犯的另外一个错误——我在这本历史书里让这个错误溜了进来，几乎成了一桩丢脸的事。这个错误就是在“真正的新时代”一章里，读者可以读到的那个说法：当人们的思想从先前时代的血腥转移开时，当18世纪的启蒙理念和理想被普遍接受认可时，真正的新时代才开始。当我写这些的时候，我真的以为再也不会出现人们自我践踏、迫害有其他信仰之人、刑讯逼供或者蔑视人权这种事。但是，那些我曾经以为无法想象的事情，却实实在在发生了。这样一个令人悲伤的倒退，几乎让人难以理解，不过也许年轻人来理解这些，会比成年人容易些。他们只需要在学校里睁开眼睛看看身边发生的事情就可以了：学生们变得越来越不耐心；他们会嘲笑老师，只因为老师穿了件不那么时髦的衣服，让他们觉得可笑。一旦他们对老师失去了尊重，魔鬼便被从瓶子里放出来了。如果一名同学与其他人有些不同——可能是他的肤色、头发或者说话、吃饭的方式不同——就很容易成为牺牲品，他会被万般折磨、欺负。肯定不是全班所有同学都特别残忍或者没有怜悯之心，但是没有人会愿意成为一个扫大家兴的人，大多数人都是或多或少的跟风者，他们喊叫是因为别人也在喊叫，直到他们都快认不出自己来。

可惜，成年人的行为也好不到哪里去。尤其在无所事事或处境不是特别好——或者说自以为处境不是特别好——的时候，他们就与那些实际或者假想的同病相怜的人聚集在一起，迈着同样的步伐走上大街，对着扩音器重复着完全没有意义的词汇，而他们还觉得自己非常了不起。我亲眼看到过，穿着褐色衣服的希特勒追随者们袭击维也纳大学的犹太人大学生。当我在写这本书的时候，希特勒已经在德国掌权。这个超级政权迟早会让奥地利政府成为它的牺牲品，只是时间问题。对于我个人来说，正好能够在 1938 年 3 月希特勒的军队占领奥地利之前来到英国，是一件非常幸运的事情。当时在我们那里也和德国一样，如果谁不把“希特勒万岁”当成见面的问候语，就有危险了。

在这样的情况下，人们很快发现，对于这类运动的追随者来说，罪行只有一种：对他们所谓的元首缺少忠心；美德也只有一种：无条件的服从。每一条可能会让胜利早日到来的命令，都必须被遵守，哪怕它蔑视人性的准则。以前人类的历史上也肯定发生过类似的事情，有些我在书里写过了，比如穆罕默德最早的追随者们。人们也认为，对耶稣会教士来说，服从比一切都重要。列宁领导下的共产主义者在俄国胜利时，我也简短地提到，那些坚信不疑的共产主义者也不会容忍他们的反对者。当他们不顾一切要达到自己的目标时，就会无所不做，哪怕是让上百万人成为他们的牺牲品。

在第一次世界大战后的德国、意大利和日本，宽容从生活中消失了。这些国家的政客告诉普通人，在“瓜分世界”中，他们得到的太少，因为他们本来就有资格统治其他民族。他们要让意大利人记住，意大利人是古罗马人的后代，日本人有贵族的武士，德国人要记得古代日耳曼人、卡尔大帝或者腓特烈大帝。人类并不是平等、有同样价值的，就如同狗的品种，有些品种比其他更适合于狩猎，而德意志人是人类当中最好的品种，适合于统治的人种。

我认识一位年长且有智慧的佛教僧人，他曾经在演讲中对他的国人说，他想知道为什么：如果某个人说自己是“世界上最聪明、最强大、最勇敢、最天才的人”，大家都会觉得很可笑很丢脸，而当他把“我”换成了“我们”并告诉大家，“我们”是“世界上最聪明、最强大、最勇敢、最天才的人”时，在他的祖国就会有很多人兴奋地鼓掌，称他为爱国者。这与爱国主义没有任何关系。一个人当然可以热爱自己的家乡，但是用不着去强调除了自己的家乡以外其他人都是劣等的无用之徒。但是，相信这种胡言乱语的人越多，和平受到的威胁就越大。

这时还出现了严重的经济危机，让很多德国人失去了工作，战争似乎是一条最简单的出路：可以让失业者变成士兵或者生产军工产品的人，战争可以取消在凡尔赛宫和圣日耳曼宫签订的令人痛恨的条约。人们以为，西方民主国家，即法国、英国和美国，早就成了热爱和平的国家，已经软弱不堪，根本不会自我防卫。那里没有人愿意发生战争，这的确是事实。人们竭尽全力去表现出和平的意愿，避免给希特勒发动战争的口实。但令人遗憾的是，这样的借口总能找到，所谓的“偶发事件”也可以策划。就这样，德国军队在 1939 年 9 月 1 日开进了波兰。我当时已经在英国，目睹了那里的人们有多难过，有多坚决要准备投入战争。这次，没有人唱欢乐的战争歌曲，没有人希望得到战争荣誉。人们只是在履行自己的责任，因为必须用战争的方式来清除发动战争的狂妄。

当时我的任务是收听德国电台，将他们的广播翻译成英语，好了解这些广播在向德国人讲了什么、隐瞒了什么。因此，在 1939—1945 年的这六年中，我以一种奇特的方式经历了这场可怕的战争，可以是说“亲历”了双方的战争，尽管方式有些不同。在英国，我看到了决心，也看到了艰难，看到人们对前线士兵的担心，看到了空袭的后果，看到人们对战局不定的忧心。在德国的电台里，我听到的则是胜利的叫喊和恶毒的咒骂。希特勒相信宣传的力量，当战争最初两年的成果超出了最大胆的预期时，他的信条似乎得到了证实。波兰、丹麦和挪威、荷兰和比利时、法国、俄国的一部分以及巴尔干都被踏平，只有小岛英国以及欧洲边缘上的国家还在抵抗。但这种抵抗不会持续很长时间了，德国电台在军号声中反复宣布，他们的潜艇击沉了多少艘原本要向英国运送食品和武器的船只。

但是在 1941 年 12 月，日本不宣而战，偷袭并几乎彻底摧毁了停在珍珠港的美国舰队。1942 年秋天，当德国军队在北非被击退以后，希特勒也向美国宣战。1943 年 1 月，德国军队在斯大林格勒受到俄国军队重创，德国空军被证实无力阻止对德国城市的可怕轰炸。这时我们就可以看到，光靠花言巧语和大吹大擂是无法赢得战争的。当丘吉尔在几乎前景绝望的情况下接手英国政府时，曾经说过：“我能承诺的只有鲜血、汗水和眼泪。”也正因为如此，当他指给我们一点希望亮光时，我们相信了他。不过有多少德国听众真拿那些借口和承诺——那些我每天在德国广播中听到的——当一回事，我就不知道了。

我所知道的是，无论德国听众还是我们，当时都不知道德国人在战争中犯下的罪行。在提到这个可悲的情况时，我不由得要提到前面写到的文字，也就是在讲西班牙的墨西哥征服者在那里实施暴行时，我曾经写下的：“从那里开始，西班牙人以最残忍的方式，灭绝了美洲其他地区古老文明的印第安人。人类历史上的这一章让我们欧洲人感到如此震惊、羞愧，我还是对此保持沉默为好。”。

我原本还是想对我们这个世纪发生的大暴行保持沉默，因为毕竟这本书是给小读者的，人们不愿让他们看到这些令人愤怒的事情。但是，孩子也有一天会长大成人，因此他们必须从历史中学会，通过煽动和不宽容，人是多么容易变成“非人”。第二次世界大战的最后几年，在德军占领下的欧洲各国中，几百万的犹太男人、女人和孩子，被从家乡驱逐，运往东部，并在那里被杀害。

关于这些情况，德国电台一点儿也没向它的听众透露。当战争结束（1945 年），这个令人难以置信的事实被披露出来，我和许多其他人一样，几乎无法相信。可惜有大量的证据表明，这些可怕的罪行确确实实发生过。尽管这已经过去了很多年，但是这些事情不能被忘记，也不能被掩盖。这点很重要。

生活在我们这个小小星球上的人应该学会的是，尊重与相互容忍变得越来越有必要，因为通过技术上的改进，我们彼此间的距离越来越近了。

美国军备工业的实力储备几乎是无穷无尽的，这也让英国和俄国从中受益，让战争的结束变得指日可待。尽管德国士兵在殊死抵抗，英国人和美国人还是在 1944 年的夏天登陆法国诺曼底，向德国挺进。同时，俄国人也在追击力量遭到削弱的德国军队，并于 1945 年 4 月到达柏林。这时，希特勒在柏林自杀身亡了。这次没有人谈什么和平协议。胜利者一直在军事上占领着德国，长达四十年之久。在德国境内，贯穿着一条被严格看守的边界线，东边是共产主义苏联的势力区，西边是西方民主国家的势力区。

德国的投降当然并不意味着世界战争的结束，因为在此期间占领了亚洲大片地区的日本人还没有被打败。看不到战争何时会结束的美国人，使用了一个全新的武器：原子弹。

在战争爆发之前，我偶然遇到过一位年轻的物理学家，他谈到了丹麦伟大的科学家尼尔斯·波尔（Niels Bohr）发表的一篇文章。在这篇文章里，波尔讲到了制造“铀弹”在理论上的可能性，其摧毁力量将远远超过任何已知的爆炸材料。我们当时的一致看法是：我们只能希望，人类历史上这样无与伦比的武器最多应该扔到无人岛上，以便让朋友和敌人清楚地看到，到目前为止关于战斗与战争的设想都已经过时。许多科学家在战争期间紧锣密鼓地为制造这样的武器而工作。他们也有着同样的希望，但这种希望没能实现。日本的城市长崎和广岛，成了这种难以设想的灾难的首批受难者。日本果真也因此投降了。

我们所有人都很清楚：有了这一发明，世界历史开始了一个新的阶段，因为对原子能的发现几乎可以与火的使用等量齐观。火能带来温暖和毁灭，但是与今天原子武器的毁灭性力量相比，火造成的毁灭几乎不足挂齿。我们只能寄希望于这一发展不会被用来对抗人类。但是我们所有的人都知道，两个大国——西方的美国和东方的俄国——都拥有大量核武器，尽管他们都知道，使用这种武器的结果是他们自己也无法幸存。当然与从前相比，如今的世界发生了很大的改变。许多在战前还属于大英帝国的民族在这期间获得了独立，可惜他们并没有变得更互相容忍一些。尽管在地球上的不同地区，一直还有残忍的争斗和充满威胁的危机不断爆发，但自从1945年以来，没有再出现第三次世界大战，因为每个人都知道，一场世界大战将意味着世界历史的终结。这是一个很微弱的安慰，但毕竟是一个安慰。

当然，这一人类历史上的新情况，也让许多人去诅咒这类的科学进展，因为它们将我们推到了毁灭的边缘。但是，我们也不应该忘记，正是科学和技术让那些在战争中遭受毁灭的国家在一定范围内可以与其他国家同步，让那里的正常生活开始得比人们设想的早了一些。

在这里，我也想对我的书再加上一份小小的修改，补上一份错失，这是我心里很看重的。我在“人与机器”一章里所写的内容也许不是错的，但有些片面。的确，工厂作业取代了手工业，带来了很多困苦；但是我也应该提到，没有这样大规模生产的新技术，就不可能养活日益增加的人口，不能给他们提供衣食住行。越来越多的婴儿来到人世，越来越少的婴儿在出生后夭折，在很大程度上都得益于医学的进步，得益于供水系统和污水处理系统。毫无疑问，欧洲、美国和日本不断增长的工业化，让我们损失了很多美好的东西，但是我们也不能忘记它带来了多少福祉——对，是福祉。

我还能清晰地回忆起在我青少年时期，如果人们提到“穷人”时，指的是什么：不光是那些看起来与大城市的市民阶层有所不同的遭受困境的人，或者乞丐和无家可归的人，还有从穿着打扮上很容易辨别出的那些男女工人们。女工们最多有一条用来御寒的围巾，没有哪个工人会穿白色衬衫，因为太容易变脏。对，当时人们也会谈到“穷人味儿”，因为很多城市居民住在通风条件很糟糕的公寓里，顶多在楼梯间有一个水龙头。当时在市民阶层家庭（不光是在富人家庭里）一般会有一位厨娘，一位清扫工，通常还有一位儿童保育员。这些人在那里的生活条件会比留在自己家里好，但是也会有些让人不舒服的地方，比如每个星期只有一次可以“出门”，他们根本就被当成了“仆人”。也恰好在我的青少年时期，人们开始对这些情况有所思考，于是，第一次世界大战以后，有法律将他们改称为“家政助手”。我来柏林读大学时，一些临街的房门上还经常写着“电梯仅供主人使用”，这令我非常尴尬。服务人员和送货员必须使用后面的楼梯，即便他们运送重物，也不可以使用电梯。

但这些都已过去了，就像一场噩梦一样。现在欧洲和美国的城市里肯定仍然有穷困和穷人区，但是大多数工人甚至是失业者所拥有的生活水平，也比中世纪城堡里的骑士们希望过上的日子要好些。他们吃得好了，尤其是比以前健康，一般来说也比以前活得长。人们从一开始就梦想着一个“黄金时代”，可是现在，在这个“黄金时代”对那么多人来说几乎已实现的时候，却没有人愿意意识到这一事实。

在东方，苏联的军队在那里实现了共产主义制度，但情况有所不同，尤其是生活在东德的人们早已看到生活在相邻西方的人们过得比他们好很多，终于有一天，他们拒绝再接受这种经济制度对人提出的要求。就这样，1989 年发生了无人敢想也无人敢信的事情：东德人强行打开边界，德国的两个部分统一了。这种情绪传到了苏联，那里和其他东欧国家的统治体系瞬间崩塌。

我当时用这段话结束了第一次世界大战那一章：“大家都在期待着一个更好的未来，它必定会到来！”它真的来了吗？对于我们地球上的很多人来说，它还远远没有到来。在人口不断增加的亚洲、非洲和南美洲，还存在与过去一样的种种艰难。就在不久以前，这种艰难在我们这里还被认为司空见惯、理所当然。但是，向他们提供帮助也并不那么容易，尤其是因为在那些地方，像历史上一直出现的情况一样，悲苦与不宽容总是携手并行。由于信息传输得到改善，富裕国家的良心也让那里的人多少能感觉到一些。当远方的一个国家因为地震、泥石流或者干旱造成灾害时，富裕地区成千上万的居民也会贡献出自己的财力，帮助那些受灾者。这种情况，以前还不曾有过，这也证明了我们有理由去寄希望于一个更美好的未来。

贡布里希的生平和著作

贡布里希（Ernst Hans Josef Gombrich）于 1909 年 3 月 30 日出生于维也纳。他曾就读于维也纳的特蕾西亚人文中学，1928—1933 年间，贡布里希在维也纳大学攻读艺术史和古典考古学，他的导师当中有施洛塞尔（Julius von Schlosser）、埃曼努尔·勒维（Emanuel Lowey）、汉斯·蒂泽（Hans Tietze）。他最早的出版物是关于中世纪早期象牙雕刻的。他的博士论文研究的是建筑学家罗曼诺（Giulio Romano，1499—1546），在毕业的同时，博士论文也得以出版。完成大学学业之后，他曾经有机会与维也纳艺术历史博物馆负责艺术品收藏的馆员恩斯特·克里茨（Ernst Kris）一起工作。克里茨是西格蒙德·弗洛伊德社交圈中的一员，在与贡布里希一起研究漫画历史和理论时，将他带入了艺术心理学这一领域。

由于他在奥地利获得职位的前景渺茫，贡布里希于 1936

年初来到英国。刚刚在汉堡成立的瓦尔堡艺术科学图书馆的馆长弗里茨·扎克斯尔（Fritz Saxl）交给他的任务是，去整理阿比·瓦尔堡（Aby Warburg）的遗作。

战争爆发后，他在英国广播公司的广播监听部工作。在长达六年的时间里，他的工作就是收听德国广播，将其翻译成英语。战争结束以后，他返回了瓦尔堡研究所，这时瓦尔堡研究所已经属于伦敦大学。他在那里的工作一直持续到1976年秋天退休为止。他一开始是一名研究津贴获得者，最后的十七年（1959—1976）则是所长及“历史与古典传统”专业的教授。与此同时，他还担任过一系列客座教授，其中包括牛津大学教授（1950—1953）和剑桥大学教授（1961—1963）。他也曾经在伦敦大学艺术学院教书，在哈佛大学执教过一个学期（1959）。多次学术访问让他与美国的大学建立了联系，尤其是康奈尔大学和西雅图的华盛顿大学。

在完成大学学业之后、仍然滞留在维也纳这一期间，他写下了这本以少年儿童为读者对象的世界历史。这本书被翻译成了五种语言，也让他拿到了另外一份合同，去写一部艺术历史（《艺术的故事》，1950），这本书已经被印刷了十六次，销量两百万册，被翻译成十八种语言。他在学术方面的工作首先与瓦尔堡图书馆的传统是一致的，即文艺复兴时期的人像画问题（《波提切利的神话》）；他获邀在华盛顿发表“梅隆演讲”（1956），让他回到了艺术心理学问题（《艺术与错觉》，1960，被翻译成九种语言）；他关于文艺复兴的论文被收集在三本文集里(《标准与形式》, 1966;《象征性的图像》, 1972;《阿佩莱斯的遗产》, 1976)。一部关于艺术史问题的著作，取名为《木马沉思录》(1963)。《青睐原始》是贡布里希在去世之前不久才完成的，于 2002 年出版。

他是很多学术研究机构和学会的成员，有十三个荣誉博士头衔。1972 年，他受封为爵士。1975 年，他被奥地利的联邦总统授予科学与艺术领域一等荣誉十字勋章；1977 年被授予联邦德国"功勋勋章"(Pour le Merite，中文里的另一常见名称是"蓝马克思"勋章)；1984 年，他获得奥地利"科学与艺术荣誉象征"的称号；1975 年，他获得荷兰的"伊拉斯谟奖"(Praemium Erasmianum)，1976 年获得德国城市斯图加特的"黑格尔奖"。贡布里希爵士于 2001 年在伦敦辞世，享年九十二岁。